D1735023

Programmieren spielend gelernt

mit dem Java-Hamster-Modell

Von Dietrich Boles, Oldenburg

B.G.Teubner Stuttgart · Leipzig 1999

Dipl.-Inform. Dietrich Boles

Geboren 1963 in Altena (Westf.). Studium der Informatik von 1988 bis 1994 an der Universität Oldenburg. Seit 1994 wiss. Mitarbeiter des Fachbereichs Informatik der Universität Oldenburg. Regelmäßige Durchführung der Vorlesung „Programmierkurs Java" mit Übungen. Arbeitsschwerpunkte: Objektorientierte Softwareentwicklung, Multimedia-Systeme und Digitale Bibliotheken.

Die Deutsche Bibliothek – CIP-Einheitsaufnahme

Boles, Dietrich:
Programmieren spielend gelernt : mit dem Java-Hamster-Modell /
Dietrich Boles. – Stuttgart ; Leipzig : Teubner, 1999
  ISBN 3-519-02297-4

Das Werk einschließlich aller seiner Teile ist urheberrechtlich geschützt. Jede Verwertung außerhalb der engen Grenzen des Urheberrechtsgesetzes ist ohne Zustimmung des Verlages unzulässig und strafbar. Das gilt besonders für Vervielfältigungen, Übersetzungen, Mikroverfilmungen und die Einspeicherung und Verarbeitung in elektronischen Systemen.

© 1999 B.G.Teubner Stuttgart · Leipzig

Printed in Germany
Druck und Binden: W. Röck GmbH, Weinsberg
Einband: Peter Pfitz, Stuttgart

Vorwort

Programmieranfänger[1] leiden häufig darunter, daß sie beim Programmieren ihre normale Gedankenwelt verlassen und in eher technisch-orientierten Kategorien denken müssen, die ihnen von den Programmiersprachen vorgegeben werden. Gerade am Anfang strömen häufig so viele Neuigkeiten inhaltlicher und methodischer Art auf sie ein, daß sie leicht das Wesentliche der Programmierung, nämlich das Lösen von Problemen, aus den Augen verlieren und sich in syntaktischen und technischen Einzelheiten verirren. Der „Kampf" mit dem Compiler bekommt somit höhere Priorität als der Programmentwurf an sich und kann frühzeitig zur Frustration führen.

Das Hamster-Modell ist mit dem Ziel entwickelt worden, dieses Problem zu lösen. Mit dem Hamster-Modell wird dem Programmieranfänger ein einfaches aber mächtiges Modell zur Verfügung gestellt, mit dessen Hilfe er Grundkonzepte der Programmierung auf spielerische Art und Weise erlernen kann. Der Programmierer steuert einen virtuellen Hamster durch eine virtuelle Landschaft und läßt ihn bestimmte Aufgaben lösen. Die Anzahl der gleichzeitig zu berücksichtigenden Konzepte wird im Hamster-Modell stark eingeschränkt und nach und nach erweitert.

Mit einer ähnlichen Motivation wurde in den 70er und 80er Jahren die Schildkröten-Graphik der Programmiersprache LOGO entwickelt bzw. erprobt [Ros83, Men85]. Problem der Sprache LOGO war allerdings, daß sie sich – wenn überhaupt – nur im Ausbildungssektor nicht aber beispielsweise im industriellen Bereich durchsetzen konnte. Dem „Mutterspracheneffekt" kommt jedoch auch beim Programmieranfänger eine wichtige Bedeutung zu: Die Muttersprache beherrscht man wesentlich besser als jede später erlernte Sprache. Aus diesem Grund wurde für das Hamster-Modell keine neue Programmiersprache entwickelt. Vielmehr wurde das Modell in die Konzepte und die Syntax der Programmiersprache Java [AG96, GJS97] eingebettet. Die Sprache Java, die auch als „Sprache des Internet" bezeichnet wird, ist eine (relativ) einfache Sprache, die viele wichtige Programmierkonzepte enthält und sich – insbesondere im Zusammenhang mit dem rapiden Wachstum des Internet – auch im industriellen Bereich immer mehr durchzusetzen beginnt.

Das Hamster-Modell wurde in einer einfachen Version zu Beginn der 80er Jahre in der GMD (Gesellschaft für Mathematik und Datenverarbeitung) entwickelt [Opp83]. Zielsprache war damals die imperative Programmiersprache ELAN [KL83, KL85]. Vorlage für das Hamster-Modell war dabei „Karel der Roboter" [PRS95, BSRP97]. Ich habe das imperative Hamster-Modell an die Programmiersprache Java angepaßt und um Konzepte der objektorientierten und parallelen Programmierung erweitert.

---

[1]Lediglich aufgrund der besseren Lesbarkeit wird in diesem Buch ausschließlich die maskuline Form verwendet.

Dabei werden nicht der gesamte Sprachschatz der Programmiersprache Java, sondern lediglich die grundlegenden Konstrukte behandelt.

Dieses Werk besteht aus insgesamt vier Teilen. Teil 1 und 2 befinden sich in diesem ersten Band; die Teile 3 und 4 sind zur Zeit in Bearbeitung und werden hoffentlich im Laufe des nächsten Jahres in einem zweiten Band erscheinen. Der erste Teil gibt eine allgemeine Einführung in die Grundlagen der Programmierung. Im zweiten Teil werden die Konzepte der imperativen Programmierung vorgestellt. Im einzelnen werden im zweiten Teil Anweisungen und Programme, Prozeduren, Kontrollstrukturen, der Top-Down-Programmentwurf, Variablen und Ausdrücke, Funktionen und Parameter sowie das Prinzip der Rekursion behandelt. Auf den imperativen Programmierkonzepten aufbauend wird im dritten Teil in die objektorientierte Programmierung eingeführt. Konzepte, die im dritten Teil erläutert werden, sind Objekte, Klassen, Arrays, Vererbungsmechanismen, Polymorphismus und dynamisches Binden sowie Zugriffsrechte. Im dritten Teil werden die Grundlagen gelegt für die Vorstellung paralleler Programmierkonzepte im vierten Teil des Buches, in dem Prozesse bzw. Threads, die Inter-Prozeß-Kommunikation, die Synchronisation sowie Schedulingmechanismen behandelt werden.

Beim Hamster-Modell steht nicht so sehr das „Learning-by-Listening" bzw. „Learning-by-Reading" im Vordergrund, sondern vielmehr das „Learning-by-Doing". Aus diesem Grund enthalten die einzelnen Kapitel jeweils viele Beispielprogramme und Übungsaufgaben, die Sie intensiv bearbeiten sollten. Des weiteren möchte ich den Lesern bzw. Übenden ans Herz legen, sich selbst weitere Aufgaben auszudenken. Programmieren lernt man am besten durch Üben, Üben, Üben.

Zu diesem Buch existiert auch unter folgendem URL eine spezielle WWW-Seite: http://www-is.informatik.uni-oldenburg.de/~dibo/hamster. Auf dieser Seite finden Sie ergänzende Informationen, Korrekturen, weitere Beispielprogramme, Aufgaben, Musterlösungen und vieles mehr. Über die WWW-Seite können Sie auch mit mir Kontakt aufnehmen. Ich freue mich über jede Anregung, die zur Verbesserung des Hamster-Modells und des Buches beiträgt.

Für das Erstellen und Ausführen von Hamster-Programmen wurde ein spezielles Java-Programm, der sogenannte „Hamster-Simulator" entwickelt. Um das Buch möglichst kostengünstig anbieten zu können, wurde auf eine beigelegte CD-ROM mit diesem Programm verzichtet. Stattdessen steht der Hamster-Simulator auf der oben angegebenen WWW-Seite zum kostenlosen Download bereit. Sollten Sie keinen Internet-Zugang besitzen, können Sie den Hamster-Simulator auf CD-ROM auch gegen einen Unkostenbeitrag von 10,- DM bzw. 5,- EURO (inkl. Versandkosten) bei mir anfordern (Briefmarken oder Verrechnungsscheck beilegen). Meine Anschrift lautet: Dietrich Boles, Universität Oldenburg, Fachbereich Informatik, Escherweg 2, D-26121 Oldenburg, email: boles@informatik.uni-oldenburg.de

Ebenfalls auf der WWW-Seite befindet sich eine elektronische Version dieses Buches, die Sie sich mit Hilfe eines WWW-Browsers (Netscape-Navigator ab Version 4.0.7)

anschauen können. In diese Version ist in Form eines Java-Applets der Hamster-Simulator eingebettet, über den Sie die im Text vorhandenen Beispielprogramme direkt ausführen lassen können.

Das in diesem Buch beschriebene Java-Hamster-Modell ist bereits seit drei Jahren integraler Bestandteil des „Programmierkurs Java", der in jedem Wintersemester vom Fachbereich Informatik der Universität Oldenburg angeboten wird. Ich möchte mich hiermit bei den Studierenden ganz herzlich für die zahlreichen Anregungen, Tips und Verbesserungsvorschläge bedanken. Ebenfalls Dank gebühren Prof. Dr. Hans-Jürgen Appelrath, für seine freundliche Unterstützung bei der Erstellung des Buches sowie Markus Siegmann und Tammo Freese für das sorgfältige Korrekturlesen. Mein besonderer Dank gilt aber Daniel Jasper für die mit großem Engagement durchgeführte Entwicklung und Implementierung des Hamster-Simulators, Ricarda Freundl für die Anfertigung der mich immer wieder aufs Neue motivierenden niedlichen Hamster-Zeichnungen, die Sie durch das gesamte Buch begleiten werden, und bei meiner Lebensgefährtin Cornelia Haber für die Erstellung der Syntaxdiagramme in diesem Buch und für ihre Geduld, wenn ich mich mal wieder ein ganzes Wochenende mit „dem Hamster" beschäftigt habe.

Hinweisen möchte ich an dieser Stelle noch auf ein ergänzendes Buch: die „Starthilfe Informatik" von H.-J. Appelrath, D. Boles, V. Claus und I. Wegener, ebenfalls erschienen im Teubner-Verlag. Während das vorliegende „Hamster-Buch" eine Einführung in die Programmierung im speziellen darstellt, hilft die Starthilfe beim Einstieg in die Informatik im allgemeinen. Ausführlich behandelt werden in der Starthilfe die zentralen Begriffe „Algorithmus" und „Datenstrukturen". Weiterhin werden dort eine Einführung in die objektorientierte Softwareentwicklung und ein Überblick über die Kerngebiete der Praktischen Informatik (Compilerbau, Betriebssysteme, Datenbanken, Rechnernetze) gegeben.

Nun wünsche ich aber allen Lesern viel Spaß beim „Programmieren Lernen mit dem Hamster".

Oldenburg, im Mai 1999

Dietrich Boles

Inhaltsverzeichnis

I Grundlagen   13

1   Programmierung   17

1.1 Ziele der Programmierung   17

1.2 Algorithmen   18

1.3 Programme   25

2   Programmiersprachen   27

2.1 Klassifikation von Programmiersprachen   27

2.2 Definition von Programmiersprachen   28

2.3 Syntaxdarstellungen   29

3   Programmentwicklung   35

3.1 Entwicklungsphasen   35

3.2 Entwicklungswerkzeuge   40

4   Computer   43

4.1 Aufbau eines Computers   43

4.2 Von-Neumann-Prinzipien der Rechnerarchitektur   46

4.3 Arbeitsweise eines Computers   47

4.4 Speicher   48

4.5 Betriebssystem   51

4.6 Dateien und Verzeichnisse   51

4.7 Window-System   51

5   Aussagenlogik   53

5.1   Aussagen   53

5.2   Operationen auf Aussagen   53

5.3   Syntax von Aussagen   54

5.4   Äquivalenz von Aussagen   55

5.5   Algebraische Eigenschaften von booleschen Operatoren   56

II   Imperative Programmierung   **59**

6   Grundlagen des Hamster-Modells   63

6.1   Motivation   63

6.2   Komponenten des Hamster-Modells   67

6.3   Grundlagen der Hamstersprache   69

7   Anweisungen und Programme   73

7.1   Hamsterbefehle   73

7.2   Anweisungen   76

7.3   Programme   78

7.4   Kommentare   79

7.5   Beispielprogramme   81

7.6   Übungsaufgaben   84

8   Prozeduren   87

8.1   Motivation   87

8.2   Prozedurdefinition   88

8.3   Prozeduraufruf   91

8.4   Programme (mit Prozeduren)   93

8.5   Vorteile von Prozeduren   96

8.6   Beispielprogramme   97

8.7   Übungsaufgaben   101

9   Auswahlanweisungen 105

9.1   Testbefehle 105

9.2   Boolesche Operatoren und Ausdrücke 107

9.3   Blockanweisung 113

9.4   Leeranweisung 115

9.5   Bedingte Anweisung 116

9.6   Alternativanweisung 120

9.7   Beispielprogramme 123

9.8   Übungsaufgaben 128

10   Wiederholungsanweisungen 131

10.1 Motivation 131

10.2 while-Anweisung 132

10.3 do-Anweisung 142

10.4 Beispielprogramme 146

10.5 Übungsaufgaben 150

11   Boolesche Funktionen 155

11.1 Motivation 155

11.2 Boolesche return-Anweisung 156

11.3 Definition boolescher Funktionen 157

11.4 Aufruf boolescher Funktionen 161

11.5 Seiteneffekte 166

11.6 Beispielprogramme 169

11.7 Übungsaufgaben 175

12   Programmentwurf 179
12.1 Lösen von Problemen 179
12.2 Analyse 180
12.3 Entwurf 183
12.4 Implementierung 187
12.5 Test 189
12.6 Dokumentation 191
12.7 Ein weiteres Beispiel 192
12.8 Übungsaufgaben 204

13   Boolesche Variablen 207
13.1 Motivation 207
13.2 Definition boolescher Variablen 209
13.3 Nutzung boolescher Variablen 212
13.4 Boolesche Zuweisung 214
13.5 Gültigkeitsbereich einer booleschen Variable 217
13.6 Lebensdauer einer booleschen Variable 224
13.7 Beispielprogramme 225
13.8 Übungsaufgaben 229

14   Zahlen, Variablen und Ausdrücke 233
14.1 Motivation 233
14.2 Zahlen 234
14.3 int-Variablen 235
14.4 int-Zuweisung 236
14.5 Arithmetische Ausdrücke 237
14.6 Vergleichsausdrücke 242
14.7 Verallgemeinerung von Variablen und Ausdrücken 245
14.8 Beispielprogramme 253
14.9 Übungsaufgaben 259

15 Prozeduren und Funktionen 265

15.1 int-return-Anweisung 265

15.2 Definition von int-Funktionen 266

15.3 Aufruf von int-Funktionen 269

15.4 Verallgemeinerung des Funktionskonzeptes 271

15.5 Beispielprogramme 274

15.6 Übungsaufgaben 281

16 Funktionsparameter 285

16.1 Motivation 285

16.2 Funktionen mit Parametern 287

16.3 Überladen von Funktionen 296

16.4 Beispielprogramme 299

16.5 Übungsaufgaben 307

17 Rekursion 313

17.1 Motivation 314

17.2 Definitionen 315

17.3 Veranschaulichung des Rekursionsprinzips 318

17.4 Rekursive Funktionen 324

17.5 Rekursive Funktionen mit lokalen Variablen 325

17.6 Rekursive Funktionen mit Parametern 326

17.7 Backtracking 327

17.8 Beispielprogramme 330

17.9 Übungsaufgaben 338

Literatur 342

Index 344

Teil I

Grundlagen

Programmieren ist eine Tätigkeit, die mit und auf einem Computer ausgeführt wird. Das Erlernen der Programmierung ist daher nicht möglich, ohne ein gewisses Grundverständnis davon zu besitzen, wie ein Computer aufgebaut ist, wie er funktioniert, was wir Menschen mit einem Computer machen können, wie wir ihn bedienen müssen und wie man ihm eigentlich beibringen kann, etwas zu tun. Diese Grundlagen werden Ihnen – soweit sie für das Verständnis der weiteren drei Teile von Bedeutung sind – in diesem ersten Teil des Buches vermittelt. Die Beschreibungen sind bewußt einfach gehalten bzw. werden vereinfacht dargestellt, um Sie nicht mit im Rahmen dieses Kurses unwichtigen Details zu überhäufen und damit zu demotivieren.

Der Teil Grundlagen gibt jedoch keine allgemeine Einführung in die EDV und den Umgang mit einem Computer. Hierzu sollten Sie sich die einschlägige Literatur bzw. die Bedienungsanleitung Ihres Computers anschauen.

Auch denjenigen Lesern, die bereits seit geraumer Zeit einen Computer benutzen bzw. auch schon mal selbst ein kleines Computerprogramm geschrieben haben, möchte ich empfehlen, diesen ersten Teil des Buches durchzuarbeiten. Sie werden sicher die ein oder andere Ihnen bisher noch nicht bekannte wichtige Information entdecken. Andererseits können Sie allerdings – wenn Sie es „eilig haben", Ihr erstes Computerprogramm zum Laufen zu bringen – den Grundlagenteil auch zunächst überspringen. In den weiteren Teilen des Buches wird auf entsprechende Grundlagenkapitel hingewiesen.

Der Teil *Grundlagen* dieses Buches besteht aus ingesamt fünf Kapiteln.

Das erste Kapitel enthält eine Einführung in die Programmierung. Die Ziele der Programmierung werden erläutert und die Begriffe des Algorithmus und des Programms eingeführt.

Das zweite Kapitel widmet sich den Programmiersprachen. Zunächst werden verschiedene Klassifikationen von Programmiersprachen vorgestellt. Anschließend wird kurz erläutert, welche Aspekte bei der Definition einer Programmiersprache von Bedeutung sind. Detaillierter wird auf die Syntax von Programmiersprachen eingegangen.

Kapitel 3 schildert den gesamten Vorgang, der zu bewältigen ist, um ein auf einem Computer lauffähiges und korrektes Programm zu entwickeln. Des weiteren werden die dabei benötigten Hilfsmittel vorgestellt.

Mit dem Computer selbst beschäftigt sich Kapitel 4. Sein genereller Aufbau, seine Arbeitsweise und die Art und Weise, wie er Ihre Programme verwaltet, werden geschildert.

Eine wichtige mathematische Grundlage der Programmierung bildet die sogenannte *Aussagenlogik*. Sie wird in Kapitel 5 kurz eingeführt.

Kapitel 1

Programmierung

Mit „Programmierung" wird die Entwicklung von Computerprogrammen bezeichnet. Dieses Kapitel enthält eine Einführung in die Programmierung. Die Ziele der Programmierung werden erläutert und die Begriffe des Algorithmus und des Programms eingeführt.

1.1 Ziele der Programmierung

Die *Programmierung* ist ein Teilgebiet der Informatik, das sich im weiteren Sinne mit Methoden und Denkweisen bei der Lösung von Problemen mit Hilfe von Computern und im engeren Sinne mit dem Vorgang der Programmerstellung befaßt. Unter einem *Programm* versteht man dabei eine in einer speziellen Sprache verfaßte Anleitung zum Lösen eines Problems durch einen Computer. Programme werden auch unter dem Begriff *Software* subsumiert. Konkreter ausgedrückt ist das Ziel der Programmierung bzw. Softwareentwicklung, zu gegebenen Problemen Programme zu entwickeln, die auf Computern ausführbar sind und die Probleme korrekt und vollständig lösen, und das möglichst effizient.

Die hier angesprochenen Probleme können von ganz einfacher Art sein wie das Addieren oder Subtrahieren von Zahlen oder das Sortieren einer gegebenen Datenmenge. Komplexere Probleme reichen von der Erstellung von Computerspielen oder der Datenverwaltung von Firmen bis hin zur Steuerung von Raketen. Im Umfeld dieses Buches werden nur relativ einfache Probleme behandelt, die innerhalb weniger Minuten bzw. Stunden vom Programmierer gelöst werden können. Dahingegen kann das Lösen von komplexen Problemen Monate ja sogar Jahre dauern und den Einsatz eines ganzen Teams von Menschen erforderlich machen.

Der Vorgang des Erstellens von Programmen zu einfachen Problemen wird *Programmieren im Kleinen* genannt. Er erstreckt sich von der Analyse des gegebenen Problems über die Entwicklung einer Problemlösebeschreibung bis hin zur eigentlichen Programmformulierung und -ausführung. Die Bearbeitung komplexer Probleme umfaßt darüber hinaus weitere Phasen wie eine vorangehende Systemanalyse und die spätere Wartung der erstellten Software und ist Gegenstand des *Softwareengineerings*, einem Teilgebiet der Informatik, auf das in diesem Buch nicht näher eingegangen wird.

1.2 Algorithmen

Als *Algorithmus* bezeichnet man eine Arbeitsanleitung für einen Computer. Der Begriff des Algorithmus ist ein zentraler Begriff der Programmierung. In diesem Abschnitt wird der Begriff zunächst motiviert und dann genauer definiert. Anschließend werden verschiedene Möglichkeiten der Formulierung von Algorithmen vorgestellt, und es wird auf die Ausführung von Algorithmen eingegangen. Algorithmen besitzen einige charakteristische Eigenschaften, die zum Abschluß dieses Abschnitts erläutert werden.

1.2.1 Arbeitsanleitungen

Wenn Sie etwas Leckeres kochen wollen, gehen Sie nach einem Rezept vor. Der Zusammenbau eines Modellflugzeugs erfordert eine Bastelanleitung. Beim Klavierspielen haben Sie ein Notenheft vor sich. Zum Skatspielen sind Spielregeln notwendig. Mit derlei Anleitungen wie Kochrezepten, Bastelanleitungen, Partituren und Spielregeln kommen Sie tagtäglich in Berührung. Wenn Sie sich den Aufbau solcher Anleitungen genauer anschauen, können Sie feststellen, daß sie alle etwas gemeinsam haben. Sie bestehen aus einzelnen Angaben (*Anweisungen*), die in einer angegebenen Reihenfolge ausgeführt zu dem gewünschten Ergebnis führen:

```
Kochrezept:

    Zwiebel feinhacken;
    Brötchen einweichen;
    aus Mett, gemischtem Hack, Eiern, feingehackter Zwiebel
    und eingeweichtem und gut ausgedrücktem Brötchen
    einen Fleischteig bereiten;
    mit Salz und Pfeffer herzhaft würzen;
    Trauben waschen, halbieren und entkernen;
    ...
```

Teilweise sind gewisse Anweisungen in den Arbeitsanleitungen nur unter bestimmten Bedingungen auszuführen (*bedingte Anweisungen*). Ausgedrückt wird dieser Sachverhalt durch ein: *Wenn eine Bedingung erfüllt ist, dann tue dies, ansonsten tue das*

```
Anleitung für einen Fußballschiedsrichter:

    ein Spieler von Mannschaft A wird von einem Spieler
    von Mannschaft B gefoult;
    wenn das Foul im Strafraum von Mannschaft B erfolgt
    dann pfeife Strafstoß,
    ansonsten pfeife Freistoß
```

Darüberhinaus kommt es auch vor, daß gewisse Anweisungen in einer sogenannten *Schleife* oder *Wiederholungsanweisung* mehrmals hintereinander ausgeführt werden sollen: *Solange eine Bedingung erfüllt ist, tue folgendes*

Anleitung beim Mensch-Ärgere-Dich-Nicht-Spiel:

Solange ein Spieler eine 6 würfelt,
darf er nochmal würfeln.

Weiterhin fällt auf, daß zum Ausführen der Anleitungen gewisse Voraussetzungen erfüllt sein müssen: Zum Kochen werden Zutaten benötigt, Basteln ist nicht ohne Materialien möglich und zum Spielen sind Spielkarten oder Spielfiguren unabdingbar.

Zutaten beim Kochen:

250g Mett
250g gemischtes Hack
2 Eier
1 Zwiebel
1 Brötchen
Pfeffer
Salz

Im allgemeinen bestehen also Arbeitsanleitungen aus der Auflistung bestimmter Voraussetzungen bzw. Zubehör und der eigentlichen Anleitung:

Jenga-Spiel:

Zubehör:
1 Spielanleitung
45 Holzklötzchen
Spielanleitung:
solange die Spieler noch Lust haben zu spielen:
Turm aufbauen, dabei jeweils die Klötzchen
rechtwinklig zueinander versetzen;
solange der Turm noch nicht eingestürzt ist, müssen
die Spieler der Reihe nach folgendes tun:
ein Klötzchen aus dem Turm entnehmen;
das Klötzchen oben auf den Turm legen

Ein weiteres Merkmal dieser alltäglichen Arbeitsanleitungen ist, daß sie selten exakt formuliert sind, sondern oft Teile enthalten, die unterschiedlich interpretiert werden können. Im allgemeinen sagt uns unser gesunder Menschenverstand dann, was in der speziellen Situation zu tun ist. Beim obigen Kochrezept ist bspw. die Anleitung „mit Salz und Pfeffer herzhaft würzen" wenig präzise für jemanden, der noch nie gekocht hat.

1.2.2 Definition des Begriffs Algorithmus

Anleitungen, wie sie im letzten Abschnitt erörtert worden sind, werden von Menschen ausgeführt, um unter bestimmten Voraussetzungen zu einem bestimmten Ergebnis zu gelangen. Genauso wie Menschen benötigen auch Computer Arbeitsanleitungen, um Probleme zu lösen. Arbeitsanleitungen für einen Computer bezeichnet man als *Algorithmen*. Algorithmen weisen dabei viele Merkmale auf, die wir im letzten Abschnitt für Anleitungen für Menschen kennengelernt haben. Sie bestehen aus Anweisungen, können bedingte Anweisungen und Schleifen enthalten und operieren auf vorgegebenen Materialien, den Daten. Sie unterscheiden sich jedoch darin, daß sie wesentlich exakter formuliert sein müssen, da Computer keine Intelligenz besitzen, um mehrdeutige Formulierungen selbständig interpretieren zu können.

Damit kann der Begriff *Algorithmus* folgendermaßen definiert werden: *Ein Algorithmus ist eine Arbeitsanleitung zum Lösen eines Problems bzw. einer Aufgabe, die so präzise formuliert ist, daß sie von einem Computer ausgeführt werden kann.*

1.2.3 Formulierung von Algorithmen

Zur Beschreibung von Algorithmen existieren mehrere Möglichkeiten bzw. Notationen, von denen die gängigsten anhand eines kleinen Beispiels im folgenden kurz vorgestellt werden. Bei dem Beispiel geht es um die Lösung des Problems, die Summe aller Natürlichen Zahlen bis zu einer vorgegebenen Natürlichen Zahl n zu berechnen. Mathematisch definiert ist also die folgende Funktion f zu berechnen:

$$f : \mathbb{N} \to \mathbb{N} \; mit \; f(n) = \sum_{i=1}^{n} i \; f\ddot{u}r \; n \in \mathbb{N}$$

1.2.3.1 Umgangssprachliche Formulierung

Arbeitsanleitungen für Menschen werden im allgemeinen umgangssprachlich formuliert. Es gibt häufig keine vorgegebenen Schemata oder Regeln. Der Mensch interpretiert die Anweisungen gemäß seines Wissens oder bereits vorliegender Erfahrungen. Auch Algorithmen lassen sich prinzipiell umgangssprachlich beschreiben. Die Beschreibung sollte jedoch so exakt sein, daß sie ohne weitergehende intellektuelle Anstrengungen in ein Programm oder eine andere Notation übertragen werden kann. Eine umgangssprachliche Beschreibung des Algorithmus zum Lösen des Beispielproblems lautet bspw.:

```
Gegeben sei eine Natürliche Zahl n.
Addiere die Natürlichen Zahlen von 1 bis n.
Die Summe ist das Resultat.
```

1.2.3.2 Programmablaufpläne

Eine normierte Methode zur graphischen Darstellung von Algorithmen stellen die *Programmablaufpläne* (PAP) – auch *Flußdiagramme* genannt – dar. In Abbildung 1.1 (a) werden die wichtigsten Elemente der graphischen Notation skizziert. Daneben findet sich in Abbildung 1.1 (b) ein Programmablaufplan zur Lösung des Beispielproblems.

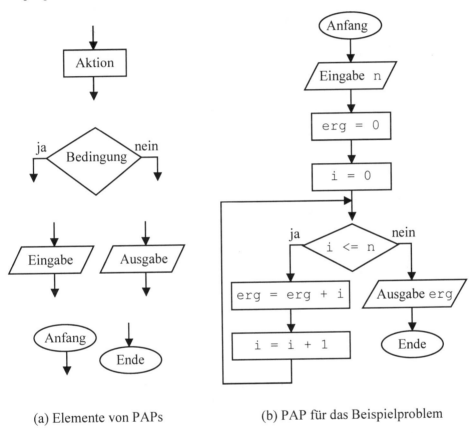

(a) Elemente von PAPs   (b) PAP für das Beispielproblem

Abbildung 1.1: Programmablaufpläne

1.2.3.3 Struktogramme

Struktogramme (*Nassi-Shneiderman-Diagramme*) bieten eine weitere graphische Notation zur Darstellung von Algorithmen. Gegenüber Programmablaufplänen sind sie im allgemeinen übersichtlicher und verständlicher. Die wichtigsten Elemente, aus denen sich Struktogramme zusammensetzen, sind Abbildung 1.2 (a) zu entnehmen. In Abbildung 1.2 (b) wird eine Lösung des Beispielproblems mit Hilfe von Struktogrammen formuliert.

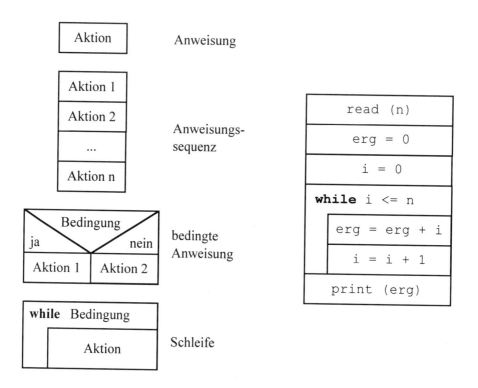

(a) Elemente von Struktogrammen   (b) Struktogramm für Beispielproblem

Abbildung 1.2: Struktogramme

1.2.3.4 Programmiersprache

Algorithmen lassen sich auch in der Notation einer bestimmten Programmiersprache formulieren. Folgendes an die Syntax der Programmiersprache Java angelehntes Programm löst das Beispielproblem:

```
int n = readInt();
int erg = 0;
int i = 0;
while (i <= n) {
  erg = erg + i;
  i = i + 1;
}
printInt(erg);
```

1.2.4 Ausführung von Algorithmen

Algorithmen stellen eine Arbeitsanleitung dar, d.h. werden sie ausgeführt, sollten sie nach Abarbeitung der einzelnen Anweisungen das erwartete Ergebnis liefern. Bei der Ausführung eines Algorithmus läuft ein sogenannter *Prozeß* ab. Dieser Prozeß wird durch einen *Prozessor* gesteuert. Bei den Arbeitsanleitungen für Menschen (siehe Abschnitt 1.2.1) ist der Mensch der Prozessor, bei Algorithmen ist dies der Computer, der die Notation, in der der Algorithmus formuliert ist, kennen und verstehen muß.

Prinzipiell kann jeder Algorithmus auch durch einen Menschen ausgeführt werden. Computer haben gegenüber uns Menschen jedoch gewisse Vorteile:

- Ihre hohe Rechengeschwindigkeit: Computer können heutzutage einige Millionen Rechenoperationen pro Sekunde ausführen.

- Ihre große Zuverlässigkeit: Computer ermüden nicht und führen fehlerlos genau die Anweisungen durch, die ihnen der Mensch vorschreibt.

- Ihre gewaltige Speicherfähigkeit: Computer können Milliarden Daten dauerhaft abspeichern und sie auch sehr schnell wiederfinden.

1.2.5 Eigenschaften von Algorithmen

Algorithmen weisen folgende Eigenschaften auf:

- Eindeutigkeit: Algorithmen liefern eine eindeutige Beschreibung zur Lösung eines gegebenen Problems. Sie dürfen keine widersprüchlichen Aussagen enthalten.

- Parametrisierbarkeit: Algorithmen lösen nicht nur genau ein spezielles Problem sondern eine Klasse von Problemen mit dem gleichen Schema. So löst der Algorithmus in Abschnitt 1.2.3 das Problem der Summenbildung von Natürlichen Zahlen nicht nur für eine fest vorgegebene Zahl sondern für beliebige Zahlen n. n wird auch *Parameter* des Algorithmus genannt.

- Finitheit: Die Beschreibung eines Algorithmus besitzt eine endliche Länge.

- Ausführbarkeit: Algorithmen dürfen keine Anweisungen enthalten, die prinzipiell nicht ausführbar sind wie bspw. widersprüchliche Anweisungen.

- Terminierung: Algorithmen müssen nach endlich vielen Schritten terminieren, d.h. sie müssen ein Ergebnis liefern und dann anhalten.

- Determiniertheit: Algorithmen heißen determiniert, wenn sie mit gleichen Startbedingungen mehrfach ausgeführt immer die gleichen Ergebnisse liefern.

- Determinismus: Algorithmen heißen deterministisch, wenn zu jedem Zeitpunkt ihrer Ausführung höchstens eine Möglichkeit zur Fortsetzung besteht.

Die ersten drei Eigenschaften sind dabei Eigenschaften der Formulierung eines Algorithmus an sich (statische Eigenschaften), die letzten vier sind Eigenschaften der Ausführung eines Algorithmus (dynamische Eigenschaften).

Nicht alle Algorithmen erfüllen die letzten drei Eigenschaften. Steuerungsprogramme in Betriebssystemen sind häufig nicht-terminierend, und aus dem Bereich der Stochastik sind bspw. nicht-determinierte und nicht-deterministische Algorithmen bekannt.

1.2.6 Praxisrelevante Eigenschaften von Algorithmen

Algorithmen sind Beschreibungen zur Lösung eines Problems bzw. einer Aufgabe. Dabei ist jedoch festzustellen, daß es zur Lösung eines Problems nicht nur immer genau einen korrekten Algorithmus gibt. Vielmehr kann sogar mathematisch bewiesen werden, daß es zu jedem Algorithmus unendlich viele verschiedene äquivalente Algorithmen gibt, also Algorithmen, die dasselbe Problem mit identischen Ergebnissen lösen.

In der Praxis ist es aber im allgemeinen nicht gleichgültig, welchen von zwei äquivalenten Algorithmen man zur Lösung eines Problems einsetzt. Kriterien, die in der Praxis bei der Findung bzw. Auswahl eines Algorithmus eine wichtige Rolle spielen, sind insbesondere:

- Effizienz: Algorithmen sollten so schnell wie möglich und mit möglichst wenig Ressourcen zu einem korrekten Ergebnis kommen.

- Speicherbedarf: Die Beschreibung eines Algorithmus sollte möglichst knapp sein, worunter die Verständlichkeit aber nicht leiden darf.

- Erweiterbarkeit: Algorithmen sollten ohne großen Aufwand an geänderte Anforderungen anpaßbar sein.

- Wiederverwendbarkeit: Algorithmen sollten so formuliert werden, daß sie nicht nur einmalig, sondern auch zur Lösung von Teilproblemen in anderen Zusammenhängen genutzt werden können.

- Portabilität: Algorithmen sollten nicht auf einen bestimmten Computertyp zugeschnitten sein, sondern prinzipiell auf beliebigen Computern ausgeführt werden können.

- Zuverlässigkeit: Algorithmen sollten das Problem korrekt und vollständig lösen. Zu beachten sind dabei insbesondere sogenannte Grenzfälle.

1.3 Programme

Als *Programm* wird ein in einer Programmiersprache formulierter Algorithmus bezeichnet. Die Formulierung von Programmen erfolgt in sehr konkreter und eingeschränkter Form:

- Programme werden im exakt definierten und eindeutigen Formalismus einer Programmiersprache verfaßt.

- Daten, auf denen Programme operieren, unterliegen einer festgelegten Darstellungsform.

Unter *Programmieren* versteht man das Erstellen von Programmen. Der gesamte Programmentwicklungsvorgang wird in Kapitel 3 ausführlich behandelt. Zuständig für die Entwicklung von Programmen ist der *Programmierer*. Die Formulierung von Programmen erfolgt in der Regel unter Verwendung der uns bekannten Zeichen wie Buchstaben, Ziffern und Sonderzeichen. Eine Programmbeschreibung wird auch als *Programmcode, Quellcode* oder *Source-Code* bezeichnet. Der Programmcode selbst kann im allgemeinen noch nicht direkt von einem Computer ausgeführt werden, er muß zuvor noch mit Hilfe eines Compilers in eine maschinenverständliche Form – ein *ausführbares Programm* – transformiert werden. Die Programmausführung wird durch den *Aufruf* des ausführbaren Programms gestartet.

Kapitel 2

Programmiersprachen

Eine *Programmiersprache* ist eine zum Formulieren von Programmen geschaffene künstliche Sprache. In diesem Kapitel werden zunächst verschiedene Klassifikationen vorgestellt. Anschließend wird kurz erläutert, welche Aspekte bei der Definition einer Programmiersprache von Bedeutung sind. Detaillierter wird auf die Syntax von Programmiersprachen eingegangen.

2.1 Klassifikation von Programmiersprachen

Vielleicht fragen Sie sich jetzt: Wieso gibt es eigentlich nicht nur eine einzige Programmiersprache, mit der alle Programmierer arbeiten? Da Programmiersprachen anders als natürliche Sprachen, die sich über Jahrhunderte hinweg entwickelt haben, ja künstlich definiert werden müssen, hätte man sich doch von Anfang an auf eine einheitliche Programmiersprache festlegen können.

Zunächst kann man feststellen, daß es bestimmte Programmiersprachen gibt, die primär für Programmieranfänger definiert worden sind. Sie sind meistens sehr einfach gehalten, d.h. der Sprachumfang ist relativ gering. Sie sind leicht zu erlernen, eignen sich aber nicht besonders zum Lösen sehr komplexer Probleme. Hierfür werden sehr viel mächtigere Programmiersprachen benötigt.

Eine andere Klassifizierung unterscheidet sogenannte niedere *Maschinensprachen* (*maschinennahe Programmiersprachen*) und höhere *problemorientierte Programmiersprachen*. Maschinensprachen ermöglichen die Erstellung sehr effizienter Programme. Sie sind jedoch abhängig vom speziellen Computertyp. Dahingegen orientieren sich die höheren Programmiersprachen nicht so sehr an den von den Computern direkt ausführbaren Befehlen, sondern eher an den zu lösenden Problemen. Sie sind für Menschen verständlicher und einfacher zu handhaben.

Ein weiterer Grund für die Existenz der vielen verschiedenen Programmiersprachen liegt in der Tatsache, daß die zu lösenden Probleme nicht alle gleichartig sind. So werden häufig neue Programmiersprachen definiert, die speziell für bestimmte Klassen von Problemen geeignet sind.

Den höheren Programmiersprachen liegen bestimmte Konzepte zugrunde, mit denen die Lösung von Problemen formuliert wird. Im wesentlichen lassen sich hier fünf Kategorien – auch *Programmierparadigmen* genannt – unterscheiden:

- Imperative Programmiersprachen: Programme bestehen aus Folgen von Befehlen (PASCAL, MODULA-2).

- Funktionale Programmiersprachen: Programme werden als mathematische Funktionen betrachtet (LISP, MIRANDA).

- Prädikative Programmiersprachen: Programme bestehen aus Fakten (gültige Tatsachen) und Regeln, die beschreiben, wie aus gegebenen Fakten neue Fakten hergeleitet werden können (PROLOG).

- Regelbasierte Programmiersprachen: Programme bestehen aus „wenn-dann-Regeln"; wenn eine angegebene Bedingung gültig ist, dann wird eine angegebene Aktion ausgeführt (OPS5).

- Objektorientierte Programmiersprachen: Programme bestehen aus Objekten, die bestimmte (Teil-)Probleme lösen und zum Lösen eines Gesamtproblems mit anderen Objekten über Nachrichten kommunizieren können (SMALLTALK).

Nicht alle Programmiersprachen können eindeutig einer dieser Klassen zugeordnet werden. So ist bspw. LOGO eine funktionale Programmiersprache, die aber auch imperative Sprachkonzepte besitzt. Java und C++ können als imperative objektorientierte Programmiersprachen klassifiziert werden, denn Java- und C++-Programme bestehen aus kommunizierenden Objekten, die intern mittels imperativer Sprachkonzepte realisiert werden.

Programmiersprachen einer Kategorie unterscheiden sich häufig nur in syntaktischen Feinheiten. Die grundlegenden Konzepte sind ähnlich. Von daher ist es im allgemeinen nicht besonders schwierig, eine weitere Programmiersprache zu erlernen, wenn man bereits eine Programmiersprache derselben Kategorie beherrscht. Anders verhält es sich jedoch beim Erlernen von Programmiersprachen anderer Kategorien, weil hier die zugrunde liegenden Konzepte stark voneinander abweichen.

2.2 Definition von Programmiersprachen

Programmiersprachen sind sehr exakte künstliche Sprachen zur Formulierung von Programmen. Sie dürfen keine Mehrdeutigkeiten bei der Programmerstellung zulassen, damit der Computer das Programm auch korrekt ausführen kann. Bei der Definition einer Programmiersprache muß ihre _Lexikalik_, _Syntax_, _Semantik_ und _Pragmatik_ definiert werden:

- Lexikalik: Die Lexikalik einer Programmiersprache definiert die gültigen Zeichen bzw. Wörter, aus denen Programme der Programmiersprache zusammengesetzt sein dürfen.

- Syntax: Die Syntax einer Programmiersprache definiert den korrekten Aufbau der Sätze aus gültigen Zeichen bzw. Wörtern, d.h. sie legt fest, in welcher Reihenfolge lexikalisch korrekte Zeichen bzw. Wörter im Programm auftreten dürfen.

- Semantik: Die Semantik einer Programmiersprache definiert die Bedeutung syntaktisch korrekter Sätze, d.h. sie beschreibt, was passiert, wenn bspw. bestimmte Anweisungen ausgeführt werden.

- Pragmatik: Die Pragmatik einer Programmiersprache definiert ihren Einsatzbereich, d.h. sie gibt an, für welche Arten von Problemen die Programmiersprache besonders gut geeignet ist.

Die Lexikalik wird häufig in die Syntax mit einbezogen. Wie die Syntax einer Programmiersprache definiert werden kann, wird im nächsten Abschnitt detailliert erläutert. Die Semantik einer Programmiersprache wird in der Regel nur umgangssprachlich beschrieben, es existieren jedoch auch Möglichkeiten für eine formal saubere (mathematische) Definition. Für die Definition der Pragmatik einer Programmiersparche existiert kein bestimmter Formalismus. Sie wird deshalb umgangssprachlich angegeben.

2.3   Syntaxdarstellungen

Die Syntax einer Programmiersprache legt fest, welche Zeichenreihen bzw. Folgen von Wörtern korrekt formulierte („syntaktisch korrekte") Programme der Sprache darstellen und welche nicht. Zur Überprüfung der syntaktischen Korrektheit eines Programms muß deshalb zuvor die Syntax der Programmiersprache formal beschrieben werden. Hierzu existieren verschiedene Möglichkeiten. In den folgenden zwei Unterabschnitten werden die zwei gängigsten vorgestellt, nämlich die *Syntaxdiagramme* und die *Backus-Naur-Form*.

Sowohl Syntaxdiagramme als auch die Backus-Naur-Form sind Techniken zur Darstellung sogenannter *kontextfreier Programmiersprachen*. Die meisten Programmiersprachen sind jedoch *kontextsensitiv*, d.h. es lassen sich nicht alle Regeln zur Beschreibung der Syntax mit den beiden Techniken beschreiben. Nicht formulierbare Eigenschaften der Syntax werden daher umgangssprachlich ergänzt.

2.3.1   Syntaxdiagramme

Bei den Syntaxdiagrammen handelt es sich um eine graphische und daher sehr übersichtliche Notation zur Definition der Syntax einer Programmiersprache. Syntaxdiagramme sind folgendermaßen definiert:

- Zur Beschreibung der Syntax einer Sprache existiert in der Regel eine Menge von Syntaxdiagrammen, die zusammen die Syntax definieren. In der Menge existiert genau ein *übergeordnetes Syntaxdiagramm*, bei dem die Definition beginnt.

- Jedes Syntaxdiagramm besitzt einen Namen (Bezeichnung).

- Jedes Syntaxdiagramm besteht aus runden und eckigen Kästchen sowie aus Pfeilen.

- In jedem rechteckigen Kästchen steht die Bezeichnung eines (anderen) Syntaxdiagramms der Menge von Syntaxdiagrammen (ein sogenanntes *Nicht-Terminalsymbol*).

- In jedem runden Kästchen steht ein Wort (*Token, Terminalsymbol*) der Sprache.

- Aus jedem Kästchen führt genau ein Pfeil hinaus und genau einer hinein.

- Pfeile dürfen sich aufspalten und zusammengezogen werden.

- Jedes Syntaxdiagramm besitzt genau einen Pfeil, der von keinem Kästchen ausgeht (eintretender Pfeil) und genau einen Pfeil, der zu keinem Kästchen führt (austretender Pfeil).

Token einer Programmiersprache werden durch die Lexikalik der Sprache definiert. Sie stellen die kleinsten zusammenhängenden Grundsymbole einer Sprache, bswp.:

- einfache und zusammengesetzte Symbole (+, <=, (, ...).

- Schlüsselwörter (reservierte Wörter)

- Bezeichner

- Konstanten

Trennzeichen (Zeichen für die Trennung von Token) wie Blanks, Tabulatoren oder Zeilenumbrüche sowie Kommentare werden im allgemeinen nicht in den Syntaxdiagrammen berücksichtigt.

Mit Hilfe von Syntaxdiagrammen kann festgestellt werden, ob eine bestimmte Zeichenfolge (ein Programm) syntaktisch korrekt ist. Dazu fängt man bei dem eintretenden Pfeil des übergeordneten Syntaxdiagramm an und verfolgt die Pfeile. Erreicht man ein rundes Kästchen, so muß das entsprechende Token als nächstes in der Zeichenfolge auftreten. Erreicht man ein eckiges Kästchen, springt man in das entsprechend bezeichnete Syntaxdiagramm. Existieren alternative Wege, so wählt man den entsprechenden aus. Gibt es keinen Weg durch die Syntaxdiagramme, so ist das Programm syntaktisch nicht korrekt. Nach der Abarbeitung der Zeichenfolge muß der austretende Pfeil des übergeordneten Syntaxdiagramms erreicht worden sein. Sonst ist das Programm ebenfalls nicht syntaktisch korrekt.

Das Prinzip, nach dem Syntaxdiagramme arbeiten, läßt sich durch eine Analogie veranschaulichen: In einem Zoo gibt es eine Menge von Gehegen mit verschiedenen Tieren. Die Gehege können durch Besucher auf Wegen erreicht werden. Wegen der großen Besucherzahlen dürfen dabei die Wege jeweils nur in einer Richtung begangen werden. Es existieren Kreuzungen, an denen mehrere Wege eingeschlagen werden können. In Abbildung 2.1 werden anhand eines Syntaxdiagramms (Wegeplan des Zoos) die möglichen Wege durch den Zoo veranschaulicht. Die Gehege stellen dabei die Token dar. Der Übersichtlichkeit halber ist der Plan in zwei Teilpläne (Zoo, Säugetiere) aufgeteilt.

Ein Fotograph möchte nun im Zoo eine Fotoserie erstellen. Dabei muß (!) er jeweils ein Foto schießen, wenn er an einem Gehege vorbei kommt. Er orientiert sich an dem Wegeplan. Offenbar kann er die möglichen Bildsequenzen ermitteln, indem er die möglichen Wege durch den Zoo nachvollzieht. Erreicht er im Plan das eckige Kästchen *Säugetiere*, so zeigt der Teilplan *Säugetiere* den weiteren Weg, bis er diesen wieder verläßt und am Ausgang des eckigen Kästchens *Säugetiere* seinen Weg fortsetzt.

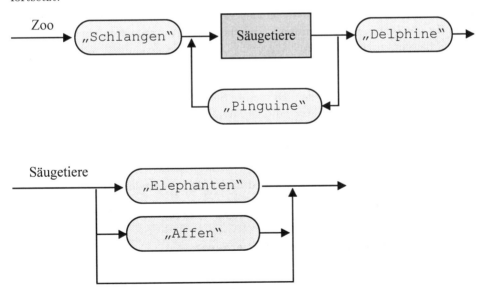

Abbildung 2.1: Wegeplan im Zoo als Syntaxdiagramm

Mögliche Bildsequenzen sind zum Beispiel:

• Schlangen Delphine

- Schlangen Elephanten Pinguine Delphine

- Schlangen Elephanten Pinguine Affen Delphine

- Schlangen Elephanten Pinguine Elephanten Pinguine Delphine

Dahingegen sind folgende Bildsequenzen nicht möglich:

- Elephanten Delphine (weil der Fotograph anfangs auf jeden Fall zuerst am Schlangengehege vorbeikommt)

- Schlangen Pinguine (weil der Fotograph am Ende seines Zoobesuchs auf jeden Fall am Delphingehege vorbeikommt)

- Schlangen Elephanten Affen Delphine (weil der Fotograph zwischen dem Besuch des Elephanten- und Affengeheges auf jeden Fall einmal am Pinguingehege vorbeigehen muß)

- Schlangen Pinguine Schlangen Delphine (weil der Fotograph nur am Anfang seines Zoobesuchs am Schlangengehege vorbeikommt)

2.3.2   Backus-Naur-Form

Bei der Backus-Naur-Form (BNF) handelt es sich um eine textuelle Beschreibungsform für die Syntax von Programmiersprachen. Das Äquivalent zu einem einzelnen Syntaxdiagramm wird hier *Produktion* oder *BNF-Regel* genannt. Produktionen besitzen eine linke und eine rechte Seite, die durch das Metazeichen ::= getrennt sind. Auf der linken Seite stehen jeweils einzelne Nicht-Terminalsymbole, die immer in spitze Klammern gesetzt werden. Die rechte Seite enthält Folgen von Terminalsymbolen, Nicht-Terminalsymbolen und dem Meta-Symbol |. Terminalsymbole werden in Hochkommata gesetzt. Das Meta-Symbol | bedeutet „oder" und entspricht einem sich aufspaltendem Pfeil in den Syntaxdiagrammen. Das „e" (bzw. Epsilon) steht für einen leeren Weg.

Das Zoo-Beispiel aus Abbildung 2.1 wird in der BNF folgendermaßen formuliert:

```
<Zoo>                  ::= "Schlangen" <Saeugetiere-und-mehr>

<Saeugetiere-und-mehr> ::= <Saeugetiere>
                           "Pinguine"
                           <Saeugetiere-und-mehr>
                           |
                           <Saeugetiere> "Delphine"

<Saeugetiere>          ::= "Elefanten" |
                           "Affen" |
                           e
```

Im Laufe der Zeit sind einige Abkürzungsmöglichkeiten entwickelt worden, die zu besser lesbaren Produktionen führen:

- [...] bedeutet: Symbole oder Symbolfolgen innerhalb der Klammern können auch weggelassen werden.

- {...} bedeutet: Symbole oder Symbolfolgen innerhalb der Klammern können beliebig oft wiederholt oder auch ganz weggelassen werden.

- (...|...) bedeutet: genau ein alternatives Symbol oder eine alternative Symbolfolge innerhalb der Klammern muß auftreten.

Das Zoo-Beispiel kann damit folgendermaßen formuliert werden:

```
<Zoo>          ::= "Schlangen"
                   <Saeugetiere>
                   {"Pinguine" <Saeugetiere>}
                   "Delphine"

<Saeugetiere> ::= ("Elefanten" |
                   "Affen" |
                   e
                  )
```

Kapitel 3

Programmentwicklung

Die Entwicklung von Computerprogrammen kann in mehrere Phasen unterteilt werden. Diese Phasen sowie zur Erstellung von Computerprogrammen benötigte Hilfsmittel (Werkzeuge) werden in diesem Kapitel vorgestellt.

3.1 Entwicklungsphasen

Ziel der Programmierung ist die Entwicklung von Programmen, die gegebene Probleme korrekt und vollständig lösen. Ausgangspunkt der Programmentwicklung ist also ein gegebenes Problem, Endpunkt ist ein ausführbares Programm, das korrekte Ergebnisse liefert. Den Weg vom Problem zum Programm bezeichnet man auch als *Problemlöse-* oder *Programmentwicklungsprozeß* oder kurz *Programmierung*. Im Rahmen dieses Kurses werden nur relativ kleine Probleme behandelt. Für diese kann der Problemlöseprozeß, der in Abbildung 3.1 skizziert wird, in mehrere Phasen zerlegt werden. Verfahren für die Bearbeitung komplexer Probleme sind Gegenstand des Softwareengineering, einem eigenständigen Teilgebiet der Informatik, auf das hier nicht näher eingegangen wird. Die im folgenden erläuterten Phasen werden in der Regel nicht streng sequentiell durchlaufen. Durch neue Erkenntnisse, aufgetretene Probleme und Fehler wird es immer wieder zu Rücksprüngen in frühere Phasen kommen.

3.1.1 Analyse

In der Analysephase wird das zu lösende Problem bzw. das Umfeld des Problems genauer untersucht. Insbesondere folgende Fragestellungen sollten bei der Analyse ins Auge gefaßt und auch mit anderen Personen diskutiert werden:

- Ist die Problemstellung exakt und vollständig beschrieben?

- Was sind mögliche Initialzustände bzw. Eingabewerte (Parameter) für das Problem?

- Welches Ergebnis wird genau erwartet, wie sehen der gewünschte Endzustand bzw. die gesuchten Ausgabewerte aus?

- Gibt es Randbedingungen, Spezialfälle bzw. bestimmte Zwänge (Constraints), die zu berücksichtigen sind?

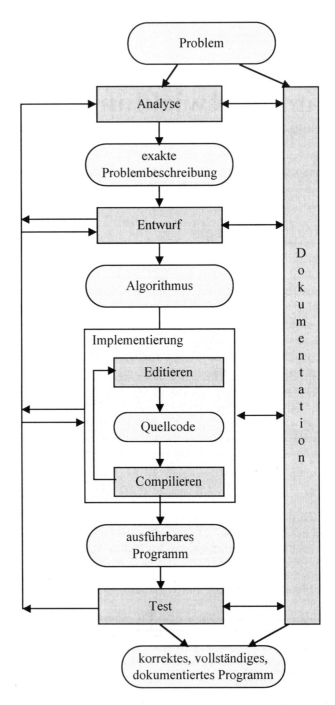

Abbildung 3.1: Programmentwicklungsphasen

- Lassen sich Beziehungen zwischen Initial- und Endzuständen bzw. Eingabe-
und Ausgabewerten herleiten?

Erst wenn alle diese Fragestellungen gelöst und eine exakte Problembeschreibung
vorliegt, sollte in die nächste Phase verzweigt werden. Es hat sich gezeigt, daß Fehler,
die aus einer nicht ordentlich durchgeführten Analyse herrühren, zu einem immen-
sen zusätzlichen Arbeitsaufwand in späteren Phasen führen können. Deshalb sollte
insbesondere in dieser Phase mit größter Sorgfalt gearbeitet werden.

3.1.2 Entwurf

Nachdem die Problemstellung präzisiert und verstanden worden ist, muß in der
Entwurfsphase ein Algorithmus zum Lösen des Problems entworfen werden. Der
Entwurfsprozeß kann im allgemeinen nicht mechanisch durchgeführt werden, vor
allen Dingen ist er nicht automatisierbar. Vielmehr kann man ihn als einen kreativen
Prozeß bezeichnen, bei dem Auffassungsgabe, Intelligenz und vor allem Erfahrung
des Programmierers eine wichtige Rolle spielen. Diese Erfahrung kann insbesondere
durch fleißiges Üben erworben werden.

Trotzdem können die folgenden Ratschläge beim Entwurf eines Algorithmus nützlich
sein:

- Sie sollten sich nach bereits existierenden Lösungen für vergleichbare Probleme
erkundigen und diese nutzen.

- Sie sollten sich nach allgemeineren Problemen umschauen, und überprüfen, ob
Ihr Problem als Spezialfall des allgemeinen Problems behandelt werden kann.

- Sie sollten versuchen, das Problem in einfachere Teilprobleme aufzuteilen.
Wenn eine Aufteilung möglich ist, sollten Sie den hier skizzierten Programmentwicklungsprozeß zunächst für die einzelnen Teilprobleme anwenden und anschließend die Lösungen der einzelnen Teilprobleme zu einer Lösung für das
Gesamtproblem zusammensetzen.

3.1.3 Implementierung

Der Entwurf eines Algorithmus sollte unabhängig von einer konkreten Programmiersprache erfolgen. Die anschließende Überführung des Algorithmus in ein in einer Programmiersprache verfaßtes Programm wird als *Implementierung* bezeichnet.
Anders als der Entwurf eines Algorithmus ist die Implementierung in der Regel ein
eher mechanischer Prozeß.

Die Implementierungsphase besteht selbst wieder aus zwei Teilphasen:

- Editieren: Zunächst wird der Programmcode mit Hilfe eines Editors eingegeben und in einer Datei dauerhaft abgespeichert.

- Compilieren: Anschließend wird der Programmcode mit Hilfe eines Compilers auf syntaktische Korrektheit überprüft und – falls keine Fehler vorhanden sind – in eine ausführbare Form (ausführbares Programm) überführt. Liefert der Compiler eine Fehlermeldung, so muß in die Editierphase zurückgesprungen werden.

Ist die Compilation erfolgreich, kann das erzeugte Programm ausgeführt werden. Je nach Sprache und Compiler ist die Ausführung entweder mit Hilfe des Betriebssystems durch den Rechner selbst oder aber durch die Benutzung eines Interpreters möglich.

3.1.4   Test

In der Testphase muß überprüft werden, ob das entwickelte Programm die Problemstellung korrekt und vollständig löst. Dazu wird das Programm mit verschiedenen Initialzuständen bzw. Eingabewerten ausgeführt und überprüft, ob es die erwarteten Ergebnisse liefert. Man kann eigentlich immer davon ausgehen, daß Programme nicht auf Anhieb korrekt sind, was zum einen an der hohen Komplexität des Programmentwicklungsprozesses und zum anderen an der hohen Präzision liegt, die die Formulierung von Programmen erfordert. Insbesondere die Einbeziehung von Randbedingungen wird von Programmieranfängern häufig vernachlässigt, so daß das Programm im Normalfall zwar korrekte Ergebnisse liefert, in Ausnahmefällen jedoch versagt.

Genauso wie der Algorithmusentwurf ist auch das Testen eine kreative Tätigkeit, die viel Erfahrung voraussetzt und darüber hinaus ausgesprochen zeitaufwendig ist. Im Durchschnitt werden ca. 40 % der Programmentwicklungszeit zum Testen und Korrigieren verwendet.

Auch durch noch so systematisches Testen ist es in der Regel nicht möglich, die Abwesenheit von Fehlern zu beweisen. Es kann nur die Existenz von Fehlern nachgewiesen werden. Aus der Korrektheit des Programms für bestimmte überprüfte Initialzustände bzw. Eingabewerte kann nicht auf die Korrektheit für alle möglichen Initialzustände bzw. Eingabewerte geschlossen werden.

Im folgenden werden ein paar Teststrategien vorgestellt:

- Das Testen sollte aus psychologischen Gründen möglichst nicht nur vom Programmierer selbst bzw. allein durchgeführt werden. Häufig werten Programmierer das Entdecken von Fehlern als persönlichen Mißerfolg und sind daher gar nicht daran interessiert, Fehler zu finden. Sie lassen daher die erforderliche Sorgfalt vermissen.

- Konstruieren Sie sogenannte Testmengen, das sind Mengen von möglichen Initialzuständen bzw. Eingabewerten für das Programm. Die Testmengen sollten dabei typische und untypische Initialzustände bzw. Eingabewerte enthalten. Auf jeden Fall müssen Grenzwerte berücksichtigt werden, das sind Werte, die gerade noch als Eingabewerte zugelassen sind, wie bspw. der kleinst- oder größtmögliche Wert bei Zahlen oder der leere Text bei Texteingaben.

- Überlegen Sie sich vor der Durchführung eines Testlaufs des Programms genau, welche Ergebnisse Sie erwarten.

- Überprüfen Sie nicht nur, ob das Programm das tut, was es soll, sondern auch, ob es etwas tut, was es nicht soll.

- Gehen Sie nach dem Finden und Korrigieren eines Fehlers nie davon aus, daß nun alle Fehler beseitigt sind.

- Wenn Sie einen Fehler gefunden und beseitigt haben, müssen alle vorherigen Testläufe nochmal wiederholt werden, um sich zu vergewissern, daß sich durch die Korrektur nicht neue Fehler ins Programm geschlichen haben.

Es werden drei Klassen von Fehlern, die im Programmentwicklungsprozeß auftreten können, unterschieden: syntaktische, logische und sogenannte *Laufzeitfehler*. Syntaktische Fehler werden bereits in der Implementierungsphase durch den Compiler entdeckt und sind in der Testphase nicht mehr von Interesse. Während bei logischen Fehlern das Programm normal durchläuft aber falsche Ergebnisse liefert, äußert sich ein Laufzeitfehler dadurch, daß die Ausführung des Programms abgebrochen und in der Regel durch das Laufzeitsystem eine Fehlermeldung ausgegeben wird. Klassisches Beispiel eines Laufzeitfehlers ist die Division durch den Wert Null. Laufzeitfehler können nicht bereits durch den Compiler festgestellt werden.

3.1.5 Dokumentation

Parallel zu den eigentlichen Programmentwicklungsphasen sollten alle Ergebnisse dokumentiert, d.h. schriftlich festgehalten werden. Die Dokumentation besteht also aus einer exakten Problemstellung, einer verständlichen Beschreibung der generellen Lösungsidee und des entwickelten Algorithmus, dem Programmcode sowie einer Erläuterung der gewählten Testszenarien und Protokollen der durchgeführten Testläufe. Außerdem sollten weitergehende Erkenntnisse wie aufgetretene Probleme oder alternative Lösungsansätze in die Dokumentation aufgenommen werden.

Die Dokumentation dient dazu, daß andere Personen bzw. der Programmierer selbst auch zu späteren Zeitpunkten das Programm noch verstehen bzw. den Programmentwicklungsprozeß nachvollziehen können, um bspw. mögliche Erweiterungen oder Anpassungen vornehmen oder die Lösung bei der Bearbeitung vergleichbarer Probleme wiederverwenden zu können.

3.2   Entwicklungswerkzeuge

Zur Unterstützung der Programmentwicklung und -ausführung werden eine Menge
von Hilfsprogrammen eingesetzt. Diese werden auch zusammengefaßt als *Programm-
entwicklungswerkzeuge* bezeichnet. Im folgenden werden die im Rahmen dieses Kurses benötigten Werkzeuge vorgestellt:

- Editore dienen zum Erstellen bzw. Ändern des Programmcodes.

- Compiler oder Übersetzer sind Dienstprogramme, die den Programmcode auf
  syntaktische Korrektheit überprüfen und in eine andere (Programmier-)Spra-
  che bzw. Codierung transformieren. Das zu übersetzende Programm wird dabei
  Quellprogramm und das generierte Programm *Zielprogramm* genannt. Beim
  Zielprogramm handelt es sich im allgemeinen um ein ausführbares Programm.

- Interpreter übersetzen Quellprogramme nicht erst ganzheitlich in anschließend
  ausführbare Zielprogramme, sondern untersuchen den Programmcode Anweisung für Anweisung auf syntaktische Korrektheit und führen die Anweisung
  anschließend direkt aus. Der Vorteil von Interpretern gegenüber Compilern ist,
  daß noch während der Ausführung Programmteile geändert werden können,
  wodurch das Testen wesentlich erleichtert wird. Der Nachteil ist jedoch die
  langsamere Ausführungszeit.

- Debugger werden in der Testphase eingesetzt. Sie unterstützen das Erkennen,
  Lokalisieren und Beseitigen von Fehlern. Der Debugger verfolgt schrittweise die
  Ausführung des Programms und erlaubt eine jederzeitige Unterbrechung des
  Programmablaufs durch den Tester. Bei einer Unterbrechung kann sich der
  Tester genauestens über den aktuellen Zustand des Programms informieren
  und ihn gegebenenfalls manipulieren.

- Dokumentationshilfen sind Programme, die den Programmierer bei der Erstellung der Dokumentation unterstützen. Häufig analysieren sie den Programmcode und stellen bestimmte Programmteile nach unterschiedlichen Kriterien
  übersichtlich gegliedert dar.

- Das Laufzeitsystem einer Programmiersprache wird durch eine Menge von
  Hilfsprogrammen gebildet, die automatisch zum übersetzten Programm hinzu-
  gebunden werden. Ein Laufzeitsystem ist insbesondere bei höheren Programmiersprachen notwendig, weil bestimmte Sprachelemente bei der Übersetzung
  nicht direkt in die Maschinensprache transformiert werden können. Stattdessen wird vom übersetzten Programm dann das entsprechende Hilfsprogramm
  aufgerufen. Auch die Behandlung von Laufzeitfehlern bspw. durch geeignete
  Fehlermeldungen bei der Programmausführung liegt im Zuständigkeitsbereich
  des Laufzeitsystems.

- Programmbibliotheken bilden Sammlungen von Programmen bzw. Teilprogrammen, die direkt aus dem Programmcode des zu erstellenden Programms aufgerufen werden können, ohne sie neu implementieren zu müssen. Sie enthalten implementierte Algorithmen, die bereits von (anderen) Programmierern entwickelt und zur Verfügung gestellt wurden.

Weitere Dienstprogramme des Betriebssystems, die in der Regel an der Ausführung bzw. der Vorbereitung der Ausführung eines Programms involviert sind, die jedoch selten vom Programmierer selbst aufgerufen werden müssen, sind der Binder und der Lader. Dem Binder kommt die Aufgabe zu, das Programm mit bereits vorübersetzten Programmen, die im Programmcode aufgerufen werden – wie bspw. das Laufzeitsystem – zu einer Einheit zusammenzufassen. Der Lader sorgt beim Aufruf eines ausführbaren Programms für dessen korrekten Transport in den Hauptspeicher.

Kapitel 4

Computer

Der Computer ist das Gerät, auf dem Sie Ihre Programme sowohl entwickeln als auch ausführen. In diesem Kapitel wird zunächst der physikalische Aufbau eines Computers erläutert. Anschließend wird kurz seine generelle Arbeitsweise skizziert. Von besonderer Bedeutung für die Programmierung ist der Speicher eines Computers, in dem Ihre Programme aufbewahrt werden. Dieser wird etwas detaillierter beschrieben, bevor zum Schluß einige Komponenten vorgestellt werden, die für die Eingabe und Verwaltung Ihrer Programme von Bedeutung sind.

4.1 Aufbau eines Computers

Computer – auch *Rechner* genannt – sind universell verwendbare Geräte zur automatischen Verarbeitung von Daten. Der Begriff *Computer* leitet sich aus dem Lateinischen „computare" ab, was übersetzt „berechnen" bedeutet. Computer können jedoch nicht nur zum Rechnen eingesetzt werden, sondern eignen sich auch zur Erledigung bzw. Unterstützung anderer Aufgaben und Tätigkeiten wie zur Textverarbeitung, Bilderkennung, Maschinensteuerung und vielem mehr. Computersysteme setzen sich zusammen aus physikalischen Geräten (*Hardware*) sowie Programmen, die auf der Hardware ausgeführt werden (*Software*) (siehe auch Abbildung 4.1).

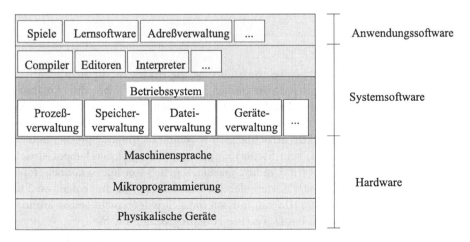

Abbildung 4.1: Aufbau eines Computers

Zur Hardware gehören dabei der Computer an sich – auch *Zentraleinheit* genannt – sowie periphere Geräte zur Dateneingabe (Tastatur, Maus, Scanner, ...), Datenausgabe (Bildschirm, Drucker, ...) und dauerhaften Datenspeicherung (Magnetplattenspeicher, Diskettenlaufwerke, CD-ROM-Laufwerke, ...).

Bei der Software wird unterschieden zwischen der *System-* und *Anwendungssoftware*. Programme, die zur Steuerung und Verwaltung des Computers notwendig sind oder häufig erforderliche Dienstleistungen erbringen wie Compiler oder Editoren, gehören zur Systemsoftware, auch *Betriebssystem* genannt, während Programme zur Lösung spezieller Benutzerprobleme, wie sie bspw. im Rahmen dieses Kurses erstellt werden, zur Anwendungssoftware gezählt werden.

Computer sind nicht alle identisch aufgebaut. Fast allen liegt jedoch die sogenannte *Von-Neumann-Rechnerarchitektur* zugrunde. Sie basiert auf einem Vorschlag von John von Neumann aus dem Jahre 1946. Nach diesem Vorschlag, der sich am biologischen Vorbild der menschlichen Informationsverarbeitung orientiert, bestehen Computer aus fünf Funktionseinheiten:

- Steuerwerk

- Rechenwerk

- Speicher

- Eingabewerk

- Ausgabewerk

Die Funktionseinheiten sind dabei miteinander verbunden. Ihr Zusammenspiel wird in Abbildung 4.2 erläutert.

4.1.1 Speicher

Der Speicher – auch Hauptspeicher genannt – ist die Rechnerkomponente zum Aufbewahren von auszuführenden Programmen und Daten, die bei der Ausführung benötigt bzw. berechnet werden. Speicher setzen sich aus vielen einzelnen Speicherelementen zusammen, die jeweils in der Lage sind, verschiedene Zustände anzunehmen. Heute werden fast ausschließlich sogenannte binäre Speicher mit zwei Zuständen 1 und 0 (Strom, kein Strom) eingesetzt. Ein Speicherelement speichert dann genau ein sogenanntes *Bit*. Um im Speicher abgelegt werden zu können, müssen Ihre Computerprogramme und die anfallenden Daten immer in eine Folge von Nullen und Einsen übersetzt werden. Darum müssen Sie sich jedoch nicht selbst kümmern. Diese Aufgabe übernehmen bereitgestellte Hilfsprogramme für Sie.

Der Ort im Speicher, an dem ein bestimmtes Datum abgelegt wird, wird seine *Adresse* genannt. Den Vorgang, den genauen Speicherplatz eines Datums zu finden und

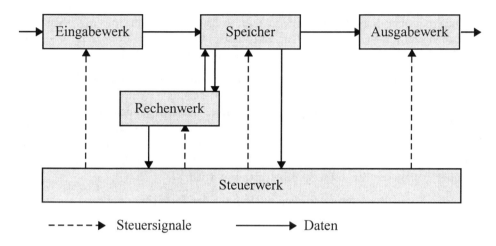

Abbildung 4.2: Von-Neumann-Rechnerarchitektur

den Wert des gespeicherten Datums abzufragen oder zu verändern, wird als *Zugriff* bezeichnet. Abschnitt 4.4 enthält weitere Informationen zum Speicher eines Computers.

4.1.2 Rechenwerk

Das Rechenwerk ist die Rechnerkomponente zum Ausführen von Operationen auf Daten. Dabei werden arithmetische und logische (boolesche) Operationen unterstützt. Arithmetische Operationen sind bspw. die Addition und Subtraktion von Zahlen, logische Operationen wie die Konjunktion, die Disjunktion und die Negation werden in Kapitel 5 genauer behandelt.

Das Rechenwerk besitzt verschiedene Einheiten – sogenannte *Register* – zum Zwischenspeichern der Operanden.

4.1.3 Eingabe- und Ausgabewerk

Eingabe- und Ausgabewerk bilden die Schnittstelle des Computers nach außen. Das Eingabewerk ist für die Eingabe von Daten bspw. über die Tastatur oder die Maus zuständig. Das Ausgabewerk steuert die Ausgabe von Daten bspw. auf den Bildschirm oder den Drucker. Über die Eingabe- und Ausgabewerke wird auch der Zugriff auf den Hintergrundspeicher geregelt, auf dem der Programmcode und die ausführbaren Programme dauerhaft gespeichert werden.

4.1.4 Steuerwerk

Das Steuerwerk kann als das „Herz" eines Computers bezeichnet werden. Es ist für die Gesamtsteuerung, d.h. die Koordination der anderen Komponenten zuständig.

So teilt es bspw. dem Eingabewerk mit, an welche Adresse im Speicher bestimmte Eingabedaten ablegt werden sollen, und informiert das Ausgabewerk darüber, bei welcher Adresse auszugebende Daten im Speicher zu finden sind.

Die Hauptaufgabe des Steuerwerks besteht in der Bearbeitung von Befehlen (Anweisungen) des auszuführenden Programms. Es holt dazu den aktuell zu bearbeitenden Befehl aus dem Speicher und interpretiert ihn. Handelt es sich bspw. um einen Additionsbefehl, dann organisiert das Steuerwerk zunächst das Laden der zwei Operanden aus dem Speicher in die Register des Rechenwerks. Anschließend teilt es dem Rechenwerk den Befehl mit und sorgt schließlich dafür, daß das berechnete Ergebnis an einer geeigneten Stelle im Speicher abgelegt wird.

Steuerwerk und Rechenwerk werden auch unter der Bezeichnung *Prozessor* zusammengefaßt.

4.2 Von-Neumann-Prinzipien der Rechnerarchitektur

Die wesentlichen Prinzipien der klassischen Von-Neumann-Rechnerarchitektur lassen sich in folgenden acht Punkten zusammenfassen:

- Ein Computer besteht aus fünf Funktionseinheiten: dem Steuerwerk, dem Rechenwerk, dem Speicher, dem Eingabewerk und dem Ausgabewerk.

- Die Struktur der Von-Neumann-Rechner ist unabhängig von den zu bearbeitenden Problemen. Zur Lösung eines Problems muß das Programm eingegeben und im Speicher abgelegt werden. Ohne Programme ist der Rechner nicht arbeitsfähig.

- Programme, Daten, Zwischen- und Endergebnisse werden im selben Speicher abgelegt.

- Der Speicher ist in gleichgroße Zellen unterteilt, die fortlaufend durchnumeriert sind. Über die Nummer (Adresse) einer Speicherzelle kann deren Inhalt gelesen oder verändert werden.

- Aufeinanderfolgende Befehle oder Anweisungen eines Programms werden in aufeinanderfolgende Speicherzellen abgelegt. Befehle werden vom Steuerwerk angesprochen. Das Ansprechen des nächsten Befehls geschieht vom Steuerwerk aus durch Erhöhen der Befehlsadresse um Eins.

- Durch Sprungbefehle kann von der Bearbeitung der Befehle in der gespeicherten Reihenfolge abgewichen werden.

- Es existieren arithmetische Befehle wie Addition und Multiplikation, logische Befehle wie Vergleiche, Negation und Konjunktion, Transportbefehle z.B. zum Transportieren von Daten aus dem Speicher in das Rechenwerk, bedingte

Sprünge sowie weitere Befehle wie Schiebeoperationen oder Ein-/Ausgabebefehle.

- Alle Daten (Befehle, Adressen) werden binär codiert. Geeignete Schaltwerke im Steuerwerk und an anderen Stellen sorgen für die richtige Entschlüsselung (Decodierung).

4.3 Arbeitsweise eines Computers

Vereinfacht dargestellt arbeitet ein Computer nach dem in Abbildung 4.3 (oben) skizzierten Prinzip.

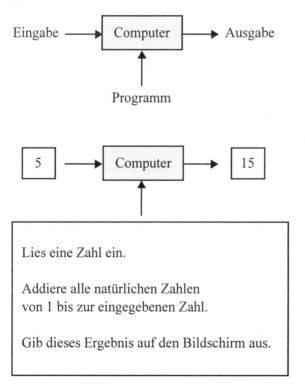

Abbildung 4.3: Arbeitsweise eines Computers

Zunächst muß ihm in Form eines Programms eine Arbeitsanleitung zum Bearbeiten der zu erledigenden Aufgabe übergeben werden. Der Computer führt dann dieses Programm aus. Dabei fordert er im allgemeinen bestimmte Eingabewerte wie Zahlen oder Wörter an, die er gemäß der Anleitung in Ausgabewerte umwandelt. Abbildung 4.3 enthält im unteren Teil ein konkretes Beispiel, das die Arbeitsweise eines Computers demonstriert.

4.4 Speicher

Bereits in Abschnitt 4.1.1 haben wir den Hauptspeicher eines Computers kennengelernt. In ihm werden die gerade auszuführenden Programme bzw. Programmteile sowie die benötigten Daten gespeichert.

Der Hauptspeicher eines Computers muß in der Regel vom Prozessor sehr schnell zugreifbar sein und ist dementsprechend verhältnismäßig teuer. Zum langfristigen Speichern größer Datenmengen, die gerade nicht benötigt werden, können langsamere und billigere Speicher wie Magnetplattenspeicher, häufig auch als *Festplatte* bezeichnet, verwendet werden. Erst bei Bedarf werden die Daten aus diesem sogenannten *Hintergrundspeicher* in den Hauptspeicher geladen.

4.4.1 Zeichendarstellung im Speicher

Der Speicher eines Rechners besteht aus vielen einzelnen *Speicherelementen*. Jedes Speicherelement ist dabei in der Lage, einen von zwei erlaubten Zuständen anzunehmen; es repräsentiert ein *Bit*, die kleinste Darstellungseinheit für Daten in der binären Zahlendarstellung. Man kennzeichnet die beiden Zustände mit den Zeichen „0“ und „1“.

Im allgemeinen greift man nicht auf ein einzelnes Speicherelement sondern auf eine *Speicherzelle* zu. Speicherzellen fassen dabei 8 einzelne Speicherelemente zusammen und repräsentieren ein sogenanntes *Byte*, also 8 Bit. Die Zusammenfassung mehrerer Speicherzellen (4 oder 8) wird auch als *Speicherwort* bezeichnet.

Speicherelemente, -zellen und -wörter werden zum (dauerhaften) Abspeichern von Werten benutzt. Eine Speicherzelle kann demnach $2^1 = 2$ verschiedene Werte abspeichern, ein Speicherelement $2^8 = 256$ und ein Speicherwort 2^{32} oder 2^{64} Werte.

Sogenannte int-Variablen[1] dienen in Programmiersprachen zum Aufbewahren ganzzahliger Werte wie -4, 0 oder 1023. Für die Abspeicherung eines int-Wertes wird im allgemeinen ein Wort mit 4 Speicherzellen reserviert. Das bedeutet also, es können insgesamt 2^{32} verschiedene ganzzahlige Werte in einer int-Variablen gespeichert werden bzw. anders ausgedrückt, der Wertebereich einer int-Variablen ist beschränkt auf 2^{32} verschiedene Werte.

4.4.2 Dualsystem

Werte müssen also zur Abspeicherung im Rechner in Folgen von Nullen und Einsen umgerechnet werden. Das Zahlensystem, das nur die beiden Ziffern „0“ und „1“ kennt, nennt man auch das *Dualsystem*. Wir rechnen normalerweise im *Dezimalsystem*; dieses kennt die Ziffern „0“, „1“, „2“, ... „9“.

---

[1]int-Variablen werden im Hamster-Modell in Kapitel 14.3 eingeführt.

Stellen Sie sich vor, Sie wollen eine Dezimalzahl – bspw. die „23" – im Rechner, genauer gesagt in einer int-Variablen, abspeichern. Wie erfolgt nun eine Umrechnung dieser Dezimalzahl in eine 32-stellige Dualzahl?

Es existieren verschiedene Codierungsverfahren. Bei dem gängigsten wird das erste der 32 Bits einer int-Variablen genutzt, um das Vorzeichen darzustellen: „1" bedeutet, daß die Zahl negativ ist; „0" bedeutet, daß die Zahl positiv ist. Somit können also 2^{31} negative ganzzahlige Werte und $2^{31} - 1$ positive ganzzahlige Werte sowie die Null abgespeichert werden; der Wertebereich einer int-Variablen umfaßt alle Ganzen Zahlen zwischen -2^{31} und $2^{31} - 1$. Größere bzw. kleinere ganzzahlige Werte können nicht dargestellt werden.

Die Umrechnung einer positiven Dezimalzahl in eine Dualzahl erfolgt nach folgendem Schema: Man dividiert die umzurechnende Dezimalzahl ganzzahlig fortlaufend durch 2 bis die 0 erreicht wird und merkt sich jeweils den Rest der Division. Die Dualzahl ergibt sich anschließend durch das Lesen der Reste in umgekehrter Reihenfolge. Beispiel:

```
23 : 2 = 11 R 1
11 : 2 =  5 R 1
 5 : 2 =  2 R 1
 2 : 2 =  1 R 0
 1 : 2 =  0 R 1
```

D.h. die Dezimalzahl „23" wird im Dualsystem durch die Ziffernfolge „10111" dargestellt. Bei der Abspeicherung dieser Zahl in einer int-Variablen werden diesen fünf Ziffern 27 Nullen vorangestellt.

Zur Umrechnung einer negativen Ganzen Zahl ins Dualsystem gehen Sie folgendermaßen vor: Rechnen Sie zunächst die entsprechende positive Ganze Zahl wie oben beschrieben in eine Dualzahl um, kehren Sie dann alle Ziffern um (aus „0" wird „1" und aus „1" wird „0") und addieren Sie den Wert 1. Die Addition von Dualzahlen funktioniert dabei genauso wie die Addition von Dezimalzahlen, nur daß Sie lediglich 2 Ziffern zur Verfügung haben, so daß es viel schneller zu einem Übertrag kommt; „1" + „1" im Dualsystem ergibt also „10". Beispiel:

```
 23 = 00..0010111
-23 = 11..1101000 + 1 = 1..101001
```

Ein bei der Programmierung zu beachtender Effekt tritt auf, wenn Sie zum Wert $2^{31} - 1$ (2147483647), also dem größten in einer int-Variablen darzustellenden Wert, den Wert 1 addieren.

```
    0111..111        2147483647
  + 0000..001        +        1
  -----------        -----------
    1000..000       -2147483648
```

Wie Sie sehen, kippt hierbei das erste Bit um, das das Vorzeichen der Zahl bestimmt. Und in der Tat ergibt sich bei dieser Addition der Wert -2^{31} (-2147483648). Das bedeutet: Das Verlassen des Wertebereich an einer Seite führt zum Eintreten in den Wertebereich an der anderen Seite.

4.4.3 Stack und Heap

Wird ein Programm aufgerufen, so wird – vereinfacht ausgedrückt – vom Betriebssystem ein Speicherblock des Hauptspeichers freigegeben, in dem das Programm laufen kann. Dieser *Laufzeitspeicher* besteht typischerweise aus vier Bereichen (siehe Abbildung 4.4). Im ersten Bereich wird der Programmcode selbst abgelegt, der zweite Bereich enthält statische Daten wie globale Variablen des Programms. Die Größen dieser beiden Bereiche lassen sich bereits zur Compilierzeit ermitteln. Der dritte und vierte Bereich des Laufzeitspeichers sind variable groß, die Summe der beiden Größen ist jedoch in der Regel konstant. Den dritten Bereich nennt man *Stack* und den vierten Bereich *Heap*.

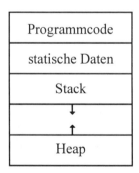

Abbildung 4.4: Laufzeitspeicher

Der Stack wird für die Verwaltung von Prozedur- und Funktionsaufrufen[2] benutzt. Wird eine Funktion aufgerufen, dann wird die Ausführung der gerade aktiven Funktion unterbrochen, und Informationen zum Zustand der Funktion wie die aktuellen Registerwerte werden auf dem Stack gespeichert. Wenn die Kontrolle nach Beendigung der aufgerufenen Funktion zurückkehrt, wird mit Hilfe der abgespeicherten Informationen der alte Zustand wiederhergestellt. Auch lokale Variablen von Funktionen werden auf dem Stack gespeichert.

---

[2]Prozeduren werden im Hamster-Modell in Kapitel 8 eingeführt.

Viele Programmiersprachen erlauben die Zuweisung von Speicherplatz für Daten unter Programmkontrolle; der Speicherplatz für diese Daten wird vom Heap genommen.

4.5 Betriebssystem

Als *Betriebssystem* oder Systemsoftware wird die Menge aller Programme eines Computersystems bezeichnet, die Routineaufgaben bewältigt und bestimmte zum Betrieb eines Rechners notwendige Verwaltungsaufgaben übernimmt. Zu diesem konkreten Aufgaben eines Betriebsystems gehören bspw. die Speicherverwaltung, die Prozessorverwaltung, die Geräteverwaltung, Sicherungsmaßnahmen und Zugriffskontrolle sowie die Kommunikation mit anderen Computersystemen. Weiterhin werden auch Compiler und andere Dienstleistungsprogramme wie Editore, Binder und Lader zum Betriebssystem gezählt.

Ein Betriebssystem gehört in der Regel zur Grundausstattung eines Rechners. Es ist jedoch prinzipiell austauschbar. Bekannte Betriebssysteme sind MS-DOS, Windows 95, Windows NT und UNIX.

4.6 Dateien und Verzeichnisse

Dateien sind logische Behälter für Daten. Daten können dabei unterschiedlichen Typs sein (Text, Programme (Quellcode), ausführbare Programme, digitalisierte Bilder und Videos, ...). Dateien werden im allgemeinen im Hintergrundspeicher dauerhaft gespeichert. Ihre Verwaltung wird durch das Betriebssystem organisiert, das Möglichkeiten zur Manipulation von Dateien zur Verfügung stellt.

Verzeichnisse – auch *Ordner* genannt – sind Hilfsmittel für eine übersichtliche Strukturierung von Dateien. In einem Verzeichnis werden im allgemeinen logisch zusammengehörende Dateien zusammengefaßt. Auch Verzeichnisse werden vom Betriebssystem verwaltet. Sie ermöglichen einem Benutzer in der Regel eine hierarchische Gliederung seiner Dateien.

4.7 Window-System

Window-Systeme werden heutzutage häufig den Betriebssystemen zugeordnet bzw. sind bereits in die Betriebssysteme integriert. Window-Systeme ermöglichen die Aufteilung des Bildschirm in mehrere Rechtecke, die sogenannten *Windows* (Fenster). Jedes Window spiegelt dabei im Prinzip einen eigenen kleinen Bildschirm wider, in dem verschiedene Programme laufen können.

Sogenannte *Window-Manager* sind spezielle Programme zur Verwaltung der Windows. Sie sorgen für eine korrekte Verteilung der Programmausgaben auf die einzelnen Windows und ermöglichen insbesondere das Anlegen, Löschen und Verändern von Windows.

Kapitel 5

Aussagenlogik

Eine wichtige mathematische Grundlage für die Formulierung von Programmen ist die Aussagenlogik. Sie ermöglicht das „Rechnen" mit Wahrheitswerten. Die grundlegenden Aspekte der Aussagenlogik werden in diesem Kapitel erläutert.

5.1 Aussagen

Eine *Aussage* – auch *boolescher Ausdruck* genannt – ist ein Satz, dem unmittelbar und eindeutig einer der Wahrheitswerte wahr (true, T) oder falsch (false, F) zugeordnet werden kann.

Bspw. bildet der Satz „Ein Tisch ist ein Möbelstück" eine wahre Aussage, während es sich bei dem Satz „Geh nach Hause" um keine Aussage handelt, da dem Satz kein Wahrheitswert zugeordnet werden kann.

5.2 Operationen auf Aussagen

Mit Hilfe sogenannter *logischer* oder *boolescher Operatoren* lassen sich die Wahrheitswerte von Aussagen verändern bzw. es lassen sich mehrere Aussagen miteinander verknüpfen. In der Programmierung sind dabei als boolesche Operatoren insbesondere die Negation (logische Verneinung), die Konjunktion (logisches „und") und die Disjunktion (logisches „oder") von Bedeutung.

5.2.1 Negation

Die Negation – im folgenden durch das Zeichen ! repräsentiert – ist ein monadischer oder unärer Operator, d.h. sie besitzt nur einen Operanden (eine Aussage). Sie bewirkt eine Veränderung ihres Operanden derart, daß sich sein Wahrheitswert ändert. D.h. gegeben eine Aussage P. Besitzt P den Wahrheitswert T, dann besitzt die Aussage !P den Wahrheitswert F. Und entsprechend, besitzt P den Wahrheitswert F, dann besitzt die Aussage !P den Wahrheitswert T. !P ist selbst wieder eine Aussage, eine sogenannte *zusammengesetzte Aussage*.

5.2.2 Konjunktion

Die Konjunktion – im folgenden durch die Zeichenfolge && ausgedrückt – ist ein dyadischer oder binärer Operator, d.h. sie benötigt zwei Operanden (Aussagen).

Sie verknüft ihre beiden Operanden derart, daß die konjugierte zusammengesetzte Aussage genau dann den Wahrheitswert T besitzt, wenn beide Operanden den
Wahrheitswert T besitzen. Besitzt einer der beiden Operanden – oder auch beide –
den Wahrheitswert F, so besitzt auch die konjugierte Aussage den Wahrheitswert F.

5.2.3 Disjunktion

Die Disjunktion – im folgenden durch die Zeichenfolge | | ausgedrückt – ist wie die
Konjunktion ein dyadischer Operator. Sie verknüft ihre beiden Operanden (Aussagen) derart, daß die disjungierte zusammengesetzte Aussage genau dann den Wahrheitswert F besitzt, wenn beide Operanden den Wahrheitswert F besitzen. Besitzt
einer der beiden Operanden – oder auch beide – den Wahrheitswert T, so besitzt
auch die konjugierte Aussage den Wahrheitswert T.

5.2.4 Wahrheitstafeln

Die Auswirkungen von booleschen Operatoren auf Aussagen können in sogenannten
Wahrheitstafeln übersichtlich dargestellt werden. Dabei müssen immer alle Kom-
binationsmöglichkeiten für Wahrheitswerte ins Auge gefaßt werden. Abbildung 5.1
enthält die Wahrheitstafeln für die Negation, die Konjunktion und die Disjunktion.
Dabei stehen P, Q und R in der Abbildung als Platzhalter für beliebige Aussagen.

P	!P		P	Q	P && Q		P	Q	P | | Q
T	F		T	T	T		T	T	T
F	T		T	F	F		T	F	T
			F	T	F		F	T	T
			F	F	F		F	F	F

Abbildung 5.1: Wahrheitstafeln für Negation, Konjunktion und Disjunktion

5.3 Syntax von Aussagen

Aus Aussagen können nun wiederum mit Hilfe der Operatoren immer komplexere
zusammengesetzte Aussagen gebildet werden, in denen einfache oder zusammengesetzte Aussagen die Operanden bilden. Mit Hilfe von runden Klammern ist eine
Schachtelung möglich. In Klammern gesetzte Aussagen werden dabei immer zuerst
ausgewertet. Das Syntaxdiagramm in Abbildung 5.2 definiert, wie (komplexe) Aussagen bzw. boolesche Ausdrücke gebildet werden dürfen.

Gegeben seien die einfachen Aussagen P, Q und R. Dann sind bspw. folgende Zeichenfolgen syntaktisch korrekte boolesche Ausdrücke:

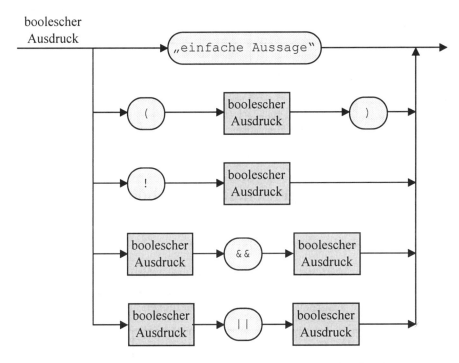

Abbildung 5.2: Syntaxdiagramm für boolesche Ausdrücke

- P
- !P
- P && Q
- P || (!Q)
- (P || (!P && Q)
- P || Q || R
- P || !(Q && !R)

5.4 Äquivalenz von Aussagen

Um boolesche Ausdrücke vergleichen zu können, wird der Begriff der *Äquivalenz von booleschen Ausdrücken* eingeführt. Es gilt: Zwei boolesche Ausdrücke sind äquivalent genau dann, wenn sie gleiche Wahrheitstafeln besitzen. Die Äquivalenz zweier boolescher Ausdrücke wird durch das Symbol <=> ausgedrückt. Seien P und Q Aussagen, dann sind bspw. die beiden booleschen Ausdrücke (!P) && (!Q) und !(P || Q) äquivalent, wie die Wahrheitstafel in Abbildung 5.3 beweist.

P	Q	! P	! Q	(! P) && (! Q)	P | | Q	! (P | | Q)
T	T	F	F	F	T	F
T	F	F	T	F	T	F
F	T	T	F	F	T	F
F	F	T	T	T	F	T

Abbildung 5.3: Äquivalente Aussagen

5.5 Algebraische Eigenschaften von booleschen Operatoren

5.5.1 Kommutativ- und Assoziativgesetz

Genauso wie bei den arithmetischen Operatoren der Addition und Multiplikation gilt auch bei den booleschen Operatoren && und \|\| das Kommutativ- und das Assoziativgesetz wie die Wahrheitstafeln in den Abbildungen 5.4 und 5.5 beweisen.

P	Q	P&&Q	Q&&P	P | | Q	Q | | P
T	T	T	T	T	T
T	F	F	F	T	T
F	T	F	F	T	T
F	F	F	F	F	F

Abbildung 5.4: Kommutativgesetz für boolesche Ausdrücke

5.5.2 Distributivgesetz

Des weiteren gelten für die beiden Operatoren die folgenden Distributivgesetze (P, Q und R seien Aussagen):

- P && (Q \|\| R) <=> (P && Q) \|\| (P && R)

- P \|\| (Q && R) <=> (P \|\| Q) && (P \|\| R)

Die Gültigkeit dieser Distributivgesetze geht aus den Wahrheitstafeln in Abbildung 5.6 hervor.

P	Q	R	P&&Q	Q&&R	(P&&Q)&&R	P&&(Q&&R)
T	T	T	T	T	T	T
T	T	F	T	F	F	F
T	F	T	F	F	F	F
T	F	F	F	F	F	F
F	T	T	F	T	F	F
F	T	F	F	F	F	F
F	F	T	F	F	F	F
F	F	F	F	F	F	F

P	Q	R	P||Q	Q||R	(P||Q)||R	P||(Q||R)
T	T	T	T	T	T	T
T	T	F	T	T	T	T
T	F	T	T	T	T	T
T	F	F	T	F	T	T
F	T	T	T	T	T	T
F	T	F	T	T	T	T
F	F	T	F	T	T	T
F	F	F	F	F	F	F

Abbildung 5.5: Assoziativgesetz für boolesche Ausdrücke

P	Q	R	Q||R	P&&(Q||R)	P&&Q	P&&R	(P&&Q)||(P&&R)
T	T	T	T	T	T	T	T
T	T	F	T	T	T	F	T
T	F	T	T	T	F	T	T
T	F	F	F	F	F	F	F
F	T	T	T	F	F	F	F
F	T	F	T	F	F	F	F
F	F	T	T	F	F	F	F
F	F	F	F	F	F	F	F

P	Q	R	Q&&R	P||(Q&&R)	P||Q	P||R	(P||Q)&&(P||R)
T	T	T	T	T	T	T	T
T	T	F	F	T	T	T	T
T	F	T	F	T	T	T	T
T	F	F	F	T	T	T	T
F	T	T	T	T	T	T	T
F	T	F	F	F	T	F	F
F	F	T	F	F	F	T	F
F	F	F	F	F	F	F	F

Abbildung 5.6: Distributivgesetze für boolesche Ausdrücke

5.5.3 Priorität

Aus der Schule kennen Sie sicher die Regel „Punkt vor Strichrechnung", die besagt, daß beim Rechnen die Multiplikation und Division eine höhere Priorität besitzen als die Addition und Subtraktion. Eine derartige Regel gibt es auch für die booleschen Operatoren. Der Operator ! besitzt die höchste, der Operator && die zweithöchste und der Operator || die niedrigste Priorität. Prioritäten kann man durch Klammersetzung beeinflussen. Das bedeutet bspw. für die vier Aussagen P, Q, R und S:

- !P && Q <=> (!P) && Q

- P || Q && R <=> P || (Q && R)

- P || Q && !R || S <=> (P || (Q && (!R))) || S

5.5.4 Tautologie und Widerspruch

Ein boolescher Ausdruck, der unabhängig vom Wahrheitswert der einzelnen Operanden immer den Wert T liefert, wird *Tautologie* genannt. Liefert ein boolescher Ausdruck immer den Wert F, so nennt man ihn *Widerspruch*. Wie Abbildung 5.7 zeigt, ist bswp. für eine Aussage P der boolesche Ausdruck P && (!P) ein Widerspruch und P || (!P) eine Tautologie.

P	!P	P&&(!P)	P||(!P)
T	F	F	T
F	T	F	T

Abbildung 5.7: Tautologie und Widerspruch

Teil II

Imperative Programmierung

In diesem zweiten Teil des Buches werden die wesentlichen Sprachkonstrukte imperativer Programmiersprachen vorgestellt. Die gewählte Syntax lehnt sich dabei weitgehend an die Syntax der Programmiersprache Java an. Imperative Sprachen sind dadurch gekennzeichnet, daß Programme aus Folgen von Befehlen bestehen. Zu verarbeitende Werte werden in Variablen gespeichert. In den imperativen Programmiersprachen spiegelt sich deutlich die Architektur des Von-Neumann-Rechners wider.

Der Teil *Imperative Programmierung* dieses Buches besteht aus insgesamt zwölf Kapitel. Zunächst werden Sie in Kapitel 6 in die Grundlagen des Hamster-Modells eingeführt. Kapitel 7 stellt die vier Grundbefehle vor, die der Hamster kennt. Des weiteren wird auf die Zusammenfassung mehrerer Befehle zu Anweisungen und Programmen eingegangen. In Kapitel 8 wird demonstriert, wie Sie mit Hilfe der Definition von Prozeduren eigene Befehle kreieren können. Kapitel 9 beschäftigt sich mit drei Testbefehlen, die der Hamster kennt, und illustriert, wie diese Testbefehle eingesetzt werden können, um aus mehreren Anweisungsalternativen eine auszuwählen, die tatsächlich ausgeführt werden soll. Kapitel 10 stellt die Kontrollstruktur der Wiederholungsanweisung vor und in Kapitel 11 wird mit der Einführung boolescher Funktionen die Möglichkeit der Definition eigener Befehles mittels Prozeduren erweitert um die Möglichkeit, auch eigene Testbefehle definieren zu können. Nachdem in den Kapitel 6 bis 11 die Grundlagen für die Entwicklung eigener Programme gelegt worden sind, beschäftigt sich Kapitel 12 mit einem Verfahren für eine systematische Entwicklung von Programmen. In Kapitel 13 werden boolesche Variablen eingeführt, in denen der Hamster bestimmte boolesche Werte abspeichern kann. In Kapitel 14 erlernt der Hamster das Zählen bzw. Rechnen. Außerdem wird in diesem Kapitel das Variablenkonzept verallgemeinert. Kapitel 15 verallgemeinert das Konzept der Prozeduren bzw. Funktionen und Kapitel 16 erweitert es um das Parameterkonzept. Kapitel 17 erläutert schließlich das Prinzip der Rekursion.

Kennern der imperativen Programmierung wird sicher auffallen, daß die Bildung komplexer Datenstrukturen durch Arrays und Verbünde in Teil II dieses Buches nicht behandelt wird, obwohl Arrays und Verbünde im Grunde genommen Elemente der imperativen Programmierung sind. Grund hierfür ist der, daß in Java Arrays und Verbünde durch objektorientierte Sprachkonstrukte realisiert werden. Deshalb werden sie erst im zweiten Band in Teil III behandelt.

Kapitel 6

Grundlagen des Hamster-Modells

Das Hamster-Modell ist ein einfaches Modell, daß Anfänger beim Erlernen der Programmierung auf spielerische Art und Weise unterstützt. In diesem Kapitel werden die Grundlagen des Hamster-Modells erläutert. Zunächst werden Sinn und Zweck des Hamster-Modells motiviert. Anschließend werden die einzelnen Komponenten des Hamster-Modells vorgestellt. Danach folgt eine Zusammenstellung der Grundlagen der Hamstersprache.

6.1 Motivation

Wozu dient eigentlich das Hamster-Modell? Wieso wurde es entwickelt? Was bringt es Ihnen als Programmieranfänger? Die Antwort auf diese Fragen liefert Ihnen dieser Abschnitt.

6.1.1 Machinensprachen

Wir haben in Kapitel 4 gelernt, was ein Computer ist und wie er prinzipiell funktioniert. Damit ein Computer arbeitet, müssen wir ihm Befehle mitteilen, die er ausführen kann. Diese Befehle fassen wir in Programmen zusammen. Beim Aufruf ausführbarer Programme führt der Computer die Befehle mit Hilfe des Prozessors in der angegebenen Reihenfolge aus. Anfallende Daten, wie Zwischen- oder Endergebnisse von Berechnungen legt er dabei im Speicher ab.

Der Befehlssatz eines Computers ist im allgemeinen nicht besonders umfangreich. Im wesentlichen kann ein Computer arithmetische und logische Operationen durchführen. Prinzipiell ist es möglich, Programme direkt im Befehlssatz des Computers zu formulieren. Dies ist aber nicht besonders einfach und sehr fehlerträchtig. Programme, die direkt den Befehlssatz des Computers benutzen, heißen *Assembler-* oder *Maschinenprogramme.*

6.1.2 Höhere Programmiersprachen

Assembler- und Maschinensprachen orientieren sich sehr stark an den Eigenschaften der Computer. Diese entsprechen jedoch nicht der Art und Weise, wie wir Menschen im allgemeinen Probleme lösen bzw. Lösungsanweisungen formulieren. Aber das ist

ja eigentlich genau der Grund, warum Computer überhaupt existieren: Sie sollen uns
Menschen helfen, Probleme zu lösen. Wir stehen hier also vor dem Dilemma, daß auf
der einen Seite wir Menschen bestimmte Probleme haben, die gelöst werden sollen,
und auf der andere Seite der Computer zwar „bereit ist", diese Probleme zu lösen,
wir ihm aber Lösungsvorschriften (also Algorithmen) nicht mitteilen können, weil
der Computer ganz anders „denkt" bzw. funktioniert, als wir Menschen es gewohnt
sind.

In den Anfängen des Computerzeitalters gab es daher nur wenige Experten, die überhaupt in der Lage waren, mit dem Computer zu arbeiten, die also „seine Sprache"
verstanden. Im Laufe der Zeit sind dann sogenannte *höhere Programmiersprachen*
entwickelt worden, mit denen versucht wird, die Kluft zwischen der Arbeitsweise der
Maschine und der Denkweise des Menschen zu verringern. Höhere Programmiersprachen sind problemorientiert, während Assember- bzw. Maschinensprachen maschi-
nenorientiert sind. Das bedeutet, mit Hilfe höherer Programmiersprachen können
menschliche Ideen und Konzepte zur Lösung von Problemen viel besser als Programme formuliert und dem Computer mitgeteilt werden, als dies mit Maschinensprachen
möglich ist.

6.1.3   Compiler

Wie aber „versteht" nun ein Computer Programme, die in einer höheren Programmiersprache formuliert sind? Ganz einfach: Es müssen Dolmetscher her, die die in
einer höheren Programmiersprache formulierten Programme in äquivalente Maschinenprogramme übersetzen.

Prinzipiell könnte die Aufgabe des Dolmetschens von Menschen erledigt werden,
nämlich von den oben angesprochenen Computerexperten. Das würde das Problem
aber auch nicht lösen: Experten sind rar und nicht unmittelbar verfügbar. Von daher
sind die Experten sehr schnell auf die Idee gekommen, als Dolmetscher selbst wieder
die Computer zu nutzen. Sie haben (in Maschinensprache) Dolmetscherprogramme
geschrieben, die sogenannten *Compiler*. Die Aufgabe eines Compilers besteht darin
zu überprüfen, ob ein in einer höheren Programmiersprache formuliertes Programm
korrekt ist. Falls dies der Fall ist, übersetzt der Compiler es in ein gleichbedeutendes
Maschinenprogramm.

Der Begriff *korrekt* muß an dieser Stelle noch ein wenig präzisiert werden. Wozu
ein Compiler fähig ist, ist die Überprüfung, ob das benutzte Vokabular und die
Grammatikregeln der Programmiersprache eingehalten worden sind. Wozu er (leider) nicht fähig ist, ist die Überprüfung, ob das Programm auch das tut, was es soll,
d.h. ein Compiler kann nicht überprüfen, ob das Programm das zu lösende Problem
korrekt und vollständig löst. Diese Aufgabe bleibt immer noch dem Programmierer
überlassen.

6.1.4   Programmiersprachen lernen

Durch die Definition höherer Programmiersprachen ist es heute nicht alleine Experten vorbehalten, Computer zum Bearbeiten und Lösen von Problemen zu nutzen. Sie werden sehen, nach dem Durcharbeiten dieses Kurses werden Sie dies auch schaffen.

Genauso wie Sie zum Beherrschen einer Fremdsprache wie Englisch oder Italienisch das Vokabular und die Grammatik dieser Sprache lernen müssen, müssen Sie auch zum Beherrschen einer Programmiersprache ihr Vokabular und die zugrundeliegenden Grammatikregeln lernen. Dabei ist das Vokabular einer Programmiersprache sehr viel geringer als das Vokabular einer Fremdsprache. Die Grammatik einer Programmiersprache ist jedoch sehr viel präziser als die Grammatik einer natürlichen Sprache. Hinzu kommt, daß zum Verständnis einer Programmiersprache bestimmte Konzepte erlernt werden müssen, die bei natürlichen Sprachen nicht existieren. Bei imperativen Programmiersprachen sind dies bspw. Variablen, Anweisungen und Prozeduren.

Stellen Sie sich vor, Sie haben sich ein englisches Wörterbuch gekauft und etwa 1000 Vokabeln und die wichtigsten Grammatikregeln gelernt. Sie fahren nach England und möchten sich mit einem Engländer unterhalten. Wie Sie sicher wissen, ist das nicht ganz so einfach möglich, Sie werden Ihre Probleme bekommen. Ganz wichtig beim Erlernen einer Fremdsprache ist das konsequente Üben. Erst nach und nach stellt sich ein Erfolgserlebnis ein. Alleine durch das bloße Auswendiglernen von Vokabeln und Grammatikregeln schaffen Sie es nicht, mit einer Fremdsprache perfekt umgehen zu können. Sie müssen die Sprache konsequent einsetzen und Erfahrungen sammeln.

Dasselbe trifft auch für das Erlernen einer Programmiersprache zu. Nur durch konsequentes Üben werden Sie den korrekten Umgang mit der Programmiersprache erlernen. Als Hilfe können Sie dabei einen Compiler verwenden, der überprüft, ob Sie sich beim Formulieren eines Programmes an das Vokabular und die Grammatik der Programmiersprache gehalten haben oder nicht. Fehler in der Programmformulierung teilt Ihnen der Compiler in Form von Fehlermeldungen auf dem Bildschirm mit. Leider sind diese Fehlermeldungen nicht immer sehr präzise. Gerade am Anfang werden Sie Probleme haben, die Meldungen zu verstehen. Auch hier heißt es: fleißig üben und Erfahrungen damit sammeln. Bauen Sie anfangs ruhig auch mal absichtlich Fehler in Ihre Programme ein, und schauen Sie sich an, was Ihnen der Compiler dazu mitteilt.

6.1.5   Programmieren lernen

Häufig hört man Menschen, die sich ein Buch bspw. über die Programmiersprache Java gekauft und es durchgearbeitet haben, ganz stolz behaupten: Ich kann Java. Das mag sogar zutreffen, denn das Vokabular und die Grammatik von Java ist nicht besonders umfangreich. Was sie tatsächlich können, ist *syntaktisch korrekte Java-Programme schreiben*, was sie häufig jedoch leider nicht können, ist *mit Java zu programmieren*. Das Erlernen einer Programmiersprache ist in der Tat nicht besonders schwierig. Was sehr viel schwieriger ist, ist das *Programmieren lernen*, d.h. das Erlernen des Programmentwicklungsprozesses:

- Wie komme ich von einem gegebenen Problem hin zu einem Programm, das das Problem korrekt und vollständig löst?

- Wie finde ich eine Lösungsidee bzw. einen Algorithmus, der das Problem löst?

- Wie setze ich den Algorithmus in ein Programm um?

Während das Erlernen einer Programmiersprache ein eher mechanischer Prozeß ist, bei dem die Verwendung eines Compilers helfen kann, ist die Programmentwicklung ein kreativer Prozeß, der Intelligenz voraussetzt. Computer besitzen keine Intelligenz, deshalb gibt es auch keine Programme, die hier weiterhelfen. An dieser Stelle sind Sie als Programmierer gefragt. Programmieren lernen bedeutet in noch stärkerem Maße als das Erlernen einer Programmiersprache: üben und Erfahrung sammeln. Schauen Sie sich Programme anderer Programmierer an und überlegen Sie: Wieso hat der das Problem so gelöst? Denken Sie sich selbst Probleme aus und versuchen Sie, hierfür Programme zu entwickeln. Fangen Sie mit einfachen Aufgaben an und steigern Sie nach und nach den Schwierigkeitsgrad. Ganz wichtig ist: Versuchen Sie Programmierpartner zu gewinnen, mit denen Sie Probleme und Lösungsansätze diskutieren können.

6.1.6 Sinn und Zweck des Hamster-Modells

Das Hamster-Modell ist ein einfaches Modell, bei dem nicht primär das Erlernen einer Programmiersprache sondern das Erlernen der Programmierung im Vordergrund steht, d.h. das Erlernen grundlegender Programmierkonzepte und das Erlernen des Problemlösungs- bzw. des Programmentwicklungsprozesses. Der Lernprozeß wird im Hamster-Modell durch spielerische Elemente unterstützt. Der Programmierer steuert einen *virtuellen Hamster* durch eine *virtuelle Landschaft* und läßt ihn bestimmte Aufgaben lösen.

Um den Programmieranfänger nicht zu überfordern, werden die gleichzeitig eingeführten Konzepte und Einzelheiten stark eingeschränkt und erst nach und nach erweitert. Aus diesem Grund ist dieser Kurs auch in derart viele Kapitel unterteilt. In jedem Kapitel wird ein einzelnes neues Konzept eingeführt und anhand vieler Beispiele erläutert. Es werden eine Reihe von Aufgaben gestellt, über die der Lernende motiviert werden soll zu üben. Die Wichtigkeit des Übens wurde bereits in den vergangenen Abschnitten mehrfach erwähnt und soll hier explizit nochmal herausgestellt werden: Programmieren können Sie nur durch üben lernen. Durch das Durcharbeiten der zahlreichen Beispielprogramme und das Lösen der Übungsaufgaben sammeln Sie Programmiererfahrung. Gehen Sie immer erst dann zum nächsten

Kapitel über, wenn Sie alle Übungsaufgaben selbständig gelöst haben und sich absolut sicher sind, die in dem Kapitel eingeführten Konzepte nicht nur verstanden zu haben, sondern auch mit Ihnen umgehen und sie anwenden zu können, d.h. sie gezielt zum Lösen von Problemen einsetzen zu können.

Im Vordergrund des Hamster-Modells und dieses Buches steht das „Learning-by-doing" und nicht das „Learning-by-reading" oder „Learning-by-listening". Durch die zahlreichen vorgegebenen Übungsaufgaben wird das bekannte Anfängerproblem gelöst, daß Programmieranfänger zwar gerne programmieren üben wollen, ihnen aber keine passenden Aufgaben einfallen. Scheuen Sie sich auch nicht davor, sich selbst weitere Aufgaben zu überlegen und diese zu lösen.

Auch wenn die Programmiersprache selbst in diesem Kurs nicht im Vordergrund steht, zum Programmieren braucht man nun mal eine Programmiersprache. Deshalb werden Sie in diesem Kurs auch eine Programmiersprache erlernen, nämlich die sogenannte *Hamstersprache*. Die Hamstersprache wurde dabei gezielt ausgewählt bzw. definiert. Sie lehnt sich nämlich sehr stark an die Programmiersprache Java an; genauer gesagt: Die Hamstersprache ist eine echte Untermenge der Programmiersprache Java. Java ist eine relativ junge Sprache, die auch als „Sprache des Internet" bezeichnet wird. Sie enthält viele wichtige Programmierkonzepte und setzt sich insbesondere im Zusammenhang mit dem rapiden Wachstum des Internets in vielen Bereichen – auch im industriellen Bereich – immer mehr durch. Ich versichere Ihnen: Wenn Sie nach dem Durcharbeiten des Buches die Hamstersprache und die Entwicklung von Hamsterprogrammen beherrschen, werden Sie innerhalb weniger Stunden auch die Programmiersprache Java und das Entwickeln von Java-Programmen beherrschen.

6.2 Komponenten des Hamster-Modells

Die Grundidee des Hamster-Modells ist ausgesprochen einfach: Sie als Programmierer müssen einen (virtuellen) Hamster durch eine (virtuelle) Landschaft steuern und ihn gegebene Aufgaben lösen lassen.

6.2.1 Landschaft

Die Welt, in der der Hamster lebt, wird durch eine gekachelte Ebene repräsentiert. Abbildung 6.1 zeigt eine typische Hamsterlandschaft – auch Hamster-Territorium genannt – plus Legende. Die Größe der Landschaft, d.h. die Anzahl der Kacheln, ist dabei nicht explizit vorgegeben. Die Landschaft kann prinzipiell unendlich groß sein.

Auf einzelnen Kacheln können ein oder mehrere Körner liegen. Kacheln, auf denen sich Körner befinden, sind in den Landschaftsskizzen durch ein spezielles Symbol gekennzeichnet. Dabei sagt das Symbol nur aus, daß auf der Kachel mindestens ein Korn liegt. Die genaue Anzahl an Körnern auf einem Feld geht aus der Landschaftsskizze nicht direkt hervor.

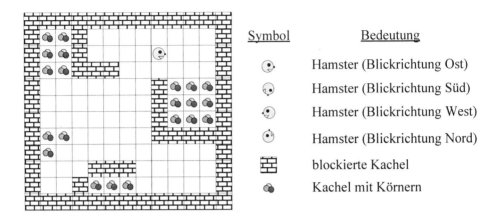

Abbildung 6.1: Komponenten des Hamster-Modells

Auf den Kacheln der Hamsterlandschaft können weiterhin auch Mauern stehen, das bedeutet, daß diese Kacheln blockiert sind. Der Hamster kann sie nicht betreten. Es ist nicht möglich, daß sich auf einer Kachel sowohl eine Mauer als auch Körner befinden.

6.2.2 Hamster

Im imperativen Hamster-Modell existiert immer genau ein Hamster. Der Hamster steht dabei auf einer der Kacheln der Hamsterlandschaft. Diese Kachel darf nicht durch eine Mauer blockiert sein, sie kann jedoch Körner enthalten.

Der Hamster kann in vier unterschiedlichen Blickrichtungen (Nord, Süd, West, Ost) auf den Kacheln stehen. Je nach Blickrichtung wird der Hamster durch unterschiedliche Zeichen repräsentiert.

Wenn der Hamster auf einer Kachel steht, auf der auch Körner liegen, wird in der Skizze das Kornsymbol nicht angezeigt, d.h. es kann aus der Skizze nicht direkt abgelesen werden, ob sich der Hamster auf einer Körnerkachel befindet.

Körner können sich nicht nur auf einzelnen Kacheln, sondern auch im Maul des Hamster befinden. Ob der Hamster Körner im Maul hat und wenn ja, wieviele, ist ebenfalls nicht direkt aus der Landschaftsskizze ersichtlich.

Mit Hilfe bestimmter Befehle, die im nächsten Kapitel (Kapitel 7) genauer erläutert werden, kann ein Programmierer den Hamster durch eine gegebene Hamsterlandschaft steuern. Der Hamster kann dabei von Kachel zu Kachel hüpfen, er kann sich drehen, Körner fressen und Körner wieder ablegen. Sie können sich den Hamster quasi als einen virtuellen Prozessor vorstellen, der im Gegensatz zu realen Prozessoren (zunächst) keine arithmetischen und logischen Operationen ausführen kann, sondern in der Lage ist, mit einem kleinen Grundvorrat an Befehlen eine Hamsterlandschaft zu „erforschen".

6.2.3 Hamsteraufgaben

Ihnen als Hamsterprogrammierer werden nun bestimmte Aufgaben gestellt, die Sie durch die Steuerung des Hamsters durch eine Landschaft zu lösen haben. Diese Aufgaben werden im folgenden *Hamsteraufgaben* und die entstehenden Lösungsprogramme *Hamsterprogramme* genannt. Zusätzlich zu einer Aufgabe werden dabei zunächst bestimmte Hamsterlandschaften fest vorgegeben, in denen der Hamster die Aufgabe zu lösen hat.

Beispiel für eine Hamsteraufgabe: Gegeben sei die Landschaft in Abbildung 6.2. Der Hamster soll zwei beliebige Körner fressen.

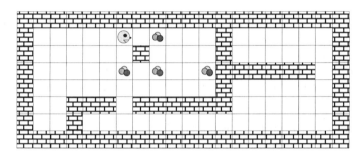

Abbildung 6.2: Hamsterlandschaft zur Beispiel-Hamsteraufgabe

Später – ab Kapitel 10 – werden die Landschaften zu einer Hamsteraufgabe nicht mehr fest vorgegeben. Sie werden dann nur noch durch vorgegebene Eigenschaften charakterisiert, d.h. der Hamster wird in der Lage sein, eine bestimmte Aufgabe in unterschiedlichen (aber gleichartigen) Landschaften zu lösen.

6.3 Grundlagen der Hamstersprache

In diesem Abschnitt werden die wesentlichen Grundlagen der Hamstersprache zusammengefaßt, das sind die zugrunde liegende Lexikalik, die Token und Bezeichner der Sprache sowie die Schlüsselwörter.

6.3.1 Lexikalik

Der Zeichenvorrat (die Lexikalik), den Sie beim Erstellen von Hamsterprogrammen verwenden dürfen, entspricht dem 16-Bit-Zeichensatz *Unicode*. Sie brauchen an dieser Stelle nicht genau zu wissen, was das bedeutet. Alles, was für Sie wichtig ist, ist, daß Sie bei der Formulierung von Hamsterprogrammen im Prinzip alle Zeichen benutzen dürfen, die Sie auf Ihrer Tastatur vorfinden.

6.3.2 Token

Die Token einer Sprache, auch lexikalische Einheiten genannt, sind die Wörter, auf denen sie basiert. Wenn Sie Ihr Programm compilieren, teilt der Compiler Ihren Quellcode in Token auf und versucht herauszufinden, welche Anweisungen, Bezeichner und andere Elemente der Quellcode enthält.

Token müssen in der Hamstersprache durch Wortzwischenräume voneinander getrennt werden. Zu den Wortzwischenräumen zählen Leerzeichen, Tabulatoren, Zeilenvorschub- und Seitenvorschubzeichen. Diese im folgenden kurz als *Trennzeichen* bezeichneten Zeichen haben ansonsten keine Bedeutung.

6.3.3 Bezeichner

Bezeichner, die zur Benennung von deklarierten Elementen (wie Prozeduren oder Variablen) verwendet werden, müssen in der Hamstersprache mit einem Buchstaben, einem Unterstrich (_) oder einem Dollarzeichen ($) beginnen, dem weitere Buchstaben, Unterstriche und Ziffern folgen können. Bezeichner dürfen beliebig lang sein. Gültige Bezeichner sind zum Beispiel: `PaulDerHamster`, `anzahl_schritte` und `Hamster1`. Ungültige Bezeichner sind: `3SchritteVor` (Ziffer vorn), `rechts um` (enthält Leerzeichen) und zehn%ig (enthält Sonderzeichen).

In der Hamstersprache wird streng zwischen Groß- und Kleinbuchstaben unterschieden, d.h. daß bspw. die Bezeichner `rechts` und `Rechts` unterschiedliche Bezeichner sind.

6.3.4 Schlüsselwörter

Schlüsselwörter der Hamstersprache sind reserviert, d.h. sie dürfen nicht als Bezeichner verwendet werden. Die folgende Zusammenstellung enthält alle Schlüsselwörter der Hamstersprache:

abstract	double	int	static
boolean	else	interface	super
break	extends	long	switch
byte	final	native	synchronized
case	finally	new	this
catch	float	null	throw
char	for	package	throws
class	goto	private	transient
const	if	protected	try
continue	implements	public	void
default	import	return	volatile
do	instanceof	short	while

Die booleschen Literale `true` und `false` sind formal keine Schlüsselwörter. Für sie gelten jedoch dieselben Einschränkungen.

Auch die vier Grundbefehle des Hamsters `vor`, `linksUm`, `gib` und `nimm` und die drei Testbefehle `vornFrei`, `maulLeer` und `kornDa` sowie das Wort `main` sollten Sie zunächst wie Schlüsselwörter behandeln.

Kapitel 7

Anweisungen und Programme

Nach dem Durcharbeiten dieses Kapitels werden Sie bereits in der Lage sein, einfache Hamsterprogramme zu schreiben. Dazu werden im ersten Abschnitt die vier Grundbefehle vorgestellt, die der Hamster ausführen kann. Abschnitt 2 führt mit den Anweisungen die elementaren Bestandteile von Programmen ein. In Abschnitt 3 werden Sie kennenlernen, wie mit Hilfe von Anweisungen vollständige Hamsterprogramme formuliert werden können. Kommentare, mit denen Sie Ihre Programme verständlicher gestalten können, werden in Abschnitt 4 vorgestellt. Anschließend folgen in Abschnitt 5 eine Reihe von Beispielprogrammen, an denen die vorher eingeführten Sprachelemente verdeutlicht werden, und in Abschnitt 6 werden einige Übungsaufgaben gestellt, die Sie sorgfältig bearbeiten sollten.

7.1 Hamsterbefehle

Die Aufgabe eines Hamsterprogrammierers besteht darin, den Hamster durch eine Landschaft zu steuern, um dadurch gegebene Hamsteraufgaben zu lösen. Zur Steuerung des Hamsters müssen ihm Anweisungen in Form von Befehlen gegeben werden. Der Hamster besitzt dabei die Fähigkeit, vier verschiedene Befehle zu verstehen und auszuführen:

- `vor();`

- `linksUm();`

- `nimm();`

- `gib();`

7.1.1 Syntax

Die genaue Syntax der vier Grundbefehle des Hamster-Modells wird in Abbildung 7.1 dargestellt. Dabei ist unbedingt auf folgendes zu achten:

- Die Zeichenfolgen `vor`, `linksUm`, `nimm` und `gib` dürfen so und nur so geschrieben werden. In der Hamstersprache werden Klein- und Großbuchstaben unterschieden.

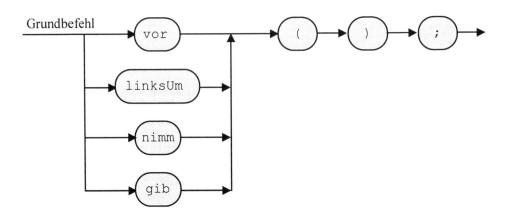

Abbildung 7.1: Syntaxdiagramm: Hamster-Grundbefehl

- Die Zeichenfolgen `vor`, `linksUm`, `nimm` und `gib` stellen jeweils ein Token dar,
  d.h. die Zeichenfolgen müssen immer als Ganzes auftreten, sie dürfen nicht
  durch Trennzeichen (Leerzeichen, Tabulator, Zeilenwechsel) unterbrochen werden.

- Vor, hinter und zwischen den runden Klammern können beliebig viele Trennzeichen stehen.

- Das Semikolon gehört zum Befehl dazu. Es darf nicht weggelassen werden.

7.1.2 Semantik

Während die Syntax das Vokabular und die Grammatik einer Programmiersprache definiert, wird durch die Semantik die Bedeutung eines syntaktisch korrekten
Programmes angegeben, d.h. es wird festgelegt, was das Programm bewirkt. Im folgenden wird dazu zunächst die Semantik der vier Grundbefehle des Hamster-Modells
verbal beschrieben. Im Falle des Hamster-Modells bedeutet das, es wird definiert,
wie der Hamster reagiert, wenn ihm ein Befehl "mitgeteilt" wird:

- `vor();`: Der Hamster hüpft eine Kachel in seiner aktuellen Blickrichtung nach
  vorn.

- `linksUm();`: Der Hamster dreht sich auf der Kachel, auf der er gerade steht,
  um 90 Grad nach links.

- `nimm();`: Der Hamster frißt von der Kachel, auf der er sich gerade befindet,
  genau ein Korn, d.h. anschließend hat der Hamster ein Korn mehr im Maul
  und auf der Kachel liegt ein Korn weniger als vorher.

- `gib();`: Der Hamster legt auf der Kachel, auf der er sich gerade befindet, genau ein Korn aus seinem Maul ab, d.h. er hat anschließend ein Korn weniger im Maul, und auf der Kachel liegt ein Korn mehr als vorher.

Wie Sie vielleicht schon festgestellt haben, können bei den Befehlen `vor`, `nimm` und `gib` Probleme auftreten:

- Der Hamster bekommt den Befehl `vor();` und die Kachel in Blickrichtung vor ihm ist durch eine Mauer blockiert.

- Der Hamster bekommt den Befehl `nimm();` und auf der Kachel, auf der er sich gerade befindet, liegt kein einziges Korn.

- Der Hamster bekommt den Befehl `gib();` und er hat kein einziges Korn im Maul.

Bringen Sie den Hamster in diese für ihn unlösbaren Situationen, dann ist der Hamster derart von Ihnen enttäuscht, daß er im folgenden nicht mehr bereit ist, weitere Befehle auszuführen. Derartige Fehler werden *Laufzeitfehler* genannt. Laufzeitfehler können im allgemeinen nicht schon durch den Compiler entdeckt werden, sondern treten erst während der Ausführung eines Programmes auf. Programme, die zu Laufzeitfehlern führen können, sind nicht korrekt! In Kapitel 9.1 werden sogenannte *Testbefehle* eingeführt, mit denen sich die angeführten Laufzeitfehler vermeiden lassen.

7.1.3 Beispiele

Folgender Befehl ist syntaktisch korrekt:

```
vor ( ) ;
```

Er ist auch semantisch korrekt bzgl. der in Abbildung 7.2 (links oben) dargestellten Situation. Nach seiner Ausführung ergibt sich die in Abbildung 7.2 (rechts oben) skizzierte Landschaft. Der Befehl führt jedoch zu einem Laufzeitfehler, wenn er in der in Abbildung 7.2 (links unten) skizzierten Situation ausgeführt wird.

Syntaktisch nicht korrekt sind folgende Befehle:

- `n imm();` (kein Leerzeichen erlaubt)

- `Gib();` (großes „G" nicht korrekt)

- `linksum();` (kleines „u" nicht korrekt)

- `vor()` (Semikolon fehlt)

- `gib;` (Klammern fehlen)

vor Befehl vor();   nach Befehl vor();

vor Befehl vor();   nach Befehl vor(); Laufzeitfehler!

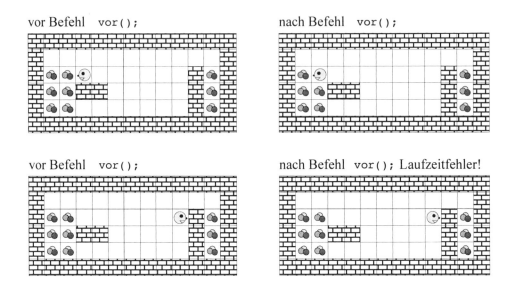

Abbildung 7.2: Auswirkung von Hamsterbefehlen

7.2 Anweisungen

In imperativen Programmiersprachen werden Verarbeitungsvorschriften durch sogenannte *Anweisungen* ausgedrückt. Anweisungen, die nicht weiter zerlegt werden können, werden *elementare Anweisungen* genannt. In der Hamstersprache sind die vier Grundbefehle elementare Anweisungen. Eine Folge von Anweisungen, die nacheinander ausgeführt werden, wird als *Anweisungssequenz* bezeichnet.

7.2.1 Syntax

Die Syntax der Anweisungssequenz und Anweisung wird in Abbildung 7.3 durch Syntaxdiagramme definiert. Zwischen mehreren Anweisungen dürfen beliebig viele Trennzeichen stehen. Hinweis: Das Syntaxdiagramm für „Anweisung" wird in späteren Kapiteln noch häufiger ergänzt.

7.2.2 Semantik

Die einzelnen Anweisungen einer Anweisungssequenz werden in der angegebenen Reihenfolge hintereinander ausgeführt.

7.2.3 Beispiele

Das folgende Beispiel enthält eine syntaktisch korrekte Anweisungssequenz:

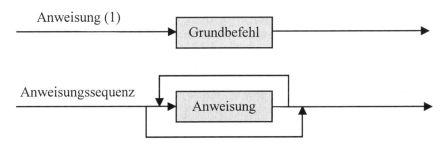

Abbildung 7.3: Syntaxdiagramm: Anweisung

```
vor();
linksUm(); vor(); nimm(); vor(); gib();
vor(); linksUm();
```

Die Anweisungssequenz bewirkt folgende Aktionen (siehe auch Abbildung 7.4):

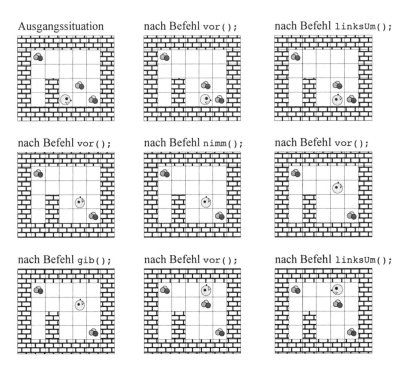

Abbildung 7.4: Auswirkung von Anweisungen

Der Hamster hüpft zunächst eine Kachel in Blickrichtung nach vorne. Dann dreht er sich nach links um, geht in der neuen Blickrichtung wieder einen Schritt nach vorn, nimmt sich ein Korn, hüpft noch eine Kachel weiter und legt das Korn wieder ab. Anschließend springt er wiederum eine Kachel nach vorne und dreht sich nach links.

Syntaktisch nicht korrekt ist das folgende Beispiel, weil `denke();` kein Befehl und keine Anweisung ist:

```
vor(); denke(); vor();
```

7.3 Programme

Nachdem wir nun Anweisungen kennengelernt haben, ist es nur noch ein kleiner Schritt zu definieren, was Hamsterprogramme sind.

7.3.1 Syntax

Die Syntax eines Hamsterprogramms wird in Abbildung 7.5 definiert. Danach setzt sich ein Hamsterprogramm aus den Schlüsselwörtern `void`, gefolgt von `main`, einem runden Klammerpaar und einem geschweiften Klammernpaar, das eine Anweisungssequenz umschließt, zusammen.

Programm (1)

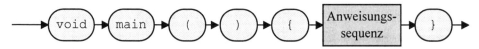

Abbildung 7.5: Syntaxdiagramm: Programm

7.3.2 Semantik

Beim Aufruf bzw. Start des Programms wird die Anweisung innnerhalb der geschweiften Klammern ausgeführt.

Kümmern Sie sich zur Zeit noch nicht um die Bedeutung der anderen Bestandteile der Syntax. Sie werden in Kapitel 8.4 erläutert.

7.3.3 Beispiele

Das folgende Beispiel stellt ein syntaktisch korrektes Hamsterprogramm dar:

```
void main()
{
  nimm(); vor(); gib();
}
```

Nach dem Start des Programms nimmt sich der Hamster von der Kachel, auf der er gerade steht ein Korn, hüpft anschließend eine Kachel in Blickrichtung nach vorn und legt das Korn wieder ab.

Syntaktisch nicht korrekt ist das folgende Hamsterprogramm:

```
main:
{
   linksUm(); linksUm(); linksUm();
}
```

Die Zeichenfolge `main:` ist syntaktisch nicht erlaubt. Ersetzen Sie sie durch die Zeichenfolge `void main()`. Dann ist das Programm syntaktisch korrekt und bei seinem Aufruf dreht sich der Hamster um 270 Grad gegen den Uhrzeigersinn.

7.4 Kommentare

Ziel der Hamster-Programmierung ist es, Hamsterprogramme zu entwickeln, die gegebene Hamsteraufgaben lösen. Neben ihren Eigenschaften, korrekt und vollständig zu sein, sollten sich Hamsterprogramme durch eine weitere Eigenschaft auszeichnen; Sie sollten gut verständlich sein. Das bedeutet, die Lösungsidee und die Realisierung sollte auch von anderen Programmierern mühelos verstanden und nachvollzogen werden können, um bspw. das Programm später noch zu erweitern oder in anderen Zusammenhängen wiederverwenden zu können.

Diesem Zweck der Dokumentation eines Programms dienen sogenannte *Kommentare*. Sie haben auf die Steuerung des Hamsters keinerlei Auswirkungen. Alles, was sie bewirken, ist eine bessere Lesbarkeit des Programms. In der Hamstersprache gibt es zwei Typen von Kommentaren: *Zeilenkommentare* und *Bereichskommentare*.

7.4.1 Syntax

Zeilenkommentare beginnen mit zwei Schrägstrichen und enden am nächsten Zeilenende. Den Schrägstrichen können beliebige Zeichen folgen.

Bereichskommentare beginnen mit der Zeichenkombination `/*` und enden mit der Zeichenkombination `*/`. Dazwischen können beliebige Zeichen stehen. Bereichskommentare können sich auch über mehrere Zeilen erstrecken.

Kommentare können überall dort im Programm auftreten, wo auch Trennzeichen (Leerzeichen, Tabulatoren, Zeilenende) erlaubt sind.

7.4.2 Semantik

Kommentare haben für die Programmausführung keine Bedeutung. Sie bewirken keinerlei Zustandsänderung. In der Tat werden Kommentare (wie Trennzeichen übrigens auch) bereits während der lexikalischen Analyse der Compilation eines Programms entfernt, zählen also im Grunde genommen gar nicht mehr zur eigentlichen Syntax eines Programmes hinzu.

7.4.3 Beispiele

Das folgende Programm enthält einen korrekten Bereichskommentar:

```
void main()
{
  /* der Hamster soll sich einmal
     im Kreis drehen
  */
  linksUm(); linksUm(); linksUm(); linksUm();
}
```

Im folgenden Programm wird der Bereichskommentar aus dem obigen Beispiel durch einen Zeilenkommentar ersetzt:

```
void main()
{
  // der Hamster soll sich einmal im Kreis drehen
  linksUm(); linksUm(); linksUm(); linksUm();
}
```

Syntaktisch nicht korrekt ist folgendes Programm:

```
void main()
{
  // der Hamster soll sich /* einmal
     im Kreis drehen */
  linksUm(); linksUm(); linksUm(); linksUm();
}
```

Die Zeichenfolge /* ist Bestandteil des Zeilenkommentars. Deshalb leitet sie keinen Bereichskommentar ein.

Auch das nächste Programm enthält einen syntaktischen Fehler:

```
void main()
{
    /* der Hamster /* soll sich einmal */ im Kreis drehen */
    linksUm(); linksUm(); linksUm(); linksUm();
}
```

Bereichskommentare dürfen nämlich nicht geschachtelt werden. Bei der ersten Zeichenfolge */ ist der Bereichskommentar beendet, so daß die Zeichenfolge im Kreis drehen */ nicht mehr zum Kommentar dazugehört. Die zweite Zeichenfolge /* ist Bestandteil des Kommentars.

7.5 Beispielprogramme

In diesem Abschnitt werden einige Beispiele für Hamsteraufgaben gegeben und eine oder mehrere Musterlösungen vorgestellt. Schauen Sie sich die Beispiele genau an und versuchen Sie, die Lösungen nachzuvollziehen.

7.5.1 Beispielprogramm 1

Aufgabe:
Gegeben sei das Hamster-Territorium in Abbildung 7.6. Der Hamster soll zwei Körner einsammeln.

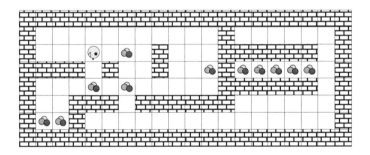

Abbildung 7.6: Hamsterlandschaft zu Beispielprogramm 1

Lösung 1:

```
void main()
{
    // nehme erstes Korn
    vor(); vor(); nimm();

    // nehme zweites Korn
```

```
    linksUm(); vor(); vor(); nimm();
}
```

Lösung 2:

```
void main()
{
  // nehme erstes Korn
  linksUm(); vor(); vor(); nimm();

  // nehme zweites Korn
  linksUm(); linksUm(); linksUm();
  vor(); vor(); nimm();
}
```

7.5.2 Beispielprogramm 2

Aufgabe:

Gegeben sei das Hamster-Territorium in Abbildung 7.7 (links). Der Hamster habe
vier Körner im Maul. Er soll in jeder Ecke des Territoriums eines ablegen und in
seine Ausgangsposition zurückkehren. Nach Ausführung des Lösungsprogramms hat
das Territorium das Erscheinungsbild in Abbildung 7.7 (rechts).

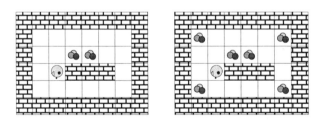

Abbildung 7.7: Hamsterlandschaft zu Beispielprogramm 2

Lösung:

```
void main()
{
  // begib dich an den Rand
  vor(); linksUm();
  // laufe in die rechte untere Ecke
  vor(); vor(); vor(); vor(); gib(); linksUm();
  // laufe in die rechte obere Ecke
  vor(); vor(); vor(); gib(); linksUm();
```

```
// laufe in die linke obere Ecke
vor(); vor(); vor(); vor(); vor(); gib(); linksUm();
// laufe in die linke untere Ecke
vor(); vor(); vor(); gib(); linksUm();
// begib dich in deine Ausgangsposition zurueck
vor(); linksUm(); vor(); linksUm(); linksUm();
}
```

7.5.3 Beispielprogramm 3

Aufgabe:
Der Hamster stehe vor einem Berg wie in Abbildung 7.8 skizziert. Der Hamster soll den Berg erklimmen.

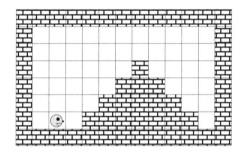

Abbildung 7.8: Hamsterlandschaft zu Beispielprogramm 3

Lösung:

```
void main()
{
  // laufe zum Berg
  vor();
  // erklimme erste Stufe
  linksUm(); vor(); linksUm(); linksUm(); linksUm(); vor();
  // erklimme zweite Stufe
  linksUm(); vor(); linksUm(); linksUm(); linksUm(); vor();
  // erklimme dritte Stufe
  linksUm(); vor(); linksUm(); linksUm(); linksUm(); vor();
  // erklimme Gipfel
  linksUm(); vor(); linksUm(); linksUm(); linksUm(); vor();
}
```

7.6 Übungsaufgaben

Nun sind Sie gefordert; denn in diesem Abschnitt werden Ihnen einige Hamsteraufgaben gestellt, die sie selbständig zu lösen haben.

Denken Sie sich darüber hinaus selbst weitere Hamster-Aufgaben aus, und versuchen Sie, diese zu lösen. Viel Spaß!

7.6.1 Aufgabe 1

Ändern Sie die beiden Lösungen von Beispielprogramm 1 aus Abschnitt 7.5.1 so ab, daß der Hamster vier anstelle von zwei Körnern frißt.

7.6.2 Aufgabe 2

Wir drehen die Aufgabe des Hamsters in Beispielprogramm 2 aus Abschnitt 7.5.2 einmal um.

Gegeben sei das Hamster-Territorium in Abbildung 7.7 (rechts). Der Hamster soll in jeder Ecke des Territoriums ein Korn aufnehmen und in seine Ausgangsposition zurückkehren. Das Aufsammeln der Körner soll jedoch in umgekehrter Laufrichtung erfolgen wie das im Lösungsprogramm skizzierte Ablegen.

7.6.3 Aufgabe 3

Erweitern Sie die Lösung von Beispielprogramm 3 aus Abschnitt 7.5.3 dahingehend, daß der Hamster den Berg nicht nur erklimmt, sondern auf der anderen Seite wieder heruntersteigt.

7.6.4 Aufgabe 4

Gegeben sei das Hamster-Territorium in Abbildung 7.9 (links).

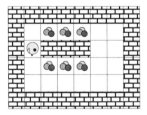 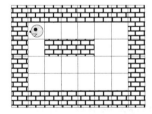

Abbildung 7.9: Hamsterlandschaft zu Aufgabe 4

Dabei kann vorausgesetzt werden, daß auf allen Feldern, auf denen Körner eingezeichnet sind, jeweils genau zwei Körner liegen. Der Hamster soll alle Körner einsammeln. Nach Beendigung des Programms soll das Hamster-Territorium das in Abbildung 7.9 (rechts) skizzierte Erscheinungsbild besitzen.

7.6.5   Aufgabe 5

Gegeben sei das Hamster-Territorium in Abbildung 7.10 (links). Der Hamster habe mindestens sechs Körner im Maul. Er soll auf allen für ihn erreichbaren Feldern jeweils ein Korn ablegen und anschließend in seine Ausgangsposition zurückkehren, d.h. nach Beendigung des Programms soll das Hamster-Territorium das in Abbildung 7.10 (rechts) skizzierte Erscheinungsbild besitzen.

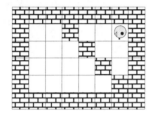 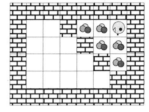

Abbildung 7.10: Hamsterlandschaft zu Aufgabe 5

7.6.6   Aufgabe 6

Gegeben sei das Hamster-Territorium in Abbildung 7.11. Der Hamster soll das Korn fressen.

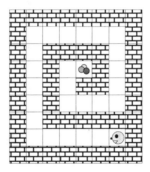

Abbildung 7.11: Hamsterlandschaft zu Aufgabe 6

Kapitel 8

Prozeduren

Mit Hilfe von Prozeduren können Sie als Programmierer neue Befehle definieren. Das Konzept der Prozeduren ist eines der mächtigsten Konzepte imperativer Programmiersprachen. Wir werden in diesem Kapitel zunächst nur einen Teil dieses Konzeptes kennenlernen. In den Kapitel 15, 16 und Kapitel 17 wird das Prozedurkonzept verallgemeinert und erweitert.

Zunächst wird in Abschnitt 1 dieses Kapitels das Prozedurkonzept motiviert. Anschließend wird in Abschnitt 2 im Detail vorgestellt, wie Sie Prozeduren definieren können. Abschnitt 3 behandelt den Aufruf neu definierter Prozeduren. Aufgrund der Einführung von Prozeduren muß die Definition eines kompletten Hamsterprogramms erweitert werden. Dies geschieht in Abschnitt 4. Anschließend folgen in Abschnitt 5 eine Reihe von Beispielprogrammen, an denen das Prozedurkonzept verdeutlicht wird, und in Abschnitt 6 werden einige Übungsaufgaben gestellt, die Sie mit Hilfe von Prozeduren lösen sollen.

8.1 Motivation

Schauen Sie sich einmal das folgende Hamsterprogramm an: Der Hamster soll zwei Körner einsammeln. Die dazugehörige Landschaft wird in Abbildung 8.1 skizziert:

```
void main()
{
  vor(); vor(); nimm();
  linksUm(); linksUm(); linksUm();
  vor(); vor();
  linksUm(); linksUm(); linksUm();
  vor(); vor(); nimm();
}
```

Was an diesem Beispiel direkt auffällt, ist die Umständlichkeit für Sie als Programmierer, den Hamster um 90 Grad nach rechts zu drehen. Leider kennt der Hamster nur den Befehl linksUm(); und nicht den Befehl rechtsUm();, so daß Sie jedesmal dreimal hintereinander den Befehl linksUm(); aufrufen müssen, um den Hamster nach rechts zu drehen. Schön wäre es, wenn wir dem Hamster einen neuen Befehl rechtsUm(); beibringen könnten, indem wir ihm sagen: Jedesmal, wenn du diesen

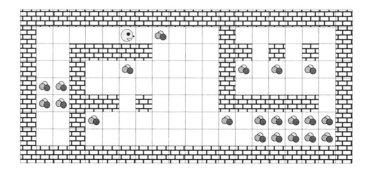

Abbildung 8.1: Hamsterlandschaft zu Prozedur-Motivation

Befehl `rechtsUm();` erhältst, sollst du dreimal den Befehl `linksUm();` ausführen. Genau diesem Zweck, nämlich der Definition neuer Befehle auf der Grundlage bereits existierender Befehle und Anweisungen dient das Prozedurkonzept. Prozeduren werden manchmal auch *Unterprogramme* genannt.

Um zwei Dinge werden wir uns im folgenden kümmern: Wie werden Prozeduren und damit neue Befehle definiert, und wie werden die neuen Befehle aufgerufen.

8.2 Prozedurdefinition

Durch eine Prozedurdefinition wird ein neuer Befehl vereinbart. In der Definition muß zum einen angegeben werden, wie der Befehl heißt (*Prozedurname*), und zum anderen muß festgelegt werden, was der Hamster tun soll, wenn er den neuen Befehl erhält. Ersteres erfolgt im sogenannten *Prozedurkopf*, letzteres im sogenannten *Prozedurrumpf*.

8.2.1 Syntax

Die genaue Syntax einer Prozedurdefinition ist in Abbildung 8.2 definiert. Die Syntax wird in Kapitel 15 erweitert.

Zunächst muß das Schlüsselwort `void` angegeben werden. Seine Bedeutung werden Sie in Kapitel 13 kennenlernen. Anschließend folgt ein Bezeichner (siehe auch Kapitel 6.3.3), der Prozedurname bzw. der Name des neuen Befehls. Nach dem Prozedurnamen folgt ein rundes Klammerpaar, das den Prozedurkopf beendet. Der Prozedurrumpf beginnt mit einer öffnenden geschweiften Klammer, der eine Anweisungssequenz folgt. Der Prozedurrumpf und damit die Prozedurdefinition endet mit einer schließenden geschweiften Klammer.

Beachten Sie folgendes: Prozedurnamen dürfen keine Schlüsselwörter (siehe Kapitel 6.3.4) sein. Außerdem müssen die Namen eindeutig sein, d.h. Sie dürfen nicht zwei

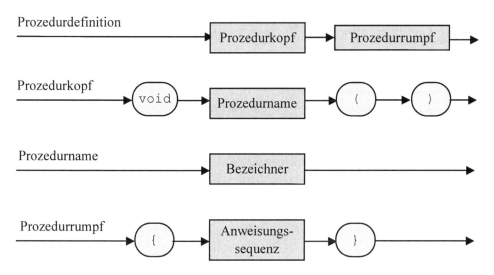

Abbildung 8.2: Syntaxdiagramm: Prozedurdefinition

Prozeduren gleich benennen. Insbesondere dürfen Sie als Prozedurnamen auch nicht die Namen der vier Grundbefehle verwenden.

Wählen Sie als Prozedurnamen immer aussagekräftige Bezeichner. Das erhöht die Lesbarkeit Ihrer Programme. Wenn Sie einen Befehl definieren, um den Hamster nach rechts zu drehen, dann nennen Sie den Befehl auch `rechtsUm` und nicht `f1` oder `x2`.

Achten Sie bitte bei der Prozedurdefinition weiter auf eine gute Strukturierung und damit bessere Lesbarkeit. Wie Sie an den Beispielen unten sehen werden, können Sie zwischen die einzelnen Token wieder beliebige Trennzeichen einfügen. Der Prozedurkopf sollte möglichst in einer separaten Zeile stehen. Dasselbe gilt im allgemeinen für die einzelnen Anweisungen innerhalb des Prozedurrumpfes.[1] Es empfiehlt sich weiterhin, die einzelnen Anweisungen des Rumpfes um zwei Spalten nach innen einzurücken und die öffnende und schließende Klammer des Prozedurrumpfes in dieselbe Spalte zu plazieren. Klammernpaare werden später noch für andere Zwecke verwendet, und man kann schnell den Überblick verlieren, ob es zu jeder öffnenden Klammer auch wieder eine schließende Klammer gibt.

8.2.2 Semantik

Durch eine Prozedurdefinition wird ein neuer Befehl vereinbart. Auf die Ausführung des Programmes hat das zunächst keinerlei Auswirkungen. Erst die Prozeduraufrufe,

---

[1]Lediglich aus Platzgründen wird im Rahmen dieses Buches von dieser Regel zum Teil abgewichen.

die im nächsten Abschnitt definiert werden, führen zu einer semantischen Beeinflussung des Programms.

8.2.3   Beispiele

Folgende Beispiele stellen gültige Prozedurdefinitionen dar:

```
void rechtsUm()
{
  linksUm();
  linksUm();
  linksUm();
}

void nimmKornUndLegeEsAufNaechstemFeldWiederAb()
{
  nimm();
  vor();
  gib();
}
```

Syntaktisch nicht korrekt sind folgende Beispiele:

```
void while() {
  vor();
}

2Vor()
{
  vor();
  vor();
}
```

Im ersten Beispiel wird als Prozedurname das Schlüsselwort while verwendet. Das zweite Beispiel enthält sogar zwei Fehler. Zunächst fehlt das Schlüsselwort void. Weiterhin ist 2Vor kein gültiger Bezeichner, weil Bezeichner nicht mit Ziffern beginnen dürfen.

Das folgende Beispiel ist zwar syntaktisch korrekt, aber nicht besonders gut lesbar, weil zum einen ein schlechter Bezeichner gewählt wurde und zum anderen die Strukturierung zu wünschen übrig läßt:

```
  void zweiVor
()
{ linksUm();
vor();nimm();     vor();
gib(); vor();}
```

8.2.4 Konventionen zur Benennung von Prozeduren

Prozedurenname können definitionsgemäß beliebige Bezeichner sein. Bei den Java-Programmierern haben sich jedoch bestimmte Konventionen durchgesetzt, was die Benennung von Prozeduren angeht. Der Grund dafür ist der, daß wir später noch weitere Sprachkonstrukte kennenlernen werden, für die ebenfalls Bezeichner verwendet werden. Durch unterschiedliche Namenskonventionen lassen sich diese Konstrukte besser auseinanderhalten, was zu leichter verständlichen Programmen führt.

Die Konventionen für Prozedurnamen sehen folgendermaßen aus: Beginnen Sie einen Prozedurnamen immer mit einem Kleinbuchstaben und verwenden Sie auch sonst nur Kleinbuchstaben und Ziffern; Ausnahme: Falls der Name aus mehreren Wort-Bestandteilen besteht, beginnen Sie ein neues Wort jeweils mit einem Großbuchstaben:

```
  void laufeDreiFelderNachVorne()
  {
    vor();
    vor();
    vor();
  }

  void dreheDichNachRechtsUm()
  {
    linksUm();
    linksUm();
    linksUm();
  }
```

Halten auch Sie sich möglichst an diese Konventionen.

8.3 Prozeduraufruf

Durch eine Prozedurdefinition wird ein neuer Befehl eingeführt. Ein Aufruf des neuen Befehls wird *Prozeduraufruf* genannt.

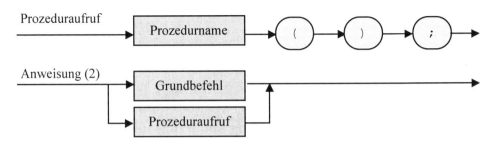

Abbildung 8.3: Syntaxdiagramm: Prozeduraufruf

8.3.1 Syntax

Die Syntax eines Prozeduraufrufs ist in Abbildung 8.3 definiert.

Ein Prozeduraufruf entspricht syntaktisch dem Aufruf eines der vier Grundbefehle. Er beginnt mit dem Prozedurnamen. Anschließend folgen eine öffnende und eine schließende runde Klammer und ein Semikolon.

Ein Prozeduraufruf ist eine spezielle elementare Anweisung. Das Syntaxdiagramm „Anweisung" aus Abbildung 7.3 muß also erweitert werden. Abbildung 8.3 enthält das neue Syntaxdiagramm für eine Anweisung. Prozeduraufrufe dürfen daher überall dort in Hamsterprogrammen auftreten, wo auch andere Anweisungen wie die vier Grundbefehle stehen dürfen. Insbesondere können innerhalb von Prozedurrümpfen auch wieder (andere) Prozeduren aufgerufen werden. Achten Sie jedoch zunächst darauf, daß innerhalb eines Rumpfes einer Prozedur nicht die Prozedur selbst wieder aufgerufen wird. Prozeduren, die sich selbst aufrufen, werden *rekursive Prozeduren* genannt und in Kapitel 17 detailliert erläutert.

An dieser Stelle soll nochmal darauf hingewiesen werden, daß in der Hamsterspra-che Groß- und Kleinbuchstaben unterschieden werden. Das bedeutet insbesondere, daß wenn Sie eine Prozedur mit `rechtsUm` benennen, Sie sie auch mit `rechtsUm();` aufrufen müssen. Der Aufruf der Anweisung `RechtsUm();` würde zu einer syntakti-schen Fehlermeldung durch den Compiler führen, es sei denn, es ist noch eine weitere Prozedur namens `RechtsUm` definiert.

8.3.2 Semantik

Im Prinzip entspricht ein Prozeduraufruf einem Platzhalter für den Prozedurrumpf, d.h. Sie können sich vorstellen, daß an der Stelle des Prozeduraufrufes die Anwei-sungen des entsprechenden Prozedurrumpfes stehen.

Eine alternative Erläuterung ist folgende: Wird irgendwo in einem Programm eine Prozedur aufgerufen, so wird bei der Ausführung des Programms an dieser Stelle der Rumpf der Prozedur, d.h. die Anweisung(en) des Prozedurrumpfes ausgeführt. Der Kontrollfluß des Programms verzweigt beim Prozeduraufruf in den Rumpf der

Prozedur, führt die dortigen Anweisungen aus und kehrt nach der Abarbeitung der letzten Anweisung des Rumpfes an die Stelle des Prozeduraufrufs zurück.

8.3.3 Beispiele

Folgendes Beispiel enthält gültige Prozedurdefinitionen für die Prozeduren kehrt und rechtsUm und einen Prozeduraufruf der Prozedur kehrt innerhalb des Prozedurrumpfes der Prozedur rechtsUm:

```
void kehrt()
{
  linksUm();
  linksUm();
}
void rechtsUm()
{
  kehrt();
  linksUm();
}
```

8.4   Programme (mit Prozeduren)

Wir müssen an dieser Stelle die Definition eines Hamsterprogramms aus Kapitel 7.3 erweitern.

8.4.1   Syntax

Die nun gültige Syntax für ein Hamsterprogramm ist in Abbildung 8.4 dargestellt. In der Abbildung wird das Syntaxdiagramm „Programm" aus Abbildung 7.5 erweitert.

An dieser Stelle kann nun auch die Bedeutung des main-Teils erläutert werden. Wie Sie sicher schon festgestellt haben, handelt es sich auch hierbei um eine Prozedur, die sogenannte *main-Prozedur*. Dies ist eine besondere Prozedur. Sie wird automatisch beim Aufruf des Programms durch das Laufzeitsystem aufgerufen.

Ein Hamsterprogramm besteht nach Abbildung 8.4 aus einer Menge von Prozedurdefinitionen. Dabei muß eine Prozedur den Namen main tragen. Die Namen der Prozeduren müssen paarweise disjunkt sein. Es dürfen innerhalb der Prozedurrümpfe nur Prozeduren aufgerufen werden, die auch definiert sind. Der Ort einer Prozedurdefinition ist nicht festgelegt. Es spielt keine Rolle, ob die Prozedur vor oder nach einem Aufruf der Prozedur innerhalb eines Prozedurrumpfes definiert wird. Prozedurdefinitionen sind keine Anweisungen, d.h. es ist nicht erlaubt innerhalb einer Prozedurdefinition eine weitere Prozedur zu definieren, anders ausgedrückt: Prozedurdefinitionen dürfen nicht geschachtelt werden.

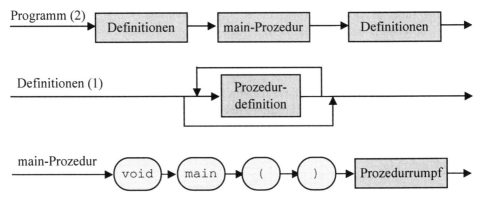

Abbildung 8.4: Syntaxdiagramm: Programm (2)

8.4.2 Semantik

Beim Aufruf eines Programmes wird implizit die Prozedur `main` aufgerufen. Es werden also die Anweisung(en) ausgeführt, die im Rumpf der main-Prozedur stehen. Nach der Ausführung der letzten Anweisung der main-Prozedur endet das Programm.

8.4.3 Beispiele

Das Programm aus Abschnitt 8.1 kann nun mit Hilfe von Prozeduren folgendermaßen umformuliert werden:

```
void main()
{
  vor(); vor(); nimm(); rechtsUm();
  vor(); vor(); rechtsUm();
  vor(); vor(); nimm();
}

void rechtsUm()
{
  linksUm(); kehrt();
}

void kehrt()
{
  linksUm(); linksUm();
}
```

Wird das Programm aufgerufen, werden die einzelnen Anweisungen der main-Prozedur ausgeführt. Zunächst hüpft der Hamster also aufgrund der `vor();`-Befehle zwei Felder in Blickrichtung nach vorne und nimmt ein Korn auf. Anschließend wird die Prozedur `rechtsUm` aufgerufen, d.h. es werden die Anweisungen `linksUm();` und `kehrt();` ausgeführt. Letztere Anweisung ist wiederum ein Prozeduraufruf, der dazu führt, daß zweimal der Befehl `linksUm();` ausgeführt wird. Danach ist die Prozedur `kehrt` und ebenfalls die Prozedur `rechtsUm` abgearbeitet, d.h. der Kontrollfluß des Programms befindet sich wieder in der main-Prozedur. Hier folgen zwei weitere `vor();`-Befehle und anschließend ein erneuter Aufruf der Prozedur `rechtsUm`. Im Anschluß daran werden noch zwei weitere `vor();`-Befehle sowie ein `nimm();`-Befehl ausgeführt. Danach ist die main-Prozedur abgearbeitet und das Programm beendet.

Das folgende Beispiel enthält mehrere syntaktische Fehler:

```
void graseFeldAb()
{
  void graseReiheAb()
  {
    vor(); nimm();
  }
  vor();
  graseReiheAb();
  vor();
  graseReiheAb();
}


void kehreZurueck()
{
  linksUm(); vor(); rechtsUm();
}


void start()
{
  graseFeldAb();
  kehreZurueck();
}


void kehreZurueck()
{
  linksUm(); vor(); rechtsUm();
}
```

Zunächst fehlt die main-Prozedur. Des weiteren wird der Name `kehreZurueck` für zwei Prozeduren verwendet. Dabei spielt es auch keine Rolle, daß beide Prozeduren identisch definiert sind. Ein dritter Fehler besteht darin, daß eine Prozedur `rechtsUm` zwar aufgerufen, nicht jedoch definiert wird. Der vierte Fehler findet sich im Prozedurrumpf der Prozedur `graseFeldAb`. Hier wird innerhalb des Prozedurrumpfes eine weitere Prozedur `graseReiheAb` definiert, was nicht erlaubt ist.

8.5 Vorteile von Prozeduren

Wie bereits anfangs erwähnt, ist das Prozedurkonzept eines der mächtigsten Konzepte imperativer Programmiersprachen. Prozeduren spielen beim Programmentwurf eine fundamentale Rolle. Die wichtigsten Eigenschaften und Vorteile von Prozeduren sind:

- bessere Übersichtlichkeit von Programmen,

- separate Lösung von Teilproblemen,

- Platzeinsparung,

- einfachere Fehlerbeseitigung,

- Flexibilität,

- Wiederverwendbarkeit.

Viele dieser Eigenschaften und Vorteile sind für Sie mit Ihren bisherigen Kenntnissen noch nicht unmittelbar ersichtlich. Sie werden die Vorteile jedoch in den nächsten Kapiteln, wenn die Programme größer werden, schätzen lernen.

8.5.1 Übersichtlichkeit

Durch die Nutzung von Prozeduren lassen sich Programme sehr viel übersichtlicher darstellen. Die Struktur des gewählten Lösungsalgorithmus ist besser ersichtlich. Eine Prozedur stellt eine zusammenhängende Einheit dar, die ein abgeschlossenes Teilproblem in sich löst. Der Name der Prozedur sollte möglichst aussagekräftig gewählt werden, d.h. aus dem Namen soll möglichst schon hervorgehen, was die Prozedur tut.

8.5.2 Lösung von Teilproblemen

Beim Programmentwurf in Kapitel 12 werden wir sehen, daß es günstig ist, beim Lösen eines Problems dieses zunächst in Teilprobleme zu zerlegen, dann für die Teilprobleme Lösungsalgorithmen zu entwickeln und schließlich durch die Zusammenfassung der Lösungen der einzelnen Teilalgorithmen das Gesamtproblem zu lösen.

Prozeduren können dabei für die Implementierung der Teilagorithmen eingesetzt werden. Das eigentliche Programm besteht dann (nur noch) aus Aufrufen der einzelnen Prozeduren.

8.5.3 Platzeinsparung

Besonders wertvoll sind Prozeduren, wenn dieselbe Prozedur von mehreren Programmstellen aus aufgerufen wird. Durch die Definition von Prozeduren kann hierdurch Platz bei der Formulierung von Programmen gespart werden.

8.5.4 Fehlerbeseitigung

Stellen Sie sich vor, Sie entdecken irgendwann einen logischen Fehler in einer Prozedur. Dann brauchen Sie ihn nur einmal im Prozedurrumpf zu beheben. Hätten Sie sich die Prozedur „gespart" und anstelle des Prozeduraufrufes jeweils die Anweisungen des Prozedurrumpfes an den ensprechenden Stellen explizit angeführt, dann müßten Sie den Fehler an allen diesen Stellen ändern. Dabei kann leicht auch mal eine Stelle übersehen werden, wodurch das Programm fehlerhaft bleibt bzw. wird.

8.5.5 Flexibilität und Wiederverwendbarkeit

Wie bereits erwähnt, sind in diesem Kapitel nur die fundamentalen Grundlagen des Prozedurkonzeptes eingeführt worden. In späteren Kapiteln wird das Konzept noch erweitert. In Kapitel 11 lernen Sie das *Funktionskonzept* kennen. Kapitel 15 verallgemeinert das Prozedur- und Funktionskonzept. Kapitel 16 führt sogenannte *Parameter* ein, durch die Prozeduren flexibler eingesetzt werden können. Schließlich werden Sie im dritten Teil dieses Kurses (Objektorientierte Programmierung) Methoden kennenlernen, die es ermöglichen, Prozeduren so zu definieren, daß sie von verschiedenen Programmen aus aufgerufen und auch anderen Programmierern direkt zur Verfügung gestellt werden können. Im Moment müssen Sie leider noch jede Prozedur, die in einem Programm aufgerufen wird, auch in diesem Programm definieren.

8.6 Beispielprogramme

In diesem Abschnitt werden einige Beispiele für Hamsteraufgaben gegeben und eine oder mehrere Musterlösungen vorgestellt. Dabei werden Prozeduren eingesetzt. Schauen Sie sich die Beispiele genau an, und versuchen Sie, die Lösungen nachzuvollziehen.

8.6.1 Beispielprogramm 1

Aufgabe:
Gegeben sei das Hamster-Territorium in Abbildung 8.5. Auf den Kacheln, auf denen Körner liegen, liegt jeweils nur ein Korn. Der Hamster soll alle Körner einsammeln.

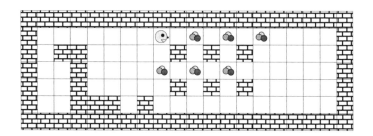

Abbildung 8.5: Hamsterlandschaft zu Beispielprogramm 1

Lösung:

```
void main()
{
  ernteReihe(); rechtsUm();
  zweiVor(); rechtsUm();
  ernteReihe();
}

void rechtsUm()
{
  linksUm(); linksUm(); linksUm();
}

void zweiVor()
{
  vor(); vor();
}

void zweiVorUndNimm()
{
  zweiVor(); nimm();
}

void ernteReihe()
{
  zweiVorUndNimm(); zweiVorUndNimm(); zweiVorUndNimm();
}
```

8.6.2 Beispielprogramm 2

Aufgabe:

Gegeben sei das Hamster-Territorium in Abbildung 8.6. Der Hamster habe mindestens 31 Körner im Maul. Er soll auf allen Feldern jeweils genau ein Korn ablegen.

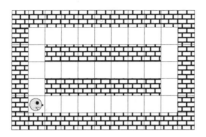

Abbildung 8.6: Hamsterlandschaft zu Beispielprogramm 2

Lösung:

```
void main()
{
  bearbeiteEineReihe();
  // begib dich zur naechsten vollstaendigen Reihe
  linksUm(); vor(); gibUndVor(); linksUm();
  bearbeiteEineReihe();
  // bearbeite das Feld unter dir
  linksUm(); vor(); gib(); kehrt(); vor();
  // begib dich zur naechsten vollstaendigen Reihe
  vor(); gibUndVor(); rechtsUm();
  bearbeiteEineReihe();
  // bearbeite letztes Feld
  rechtsUm(); vor(); gib();
}

void bearbeiteEineReihe()
{
  gibUndVor(); gibUndVor(); gibUndVor(); gibUndVor();
  gibUndVor(); gibUndVor(); gibUndVor(); gibUndVor();
  gib();
}

void gibUndVor()
{
  gib(); vor();
}

void kehrt()
{
```

```
    linksUm(); linksUm();
}

void rechtsUm()
{
    kehrt(); linksUm();
}
```

8.6.3   Beispielprogramm 3

Aufgabe:
Schauen Sie nochmal das Beispielprogramm 3 aus Kapitel 7.5.3 an: Der Hamster
stehe vor einem Berg wie in Abbildung 8.7 skizziert; der Hamster soll den Berg
erklimmen. in Kapitel 7.5.3 wurde eine Lösung mit eingestreuten Kommentaren
gegeben. Diese Kommentare werden nun in diesem Abschnitt durch entsprechende
Prozeduren ersetzt.

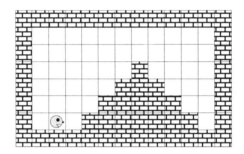

Abbildung 8.7: Hamsterlandschaft zu Beispielprogramm 3

Lösung:

```
void main()
{
    laufeZumBerg();
    erklimmeErsteStufe();
    erklimmeZweiteStufe();
    erklimmeDritteStufe();
    erklimmeGipfel();
}

void laufeZumBerg()
{
    vor();
}
```

```
void erklimmeErsteStufe() { erklimmeStufe(); }

void erklimmeZweiteStufe() { erklimmeStufe(); }

void erklimmeDritteStufe() { erklimmeStufe(); }

void erklimmeGipfel() { erklimmeStufe(); }

void erklimmeStufe()
{
  linksUm(); vor();
  linksUm(); linksUm(); linksUm(); vor();
}
```

8.7 Übungsaufgaben

Nun sind wieder Sie gefordert; denn in diesem Abschnitt werden Ihnen einige Hamsteraufgaben gestellt, die sie selbständig zu lösen haben. Überlegen Sie jeweils, wo es sinnvoll bzw. nützlich ist, Prozeduren zu definieren und aufzurufen.

Denken Sie sich daüber hinaus selbst weitere Hamsteraufgaben aus, und versuchen Sie, diese zu lösen. Viel Spaß!

8.7.1 Aufgabe 1

Erweitern Sie die Lösung von Beispielprogramm 1 aus Abschnitt 8.6.1 dahingehend, daß der Hamster die sechs eingesammelten Körner anschließend wieder auf die jeweiligen Kacheln zurücklegt.

8.7.2 Aufgabe 2

Ändern Sie die Lösung von Beispielprogramm 2 aus Abschnitt 8.6.2 dahingehend ab, daß der Hamster nur auf jeder zweiten Kachel ein Korn ablegt.

8.7.3 Aufgabe 3

Erweitern Sie die Lösung von Beispielprogramm 3 aus Abschnitt 8.6.3 dahingehend, daß der Hamster den Berg nicht nur erklimmt, sondern auf der anderen Seite wieder heruntersteigt.

8.7.4 Aufgabe 4

Erweitern Sie die Lösung von Beispielprogramm 3 aus Abschnitt 8.6.3 dahingehend, daß der Hamster den Berg nicht nur erklimmt, sondern auf derselben Seite wieder heruntersteigt.

8.7.5   Aufgabe 5

Gegeben sei das Hamster-Territorium in Abbildung 8.8 (links). Der Hamster soll in
allen Feldern der beiden Diagonalen jeweils genau ein Korn ablegen, so daß nach
Beendigung des Programms das Hamster-Territorium das in Abbildung 8.8 (rechts)
skizzierte Erscheinungsbild aufweist. Er habe anfangs mindestens 8 Körner im Maul.

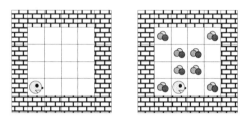

Abbildung 8.8: Hamsterlandschaft zu Aufgabe 5

8.7.6   Aufgabe 6

Die Aufgabe, die der Hamsters diesmal zu lösen hat, ist dieselbe wie in Aufgabe
5: Der Hamster soll in allen Feldern der beiden Diagonalen jeweils genau ein Korn
ablegen. Allerdings sieht diesmal das Hamster-Territorium so aus wie in Abbildung
8.9 (links) skizziert. Der Hamster habe anfangs genau 9 Körner im Maul.

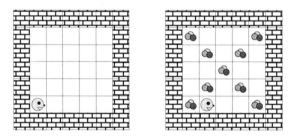

Abbildung 8.9: Hamsterlandschaft zu Aufgabe 6

8.7.7   Aufgabe 7

Der Hamster hat Schiffbruch erlitten und ist auf einer einsamen Insel gestrandet.
Er hat zum Glück noch 100 Körner dabei. Um Flugzeuge auf sich aufmerksam zu
machen, will er aus den Körnern die Buchstaben SOS ablegen (siehe Abbildung
8.10) Helfen Sie ihm dabei. Der Hamster steht anfangs in der linken unteren Ecke
des Territoriums mit Blickrichtung Ost.

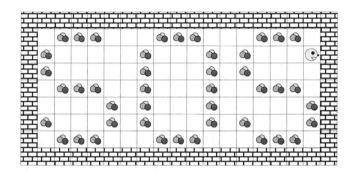

Abbildung 8.10: Hamsterlandschaft zu Aufgabe 7

8.7.8 Aufgabe 8

Hurra! Der Hamster aus Aufgabe 7 hat Glück gehabt, ein Flugzeug hat seine SOS-Körnerspur gesichtet. Der Hamster möchte aber seine Körner nicht auf der Insel zurücklassen. Helfen Sie ihm beim Aufsammeln der Körner.

Kapitel 9

Auswahlanweisungen

Auswahlanweisungen ermöglichen die wahlweise bzw. alternative Ausführung von Anweisungen unter bestimmten Bedingungen. Als Grundlage für die Einführung von Auswahlanweisungen wird in Abschnitt 1 dieses Kapitels zunächst der Befehlsvorrat des Hamster um drei sogenannte *Testbefehle* erweitert. Abschnitt 2 führt boolesche Operatoren und Ausdrücke in die Hamstersprache ein. In den Abschnitten 3 und 4 werden die Blockanweisung bzw. die Leeranweisung vorgestellt. Die zwei Typen von Auswahlanweisungen der Hamstersprache werden dann in den Abschnitten 5 (bedingte Anweisung) und 6 (Alternativanweisung) erläutert. Anschließend folgen in Abschnitt 6 eine Reihe von Beispielprogrammen, an denen der Einsatz der Auswahl-anweisungen verdeutlicht wird, und in Abschnitt 7 werden einige Übungsaufgaben gestellt, die nur mit Hilfe von Auswahlanweisungen gelöst werden können.

9.1 Testbefehle

Mit dem Grundvorrat von vier Befehlen (`vor();`, `linksUm();`, `gib();` und `nimm();`) sind Sie in der Lage, den Hamster über das Kornfeld zu bewegen und Körner auf-nehmen bzw. ablegen zu lassen. Wir haben dabei gesehen, daß es Situationen gibt, die dem Hamster gar nicht gefallen:

- wenn der Hamster vor einer Mauer steht und Sie ihm den Befehl `vor();` geben,

- wenn der Hamster keine Körner im Maul hat, er aber aufgrund Ihres Befehls `gib();` eines ablegen soll und

- wenn der Hamster mittels des Befehls `nimm();` ein Korn aufnehmen soll, sich aber auf dem Feld, auf dem er sich gerade befindet, gar keines liegt.

Wenn Sie den Hamster in diese für ihn unlösbaren Situationen bringen, dann ist der Hamster derart von Ihnen enttäuscht, daß er im folgenden nicht mehr bereit ist, weitere Befehle auszuführen. Es tritt ein Laufzeitfehler auf. Um zu vermeiden, daß der Hamster in diese Situationen gelangt, werden nun drei sogenannte *Testbefehle* eingeführt. Testbefehle liefern boolesche Werte, also wahr (`true`) oder falsch (`false`):

- `vornFrei()`

- `maulLeer()`

- `kornDa()`

9.1.1   Syntax

Die genaue Syntax der drei Testbefehle des Hamster-Modells wird in Abbildung 9.1 dargestellt. Hinter dem eigentlichen Namen eines Testbefehls folgt eine öffnende und eine schließende runde Klammer. Im Unterschied zu den Grundbefehlen fehlt das abschließende Semikolon.

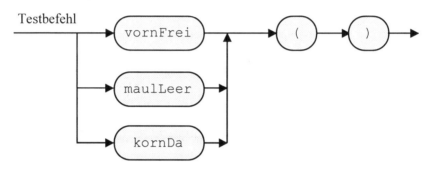

Abbildung 9.1: Syntaxdiagramm: Hamster-Testbefehl

9.1.2   Semantik

Die drei Testbefehle der Hamstersprache haben die folgende Bedeutung:

- vornFrei(): Liefert den Wert true, falls sich auf der Kacheln in Blickrichtung vor dem Hamster keine Mauer befindet. Ist die Kachel durch eine Mauer blockiert, dann wird der Wert false geliefert.

- maulLeer(): Liefert den Wert false, falls der Hamster ein oder mehrere Körner im Maul hat. Befinden sich keine Körner im Maul des Hamsters, dann wird der Wert true geliefert.

- kornDa(): Liefert den Wert true, falls auf der Kachel, auf der der Hamster gerade steht, ein oder mehrere Körner liegen. Befindet sich kein Korn auf der Kachel, dann wird der Wert false geliefert.

Beachten Sie, daß die Ausführung von Testbefehlen zunächst keine unmittelbare Auswirkung auf den Zustand des Kornfeldes hat.

9.1.3   Beispiele

Schauen Sie sich Abbildung 9.2 an. Wird dem Hamster in der in der Abbildung links dargestellten Situation der Testbefehl vornFrei() gegeben, dann liefert der Testbefehl den booleschen Wert true. Dahingegen hat ein Aufruf des Testbefehls vornFrei() in der im rechten Teil der Abbildung skizzierten Situation die Rückgabe des Wertes false zur Folge.

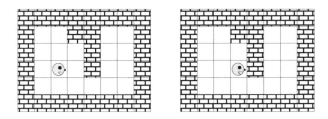

Abbildung 9.2: Testbefehle

9.1.4 Sinn und Zweck

Mit Hilfe der drei Testbefehle lassen sich die drei gefährlichen Situationen nun vorherbestimmen, und entsprechende Fehler können dadurch vermieden werden:

- nur wenn die Kachel vor ihm frei ist, darf der Hamster nach vorne hüpfen, d.h. nur wenn der Testbefehl `vornFrei()` den Wert `true` liefert, darf der Befehl `vor();` ausgeführt werden,

- nur wenn der Hamster ein Korn im Maul hat, darf er auch eines ablegen, d.h. nur wenn der Testbefehl `maulLeer()` den Wert `false` liefert, darf der Befehl `gib();` ausgeführt werden,

- nur wenn sich auf der Kachel, auf der der Hamster gerade steht, ein Korn befindet, darf er auch eines aufnehmen, d.h. nur wenn der Testbefehl `kornDa()` den Wert `true` liefert, darf der Befehl `nimm();` ausgeführt werden.

Wie sich diese Sprachkonstrukte zum Abfragen einer bestimmten Situation in der Hamstersprache formulieren lassen, wird in Abschnitt 9.5 behandelt. Zuvor werden wir im nächsten Abschnitt lernen, wie sich Testbefehle mit Hilfe von booleschen Operatoren verknüpfen lassen. Des weiteren werden zwei neue Typen von Anweisungen eingeführt.

9.2 Boolesche Operatoren und Ausdrücke

In Kapitel 5 haben Sie die boolesche Logik kennengelernt. Sie wissen, was Aussagen bzw. boolesche Ausdrücke sind, daß Aussagen Wahrheitswerte liefern und wie sich Aussagen mit Hilfe der Konjunktion, Disjunktion und Negation verknüpfen lassen. Die drei Testbefehle `vornFrei()`, `kornDa()` und `maulLeer()` stellen Aussagen in der Hamstersprache dar, d.h. abhängig von der Situation, in der sich der Hamster gerade befindet, liefern sie den Wert `true` oder `false`.

Darüber hinaus sind in diesem Zusammenhang die beiden Wörter `true` und `false` der Hamstersprache von Bedeutung. Diese beiden sogenannten *booleschen Litera-*

le repräsentieren spezielle boolesche Ausdrücke: Das boolesche Literal „true" liefert immer den Wahrheitswert `true`, das boolesche Literal „false" liefert immer den Wahrheitswert `false`.

Für die Konjunktion, Disjunktion und Negation von booleschen Ausdrücken, d.h. insbesondere der drei Testbefehle, stellt die Hamstersprache die folgenden drei booleschen Operatoren zur Verfügung:

- `!` für die Negation,

- `&&` für die Konjunktion und

- `||` für die Disjunktion.

9.2.1 Syntax

Die genaue Syntax boolescher Operatoren und Ausdrücke der Hamstersprache wird in Abbildung 9.3 dargestellt.

Wie Sie in den Syntaxdiagrammen sehen, ist `!` ein monadischer Operator, `&&` und `||` sind dyadische Operatoren. Beachten Sie, daß die Zeichenfolgen `&&` und `||` nicht durch Trennzeichen unterbrochen werden dürfen. Beachten Sie weiterhin, daß auch die drei Testbefehle boolesche Ausdrücke darstellen.

9.2.2 Semantik

Die Ausführung boolescher Ausdrücke hat zunächst keine Auswirkungen auf den Zustand der aktuellen Situation. Boolesche Ausdrücke ermitteln ausschließlich Wahrheitswerte, und zwar gemäß der folgenden Regeln. Dabei seien `bA`, `bA1` und `bA2` jeweils Platzhalter für beliebige boolesche Ausdrücke:

- Der Operator `!` negiert den Wahrheitswert seines Operanden, d.h. er dreht ihn um. Liefert ein boolescher Ausdruck `bA` den Wert `true`, dann liefert der boolesche Ausdruck `!bA` den Wert `false`. Umgekehrt, liefert `bA` den Wert `false`, dann liefert `!bA` den Wert `true`.

- Der Operator `&&` konjugiert den Wahrheitswert seiner beiden Operanden, d.h. er liefert genau dann den Wahrheitswert `true`, wenn beide Operanden den Wert `true` liefern. Liefern zwei boolesche Ausdrücke `bA1` und `bA2` beide den Wert `true`, dann liefert auch der boolesche Ausdruck `bA1 && bA2` den Wert `true`. Liefert einer oder liefern beide Ausdrücke `bA1` oder `bA2` den Wert `false`, dann liefert `bA1 && bA2` den Wert `false`.

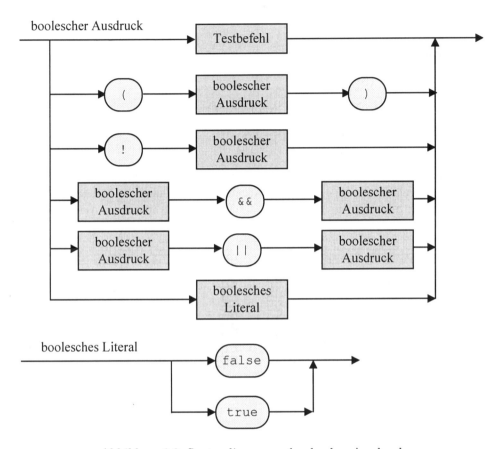

Abbildung 9.3: Syntaxdiagramm: boolescher Ausdruck

- Der Operator || disjungiert den Wahrheitswert seiner beiden Operanden, d.h. er liefert genau dann den Wahrheitswert `true`, wenn einer seiner Operanden oder seine beiden Operanden den Wert `true` liefern. Liefert einer der beiden booleschen Ausdrücke `bA1` und `bA2` oder liefern beide den Wert `true`, dann liefert auch der boolesche Ausdruck `bA1 || bA2` den Wert `true`. Liefern beide Ausdrücke `bA1` oder `bA2` den Wert `false`, dann liefert `bA1 || bA2` den Wert `false`.

- Mit Hilfe der runden Klammern können Sie die Priorität der Operatoren beeinflussen. Ansonsten haben Klammern keine Bedeutung, was die Wertlieferung von booleschen Ausdrücken betrifft.

9.2.3 Beispiele

Beispiele für syntaktisch korrekte boolesche Ausdrücke sind:

1. `true` (boolesches Literal)

2. `vornFrei()` (Testbefehl)

3. `!maulLeer()` (Negation)

4. `vornFrei() && maulLeer()` (Konjunktion)

5. `vornFrei() || kornDa()` (Disjunktion)

Schauen Sie sich nun Abbildung 9.4 (links) an. Auf jedem nicht durch eine Mauer blockiertem Feld liege mindestens ein Korn; der Hamster hat keine Körner im Maul. Bezüglich der Situation in Abbildung 9.4 (links) liefern die obigen Ausdrücke die folgenden Werte:

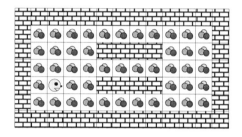 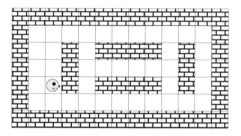

Abbildung 9.4: Auswirkung von booleschen Ausdrücken

1. `true`: true

2. `vornFrei()`: true

3. `!maulLeer()`: false

4. `vornFrei() && maulLeer()`: true

5. `vornFrei() || kornDa()`: true

Bezüglich der in Abbildung 9.4 (rechts) dargestellten Situation (auf keinem Feld liegt ein Korn; der Hamster hat zwei Körner im Maul) liefern die obigen Ausdrücke die folgenden Werte:

1. `true`: true

2. `vornFrei()`: false

3. `!maulLeer()`: true

4. `vornFrei() && maulLeer()`: false

5. `vornFrei() || kornDa()`: false

Die Konjunktion, Disjunktion und Negation von Testbefehlen stellen selbst wieder boolesche Ausdrücke dar, d.h. auch folgende Konstrukte sind syntaktisch korrekte boolesche Ausdrücke, wie Sie anhand der Syntaxdiagramme in Abbildung 9.3 verifizieren können:

1. `vornFrei() && !maulLeer()`

2. `!(vornFrei() && kornDa())`

3. `vornFrei() || !vornFrei() && !maulLeer()`

4. `vornFrei() && !kornDa() && maulLeer()`

5. `!!!vornFrei() || (((maulLeer())))`

Bezüglich der in Abbildung 9.4 (links) dargestellten Situation liefern diese Ausdrücke die folgenden Werte. Bevor Sie nachprüfen, ob die Lösungen korrekt sind, müssen Sie zunächst den folgenden Abschnitt 9.2.4 über Eigenschaften der booleschen Operatoren lesen:

1. `vornFrei() && !maulLeer()`: false

2. `!(vornFrei() && kornDa())`: false

3. `vornFrei() || !vornFrei() && !maulLeer()`: true

4. `vornFrei() && !kornDa() && maulLeer()`: false

5. `!!!vornFrei() || (((maulLeer())))`: true

Bezüglich der in Abbildung 9.4 (rechts) dargestellten Situation liefern die obigen Ausdrücke die folgenden Werte:

1. `vornFrei() && !maulLeer()`: false

2. `!(vornFrei() && kornDa())`: true

3. `vornFrei() || !vornFrei() && !maulLeer()`: true

4. `vornFrei() && !kornDa() && maulLeer()`: false

5. `!!!vornFrei() || (((maulLeer())))`: true

9.2.4 Eigenschaften

Für die korrekte Verwendung boolescher Ausdrücke ist es notwendig, die Priorität, Assoziativität und Auswertungsreihenfolge der booleschen Operatoren zu kennen.

9.2.4.1 Priorität

Von den drei booleschen Operatoren hat der Negationsoperator ! die höchste, der Konjunktionsoperator && die zweithöchste und der Disjunktionsoperator || die niedrigste Priorität. Durch Klammersetzung (runde Klammern) kann die Priorität beeinflußt werden, d.h. in runde Klammern gesetzte boolesche Ausdrücke werden immer zuerst berechnet.

Im booleschen Ausdruck `maulLeer()` || `!vornFrei()` && `kornDa()` wird daher zunächst der Wert des Testbefehls `vornFrei()` ermittelt. Dieser wird negiert. Anschließend wird dieser Wert mit dem Wert des Testbefehls `kornDa()` konjugiert, und schließlich wird der Wert des Testbefehls `maulLeer()` mit dem konjugierten Wert disjungiert. Der boolesche Ausdruck ist also äquivalent mit dem Ausdruck `maulLeer()` || `((!vornFrei())` && `kornDa())`.

Im booleschen Ausdruck `!(kornDa()` && `maulLeer())` wird aufgrund der Klammersetzung zunächst die Konjunktion der Werte der booleschen Ausdrücke `kornDa()` und `maulLeer()` ermittelt und dieser Wert dann negiert.

9.2.4.2 Assoziativität

Alle drei booleschen Operatoren sind linksassoziativ. Der Ausdruck `kornDa()` || `vornFrei()` || `maulLeer()` ist daher äquivalent zu `(kornDa()` || `vornFrei())` || `maulLeer()`, d.h. es wird zunächst der Wert von `kornDa()` ermittelt und disjunktiv mit dem Wert von `vornFrei()` verknüpft. Dieser Wert wird anschließend mit dem Wert von `maulLeer()` disjungiert.

9.2.5 Auswertungsreihenfolge

Der Hamster ist ein sehr faules Lebewesen, d.h. er erspart sich unnötige Tests. Stellen Sie sich vor, der Hamster soll den Wert des booleschen Ausdrucks `vornFrei()` || `kornDa()` ermitteln. Bisher sind wir davon ausgegangen, daß er zunächst den Wert des Testbefehls `vornFrei()` und anschließend den Wert des Testbefehls `kornDa()` ermittelt und diese beiden Werte disjungiert. Stellen Sie sich nun vor, der Testbefehl `vornFrei()` liefert den Wert `true`. Gemäß der Wahrheitstabelle liefert dann aber die Disjunktion unabhängig von dem Wert des Testbefehls `kornDa()` den Wert `true`. Also kann sich der Hamster die Ermittelung des Wertes des Testbefehls `kornDa()` ersparen, was er auch tut.

Ähnlich verhält es sich mit der Konjunktion. Liefert der Testbefehl `vornFrei()` den Wert `false`, dann kann sich der Hamster bei der Auswertung des Ausdrucks `vornFrei() && (!kornDada() || maulLeer())` die Berechnung der anderen Operationen sparen, weil der boolesche Gesamtausdruck auf jeden Fall den Wert `false` liefert.

Im Moment spielt die Auswertungsreihenfolge boolescher Ausdrücke für Ihre Hamsterprogramme noch keine Rolle, aber in Kapitel 11.5 werden wir Situationen kennenlernen, wo der Beachtung dieser Auswertungsreihenfolge eine große Bedeutung zukommt. Insbesondere gilt daher in der Hamstersprache für boolesche Operatoren das Kommutativgesetz nur, was die Wertlieferung betrifft.

Zusammengefaßt lassen sich folgende Regeln definieren. Dabei seien p und q Platzhalter für beliebige boolesche Ausdrücke:

- Im Ausdruck p `&&` q wird der Wert des Teilausdrucks q nur dann ermittelt, wenn der Teilausdruck p den Wert `true` liefert. In diesem Fall liefert der Gesamtausdruck den Wert von q. Liefert p den Wert `false`, dann liefert der Gesamtausdruck unmittelbar den Wert `false`.

- Im Ausdruck p `||` q wird der Wert des Teilausdrucks q nur dann ermittelt, wenn der Teilausdruck p den Wert `false` liefert. In diesem Fall liefert der Gesamtausdruck den Wert von q. Liefert p den Wert `true`, dann liefert der Gesamtausdruck unmittelbar den Wert `true`.

9.3 Blockanweisung

Mit Hilfe der Blockanweisung lassen sich mehrere Anweisungen zu einer Einheit zusammenfassen. In Kapitel 13 werden weitere Eigenschaften der Blockanweisung angeführt.

Wir haben die Blockanweisung bereits in Kapitel 8 kennengelernt. Prozedurrümpfe werden nämlich immer durch eine Blockanweisung gebildet. Sie faßt die Anweisungen zusammen, die beim Aufruf der Prozedur ausgeführt werden sollen.

9.3.1 Syntax

Syntaktisch gesehen, handelt es sich bei einer Blockanweisung um eine zusammengesetzte Anweisung. Innerhalb von geschweiften Klammern steht eine andere Anweisung – im allgemeinen eine Anweisungssequenz. Abbildung 9.5 skizziert die genaue Syntax der Blockanweisung und erweitert das Syntaxdiagramm „Anweisung" aus Abbildung 8.3.

9.3.2 Semantik

Beim Ausführen einer Blockanweisung wird die innerhalb der geschweiften Klammern stehende Anweisung ausgeführt. Eine weitere Auswirkung auf den Programmablauf hat die Blockanweisung zunächst nicht.

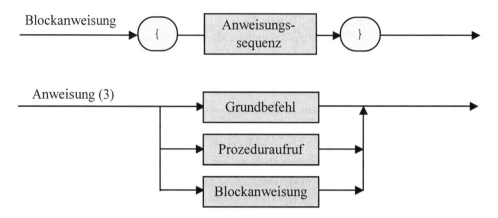

Abbildung 9.5: Syntaxdiagramm: Blockanweisung

9.3.3 Beispiele

Das folgende Beispiel zeigt ein Hamsterprogramm, in dem Blockanweisungen zur
Strukturierung eingesetzt werden.

```
void main()
{
  linksUm();
  {
    laufeZurWand();
    linksUm();
  }
  { // vier vor
    { // zwei vor
      vor(); vor();
    }
    { // zwei vor
      vor(); vor();
    }
  }
  linksUm();
  {
    laufeZurWand();
    linksUm();
  }
}

void laufeZurWand()
```

```
{
    vor(); vor(); vor();
}
```

Für eine bessere Übersichtlichkeit sollten Sie sich angewöhnen, die öffnende und die schließende geschweifte Klammer einer Blockanweisung in derselben Spalte zu plazieren und die (inneren) Anweisungen der Blockanweisung um zwei Spalten nach rechts einzurücken wie im obigen Beispiel. Blockanweisungen werden später sehr häufig benutzt und treten auch ineinander verschachtelt auf. Plaziert man die zusammengehörenden Klammern untereinander, so kann man auf einen Blick feststellen, an welcher Stelle eine Blockanweisung beendet ist.

9.4 Leeranweisung

Wir werden später Situationen kennenlernen, in denen es ganz nützlich ist, Anweisungen zur Verfügung zu haben, die nichts tun bzw. bewirken. Derartige Anweisungen sind die Leeranweisungen.

9.4.1 Syntax

Syntaktisch werden Leeranweisungen durch ein einzelnes Semikolon gebildet. Abbildung 9.6 stellt die Syntax der Leeranweisung dar und erweitert das Syntaxdiagramm „Anweisung" aus Abbildung 9.5.

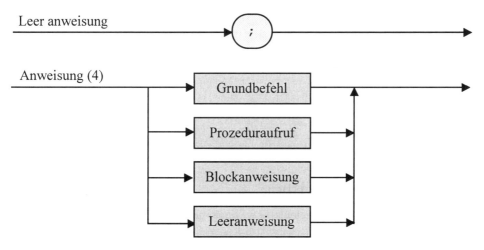

Abbildung 9.6: Syntaxdiagramm: Leeranweisung

9.4.2 Semantik

Leeranweisungen haben keinerlei Auswirkungen auf den Programmablauf.

9.4.3 Beispiele

Im folgenden Beispielprogramm sind wahllos ein paar Leeranweisungen eingestreut.

```
void main()
{
  legeDreiKoernerAb();;
  {
    ; vor(); vor();
  };;
  ;; legeDreiKoernerAb();
}

void legeDreiKoernerAb()
{
  gib();;;; gib();;; gib();
}
```

Beachten Sie, daß Leeranweisungen (spezielle) Anweisungen sind und daher überall dort (aber auch *nur* dort!) eingesetzt werden dürfen, wo Anweisungen auftreten dürfen. Insbesondere ist es syntaktisch nicht erlaubt, ein Semikolon hinter einen Prozedurrumpf zu plazieren, wie im folgenden Beispiel:

```
void main()
{
  vor(); rechtsUm(); vor(); linksUm();
}; // <- syntaktischer Fehler!

void rechtsUm()
{
  linksUm(); linksUm(); linksUm();
}
```

9.5 Bedingte Anweisung

Wo und wie lassen sich Testbefehle bzw. boolesche Ausdrücke im Hamster-Modell nun benutzen? Wir hatten in Abschnitt 9.1.4 gesehen, daß sich mit Hilfe der Testbefehle gefährliche Situationen vorherbestimmen und umgehen lassen. Beispielsweise soll der Befehl vor(); nur dann ausgeführt werden, wenn der Testbefehl vornFrei() den Wert true liefert. Zur syntaktischen Formulierung dieser *nur wenn ..., dann ...* Beziehung existiert in der Hamstersprache die sogenannte *bedingte Anweisung*. Wie der Name schon aussagt, soll in einer bedingten Anweisung eine bestimmte Anweisung nur unter einer bestimmten Bedingung ausgeführt werden.

9.5.1 Syntax

Die bedingte Anweisung, die auch *if-Anweisung* genannt wird, ist eine zusammengesetzte Anweisung, deren genaue Syntax in Abbildung 9.7 definiert wird. Die bedingte Anweisung wird eingeleitet durch das Schlüsselwort if. Anschließend folgt innerhalb eines runden Klammernpaares ein boolescher Ausdruck und danach eine Anweisung. Bei dieser Anweisung, die im folgenden *true-Anweisung* genannt wird, handelt es sich im allgemeinen um eine Blockanweisung. Abbildung 9.7 erweitert weiterhin das Syntaxdiagramm „Anweisung" aus Abbildung 9.6.

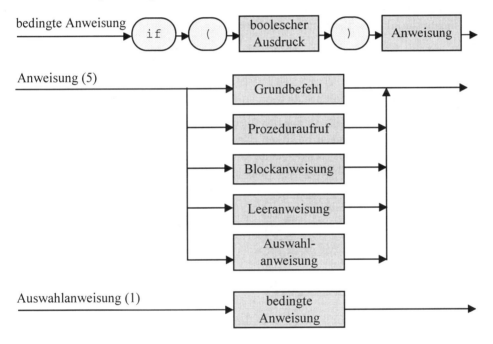

Abbildung 9.7: Syntaxdiagramm: Bedingte Anweisung

9.5.2 Semantik

Es wird zunächst wie in Abschnitt 9.2 beschrieben der boolesche Ausdruck innerhalb der runden Klammern ausgewertet. Falls dieser Ausdruck den Wert true liefert, d.h. die Bedingung erfüllt ist, wird die true-Anweisung (daher der Name) ausgeführt. Liefert der boolesche Ausdruck den Wert false, dann wird die true-Anweisung nicht ausgeführt.

9.5.3 Beispiele

Folgende Anweisungen sind syntaktisch korrekte bedingte Anweisungen:

1. `if (vornFrei()) vor();`

2. `if (kornDa() && vornFrei()) { nimm(); vor(); }`

3. `if (kornDa()) if (vornFrei()) { nimm(); vor(); }`

Bezüglich der Hamsterlandschaft in Abbildung 9.8 (links) wird der Hamster, wenn
die bedingte Anweisung (1) ausgeführt wird, den Befehl `vor();` ausführen, da der
Testbefehl `vornFrei()` den Wert `true` liefert. Anders ist dies bezüglich der Situation
in Abbildung 9.8 (rechts). Hier wird der Hamster bei Ausführung von Anweisung
(1) nichts tun, da der Testbefehl den Wert `false` liefert.

Liegt auf der Kachel, auf der sich der Hamster in Abbildung 9.8 (links) befindet,
ein Korn, dann wird der Hamster bei Aufruf der bedingten Anweisung (2), da der
boolesche Ausdruck den Wert `true` liefert, die Blockanweisung ausführen, d.h. er
wird ein Korn fressen und anschließend eine Kachel nach vorne hüpfen.

Die bedingte Anweisung (3) ist zur bedingten Anweisung (2) semantisch äquivalent,
d.h. die beiden Anweisungen bewirken dasselbe. Anweisung (3) nutzt aus, daß die
bedingte Anweisung selbst wieder eine Anweisung ist, also auch selbst wieder als
true-Anweisung in einer bedingten Anweisung auftreten darf.

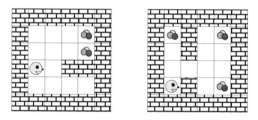

Abbildung 9.8: Bedingte Anweisungen

9.5.4 Anmerkungen

Auch wenn es sich bei der true-Anweisung einer bedingten Anweisung um keine
Anweisungssequenz handelt, sollten Sie sich angewöhnen, die Blockanweisung zu
nutzen, um Fehlern vorzubeugen. Schauen Sie sich das folgende Beispiel an:

```
if (kornDa())
   nimm();
   vor();
```

Bei dieser Anweisung handelt es sich um eine Anweisungssequenz, die aus einer
bedingten Anweisung `if (kornDa()) nimm();` und der Anweisung `vor();` besteht,
d.h. nur die Anweisung `nimm();` bildet die true-Anweisung der bedingten Anweisung,

der Befehl vor(); wird immer ausgeführt. Um solchen unter Umständen fehlerhaften Situationen vorzubeugen, die häufig dann entstehen, wenn nachträglich Anweisungen ins Programm einfügt werden, empfiehlt sich der Einsatz der Blockanweisung.

```
if (kornDa())
{
  nimm();
  vor();
}
```

In diesem Beispiel bildet die gesamte Blockanweisung die true-Anweisung.

9.5.5 „Sichere" Grundbefehle

Mit Hilfe der bedingten Anweisung lassen sich die Grundbefehle nun „sicher" machen. Dazu müssen Sie nur die folgenden drei Prozeduren definieren und anstelle der entsprechenden Grundbefehle im Programm verwenden:

```
void sicheresVor()
{
  if (vornFrei())
  {
    vor();
  }
}

void sicheresNimm()
{
  if (kornDa())
  {
    nimm();
  }
}

void sicheresGib()
{
  if (!maulLeer())
  {
    gib();
  }
}
```

9.6   Alternativanweisung

Die bedingte Anweisung ermöglicht die optionale Ausführung einer Anweisung unter einer bestimmten Bedingung. In diesem Abschnitt wird die bedingte Anweisung durch die Alternativanweisung – auch Fallunterscheidung oder Verzweigung genannt – erweitert. Bei der Alternativanweisung können Sie nicht nur angeben, daß eine bestimmte Anweisung nur bedingt ausgeführt werden soll, sondern Sie können auch eine alternative Anweisung ausführen lassen, wenn die Bedingung nicht erfüllt ist.

9.6.1   Syntax

Die Alternativanweisung ist eine bedingte Anweisung mit einem angehängten sogenannten *else-Teil*. Dieser besteht aus dem Schlüsselwort `else` und einer Anweisung – im allgemeinen eine Blockanweisung. Die Anweisung einer Alternativanweisung, die ausgeführt wird, wenn der boolesche Ausdruck den Wert `true` liefert, wird im folgenden auch *true-Anweisung* und die Anweisung des *else*-Teils dementsprechend *false-Anweisung* genannt. Die genaue Syntax der Alternativanweisung können Sie Abbildung 9.9 entnehmen. Die Alternativanweisung ist wie die bedingte Anweisung eine Auswahlanweisung. Deshalb wird in Abbildung 9.9 das Syntaxdiagramm „Auswahlanweisung" aus Abbildung 9.7 erweitert.

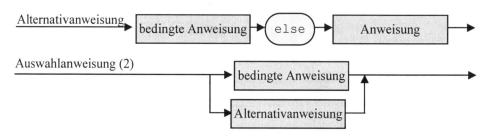

Abbildung 9.9: Syntaxdiagramm: Alternativanweisung

9.6.2   Semantik

Wird eine Alternativanweisung ausgeführt, dann wird zunächst der Wert der Bedingung (boolescher Ausdruck) ermittelt. Ist die Bedingung erfüllt, d.h. liefert der boolesche Ausdruck den Wert `true`, dann wird die true-Anweisung nicht aber die false-Anweisung ausgeführt; liefert der boolesche Ausdruck den Wert `false`, dann wird die false-Anweisung nicht aber die true-Anweisung ausgeführt.

9.6.3   Beispiele

Die folgenden Beispiele sollen die Alternativanweisung verdeutlichen.

```
// Beispiel 1
if (vornFrei())
{
   vor();
}
else
{
   linksUm();
}
```

Steht der Hamster bei der Ausführung von Beispiel 1 nicht vor einer Mauer, d.h.
der Testbefehl vornFrei() liefert den Wert true, dann wird die true-Anweisung
ausgeführt: der Hamster hüpft eine Kachel nach vorne. Steht er jedoch vor einer
Mauer, dann wird die false-Anweisung ausgeführt: der Hamster dreht sich um 90
Grad nach links.

```
// Beispiel 2a
if (maulLeer())
   ;
else
   gib();
linksUm();
```

```
// Beispiel 2b
if (!maulLeer())
{
   gib();
}
linksUm();
```

In Beispiel 2a wird die true-Anweisung durch eine Leeranweisung gebildet, d.h.
hat der Hamster kein Korn im Maul, so passiert nichts. Der else-Teil enthält den
gib();-Befehl, d.h. hat der Hamster ein Korn im Maul, so legt er eines ab. Der
linksUm();-Befehl gehört nicht mehr zur Alternativanweisung und wird in beiden
Fällen ausgeführt. Beispiel 2a ist zwar syntaktisch korrekt, statt der Verwendung
der Leeranweisung sollte jedoch sinnvollerweise die Bedingung negiert werden, wie
in Beispiel 2b. Beispiel 2b ist semantisch äquivalent zu Beispiel 2a, d.h. die beiden
Beispiele haben exakt dieselben Auswirkungen.

```
// Beispiel 3
if (vornFrei())
   vor();
```

```
else if (kornDa())
  nimm();
else if (!maulLeer())
  gib();
else
  linksUm();
```

Beispiel 3 zeigt, daß die false-Anweisung selbst wieder eine zusammengesetzte Anweisung, insbesondere also auch wieder eine Alternativanweisung sein darf. Auswahlanweisungen lassen sich dadurch schachteln. Wenn der Testbefehl vornFrei()
den Wert true liefert, dann wird die true-Anweisung, also der Befehl vor(); ausgeführt, und das Beispiel ist beendet. Wenn die Kachel vor dem Hamster allerdings
durch eine Mauer blockiert ist, d.h. die Auswertung der ersten Bedingung den Wert
false ergibt, dann wird die false-Anweisung ausgeführt. Hierbei handelt es sich wieder um eine Alternativanweisung. Liefert der Testbefehl kornDa() den Wert true,
dann wird der Befehl nimm(); als true-Anweisung ausgeführt, und das Beispiel ist
beendet. Liefert jedoch auch diese zweite Bedingung den Wert false, dann wird der
zweite else-Teil „aktiv". Wiederum handelt es sich bei der false-Anweisung um eine Alternativanweisung. Liefert der boolesche Ausdruck !maulLeer den Wert true,
dann legt der Hamster ein Korn ab, ansonsten dreht er sich um 90 Grad nach links.
Insgesamt läßt sich feststellen, daß der Hamster unabhängig von der Situation, in der
er sich gerade befindet, beim Aufruf von Beispiel 3 immer genau einen Grundbefehl
ausführt.

```
// Beispiel 4a
if (vornFrei())
if (kornDa())
  nimm();
else
  vor();


// Beispiel 4b
if (vornFrei())
{
  if (kornDa())
    nimm();
}
else
  linksUm();


// Beispiel 4c
if (vornFrei())
{
```

```
if (kornDa())
{
  nimm();
}
else
{
  vor();
}
}
```

Beispiel 4a ist auf den ersten Blick mehrdeutig: Es ist nicht klar, ob der else-Teil zum ersten `if` oder zum zweiten `if` gehört. Dieses ist jedoch in der Hamstersprache eindeutig definiert: In geschachtelten Auswahlanweisungen gehört ein else-Teil immer zum innersten `if`.

In Beispiel 4a bildet der else-Teil also den else-Teil der `kornDa()`- und nicht der `vornFrei()`-Bedingung. Die Anweisung in Beispiel 4a ist eine bedingte Anweisung, deren true-Anweisung durch eine Alternativanweisung gebildet wird. Ist die Kachel vor dem Hamster blockiert, d.h. der boolesche Ausdruck `vornFrei()` liefert den Wert `false`, dann ist das Beispiel beendet. Wird dagegen der Wert `true` ermittelt, dann wird die (innere) Alternativanweisung ausgeführt.

Soll der else-Teil nicht zum inneren sondern zu einem äußeren if gehören, so müssen Klammern verwendet werden wie in Beispiel 4b. Die Anweisung in Beispiel 4b ist eine Alternativanweisung, deren true-Anweisung aus einer Blockanweisung besteht, die eine bedingte Anweisung enthält.

Um Mißverständnissen bzw. Fehlern vorzubeugen, sollten Sie auch bei den Alternativanweisungen die true- und false-Anweisung jeweils durch eine Blockanweisung „kapseln". Nutzen Sie also anstelle der verkürzten Schreibweise in Beispiel 4a möglichst die etwas längere dafür aber „sicherere" Schreibweise von Beispiel 4c. Achten Sie auch auf eine übersichtliche Einrückung der entsprechenden Teile.

9.7 Beispielprogramme

In diesem Abschnitt werden einige Beispiele für Hamsteraufgaben gegeben und jeweils eine oder mehrere Musterlösungen vorgestellt. Schauen Sie sich die Beispiele genau an und versuchen Sie, die Lösungen nachzuvollziehen.

9.7.1 Beispielprogramm 1

Aufgabe:
Gegeben sei das Hamster-Territorium in Abbildung 9.10. Der Hamster soll genau zwei Körner einsammeln.

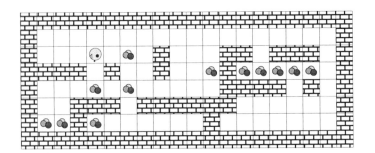

Abbildung 9.10: Hamsterlandschaft zu Beispielprogramm 1

Lösung 1:

Bei dieser Lösung überprüft der Hamster nicht, ob er bereits in der Ausgangsstellung auf einem Kornfeld steht.

```
void main()
{
  // suche und nehme erstes Korn
  vor(); vor(); nimm();
  // suche und nehme zweites Korn
  linksUm();
  vor(); vor(); nimm();
}
```

Lösung 2:

Bei dieser Lösung überprüft der Hamster, ob er bereits in der Ausgangsstellung auf einem Kornfeld steht.

```
void main()
{
  if (kornDa()) // der Hamster steht bereits auf einem Kornfeld
  {
    // nehme erstes Korn
    nimm();
  }
  else
  {
    // suche und nehme erstes Korn
    vor(); vor(); nimm();
    linksUm();
  }
```

```
   // suche und nehme zweites Korn
   vor(); vor(); nimm();
}
```

9.7.2   Beispielprogramm 2

Aufgabe:
Gegeben sei das Hamster-Territorium in Abbildung 9.11. Der Hamster ist durch das
viele Herumrennen so verwirrt, daß er nicht mehr weiß, wieviele Körner er im Maul
hat. Falls möglich soll er in jeder Ecke des Territoriums ein Korn ablegen.

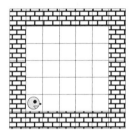

Abbildung 9.11: Hamsterlandschaft zu Beispielprogramm 2

Lösung 1:
Der Hamster besucht jede der vier Ecken im Territorium und legt, falls er noch ein
Korn im Maul hat, jeweils eines ab.

```
   void main()
   {
      if (!maulLeer()) gib();
      laufeBisInDieNaechsteEcke();
      if (!maulLeer()) gib();
      laufeBisInDieNaechsteEcke();
      if (!maulLeer()) gib();
      laufeBisInDieNaechsteEcke();
      if (!maulLeer()) gib();
   }

   void laufeBisInDieNaechsteEcke()
   {
      vor(); vor(); vor(); vor(); linksUm();
   }
```

Lösung 2:
Bei dieser Lösung ist der Hamster schlauer: Wenn er gar keine Körner mehr im Maul

hat, braucht er ja auch gar nicht mehr weiterzulaufen. Er überprüft also nach jedem
Ablegen eines Korns, ob es sich noch lohnt weiterzulaufen.

```
void main()
{
  if (!maulLeer())
  {
    gib();
    if (!maulLeer())
    {
      laufeBisInDieNaechsteEcke();
      gib();
      if (!maulLeer())
      {
        laufeBisInDieNaechsteEcke();
        gib();
        if (!maulLeer())
        {
          laufeBisInDieNaechsteEcke();
          gib();
        }
      }
    }
  }
}

void laufeBisInDieNaechsteEcke()
{
  vor(); vor(); vor(); vor(); linksUm();
}
```

9.7.3   Beispielprogramm 3

Aufgabe:
Gegeben sei das Hamster-Territorium in Abbildung 9.12. Auf jedem Feld liegen ein
oder zwei Körner. Der Hamster soll dafür sorgen, daß auf jedem Feld genau ein Korn
liegt.

Lösung:

```
void main()
{
  ueberpruefeEineReihe();
```

Abbildung 9.12: Hamsterlandschaft zu Beispielprogramm 3

```
      linksUm(); vor(); linksUm();
      ueberpruefeEineReihe();
      rechtsUm(); vor(); rechtsUm();
      ueberpruefeEineReihe();
      linksUm(); vor(); linksUm();
      ueberpruefeEineReihe();
      rechtsUm(); vor(); rechtsUm();
      ueberpruefeEineReihe();
}

void ueberpruefeEineReihe()
{
   evtlFressen(); vor();
   evtlFressen(); vor();
   evtlFressen(); vor();
   evtlFressen(); vor();
   evtlFressen();
}

void evtlFressen()
{
   // erstmal ein Korn fressen
   nimm();
   // falls es das einzige Korn war, muss es wieder abgelegt werden
   if (!kornDa())
   {
     gib();
   }
}

void rechtsUm() { linksUm(); linksUm(); linksUm(); }
```

9.8 Übungsaufgaben

Nun sind Sie wieder gefordert; denn in diesem Abschnitt werden Ihnen einige Hamsteraufgaben gestellt, die sie selbständig zu lösen haben.

Denken Sie sich darüber hinaus selbst weitere Hamsteraufgaben aus, und versuchen Sie, diese zu lösen. Viel Spaß!

9.8.1 Aufgabe 1

Erweitern Sie Lösung 2 des Beispielprogramms 1 aus Abschnitt 9.7.1 derart, daß der Hamster genau drei statt zwei Körner einsammeln soll.

9.8.2 Aufgabe 2

Die Hamsteraufgabe in Beispielprogramm 2 aus Abschnitt 9.7.2 wird dahingehend abgeändert, daß der Hamster nicht in jeder Ecke des Territoriums ein Korn ablegen soll, sondern auf jeder Kachel der Diagonalen von links unten nach rechts oben. Entwickeln Sie jeweils ein Lösungsprogramm in Anlehnung an Lösung 1 und Lösung 2 von Beispielprogramm 2.

9.8.3 Aufgabe 3

Passen Sie die Lösung von Beispielprogramm 3 aus Abschnitt 9.7.3 an folgende Ausgangssituation an: Auf jedem Feld liegen anfangs ein, zwei oder drei Körner.

9.8.4 Aufgabe 4

Gegeben sei das Hamster-Territorium in Abbildung 9.13. Auf allen Feldern, auf denen Körner eingezeichnet sind, liegen entweder ein oder zwei Körner. Der Hamster soll drei Körner einsammeln und dabei einen möglichst kurzen Weg zurücklegen.

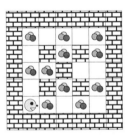

Abbildung 9.13: Hamsterlandschaft zu Aufgabe 4

9.8.5   Aufgabe 5

Gegeben sei das Hamster-Territorium in Abbildung 9.14. Der Hamster weiß nicht, wieviele Körner er im Maul hat. Solange er noch Körner im Maul hat (!), soll er folgendes tun: Er soll in der aktuellen Ecke ein Korn ablegen und dann in die zweite Ecke laufen. Dort soll er zwei Körner ablegen und in die dritte Ecke laufen. Dort soll er drei Körner ablegen und in die vierte Ecke laufen. Dort soll er vier Körner ablegen.

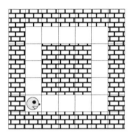

Abbildung 9.14: Hamsterlandschaft zu Aufgabe 5

9.8.6   Aufgabe 6

Der Hamster erhält dieselbe Aufgabe wie in Aufgabe 5, d.h. nach Ausführung des Programms sollen in der unteren linken Ecke ein Korn, in der unteren rechten Ecke zwei Körner, in der oberen rechten Ecke drei Körner und in der oberen linken Ecke vier Körner liegen. Nur diesmal sieht die Hamsterlandschaft anfangs ein wenig anders aus, denn in den Eckfeldern liegen bereits jeweils ein, zwei oder drei Körner (siehe Abbildung 9.15). Außerdem soll der Hamster, sobald er feststellt, daß er kein Korn mehr im Maul hat oder nachdem er in der vierten Ecke das vierte Korn abgelegt hat, zurück in seine Ausgangsposition laufen.

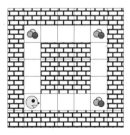

Abbildung 9.15: Hamsterlandschaft zu Aufgabe 6

Kapitel 10

Wiederholungsanweisungen

In den bisherigen Kapiteln hatten Hamsteraufgaben immer folgende Form: Gegeben eine bestimmte Landschaft und gegeben ein bestimmtes Problem; entwickeln Sie ein Hamsterprogramm, das das Problem bzgl. der Landschaft löst. Bisherige Hamsterprogramme waren also sehr unflexibel, sie lieferten nur Lösungen für eine bestimmte fest vorgegebene Landschaft. Geringfügige Änderungen an der Landschaft konnten zu einem inkorrekten Verhalten des Programms führen. In diesem Kapitel werden wir Wiederholungsanweisungen kennenlernen, die es ermöglichen, Hamsterprogramme zu entwickeln, die gegebene Probleme für alle Landschaften eines bestimmten Landschaftstyps lösen.

Zunächst wird in Abschnitt 1 dieses Kapitels die Einführung von Wiederholungsanweisungen motiviert. In Abschnitt 2 und 3 werden dann mit der while-Anweisung bzw. der do-Anweisung zwei Typen von Wiederholungsanweisungen vorgestellt. Anschließend folgen in Abschnitt 4 eine Reihe von Beispielprogrammen, an denen der Einsatz und die Auswirkungen von Wiederholungsanweisungen verdeutlicht werden, und in Abschnitt 5 werden einige Übungsaufgaben gestellt, die nur mit Hilfe von Wiederholungsanweisungen gelöst werden können.

10.1 Motivation

Schauen Sie sich die Hamsterlandschaft in Abbildung 10.1 (links) an.

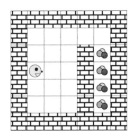 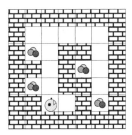

Abbildung 10.1: Wiederholungsanweisung (Motivation)

Der Hamster soll in Blickrichtung bis zur nächsten Wand laufen. Eine korrekte Lösung dieses Problems ist das folgende Hamsterprogramm:

```
void main()
{
  vor();
  vor();
}
```

Schauen Sie sich nun die Hamsterlandschaft in Abbildung 10.1 (rechts) an. Auch für diese Situation soll ein Hamsterprogramm geschrieben werden, das den Hamster in Blickrichtung bis zur nächsten Wand laufen läßt:

```
void main()
{
  vor();
  vor();
  vor();
  vor();
}
```

Beide Programme lösen das Problem, daß der Hamster bis zur nächsten Wand laufen soll, jeweils für eine fest vorgegebene Landschaft. Viel flexibler wäre es, wenn wir ein Programm entwickeln könnten, daß beide obigen Probleme bzw. allgemein Probleme folgender Art löst: Der Hamster stehe auf einer Kachel der Hamsterlandschaft. Irgendwo in Blickrichtung vor ihm befindet sich eine Mauer. Der Hamster soll bis zu dieser Mauer laufen und dann anhalten. Zur Lösung dieses Problems benötigen wir eine Anweisung der Art: *solange vorne frei ist, hüpfe eine Kachel nach vorne*, oder allgemeiner: *solange eine bestimmte Bedingung erfüllt ist, führe eine bestimmte Aktion aus*, bzw. präziser mit den Hilfsmitteln der Hamstersprache formuliert: *solange ein boolescher Ausdruck den Wert* **true** *liefert, führe eine gegebene Anweisung (wiederholt) aus*. In der Hamstersprache existieren zwei Alternativen zur Formulierung derartiger Wiederholungsanweisungen, die *while-Anweisung* und die *do-Anweisung*.

10.2   while-Anweisung

Mit Hilfe der while-Anweisung – auch *while-Schleife* genannt – läßt sich in der Hamstersprache eine Anweisung in Abhängigkeit eines booleschen Ausdrucks wiederholt ausführen.

10.2.1   Syntax

Die genaue Syntax der while-Anweisung kann Abbildung 10.2 entnommen werden.

Die while-Anweisung ist eine zusammengesetzte Anweisung. Nach dem Schlüsselwort **while** steht in runden Klammern ein boolescher Ausdruck, die sogenannte *Schleifenbedingung*. Anschließend folgt die Anweisung, die evtl. wiederholt ausgeführt werden

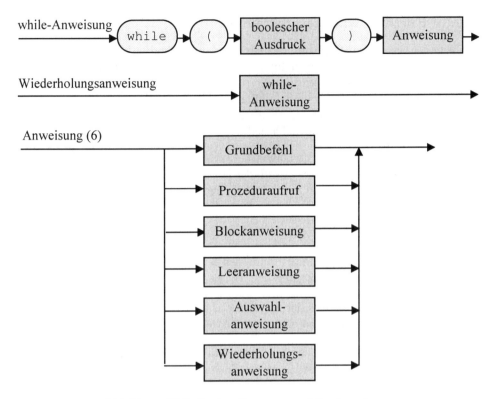

Abbildung 10.2: Syntaxdiagramm: while-Anweisung

soll. Sie wird auch *Iterationsanweisung* genannt. Hierbei handelt es sich im allgemeinen um eine Blockanweisung.

In Abbildung 10.2 wird das Syntaxdiagramm „Anweisung" aus Abbildung 9.7 erweitert.

10.2.2 Semantik

Bei der Ausführung einer while-Anweisung wird zunächst überprüft, ob die Schleifenbedingung erfüllt ist, d.h. ob der boolesche Ausdruck den Wert **true** liefert. Falls dies nicht der Fall ist, ist die while-Anweisung unmittelbar beendet. Falls die Bedingung erfüllt ist, wird die Iterationsanweisung einmal ausgeführt. Anschließend wird die Schleifenbedingung erneut ausgewertet. Falls sie immer noch erfüllt ist, wird die Iterationsanweisung ein weiteres Mal ausgeführt. Dieser Prozeß (Überprüfung der Schleifenbedingung und falls diese erfüllt ist, Ausführung der Iterationsanweisung) wiederholt sich solange, bis (hoffentlich) irgendwann einmal die Bedingung nicht mehr erfüllt ist.

10.2.3 Korrekte Hamsterprogramme

Im folgenden werden zu Hamsteraufgaben die Hamsterlandschaften nicht mehr explizit angegeben, sondern nur noch durch ihre charakteristischen Merkmale beschrieben. Hamsterprogramme müssen für alle (!) Landschaften korrekt arbeiten, die die Merkmale bei Start des Programms erfüllen. Arbeitet ein Hamsterprogramm auch nur für eine gegebene Landschaft, die die Merkmale erfüllt, nicht korrekt, gilt das Hamsterprogramm insgesamt als fehlerhaft.

Gegeben eine Hamsteraufgabe und eine Charakterisierung einer Hamsterlandschaft. Ein Hamsterprogramm ist korrekt (bzgl. der Hamsteraufgabe und der Landschaftscharakterisierung), wenn es alle folgenden Bedingungen erfüllt:

- Es muß syntaktisch korrekt sein.

- Es muß die Aufgabenstellung für alle sich aus der Landschaftcharakterisierung ergebenden möglichen Ausgangssituationen korrekt und vollständig lösen.

- Es darf für keine sich aus der Landschaftcharakterisierung ergebenden möglichen Ausgangssituation zu einem Laufzeitfehler führen.

- Es muß nach endlicher Zeit für alle sich aus der Landschaftcharakterisierung ergebenden möglichen Ausgangssituationen enden, es sei denn, eine Nicht-Terminierung des Programms wird in der Aufgabenstellung explizit erlaubt.

10.2.4 Beispiele

Es folgen einige Beispiele, die den Einsatz und die Auswirkungen von while-Anweisungen verdeutlichen.

10.2.4.1 Beispiel 1

Das Hamsterprogramm für das oben skizzierte Problem, daß der Hamster irgendwo in einer Landschaft steht und bis zur nächsten Mauer laufen soll, sieht folgendermaßen aus:

```
void main()
{
  while (vornFrei())
  {
    vor();
  }
}
```

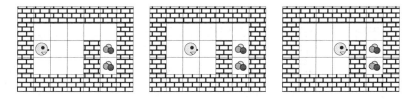

Abbildung 10.3: Ausführung von Beispiel 1

Überprüfen wir einmal, ob das Programm für die Landschaft in Abbildung 10.1 (links) korrekt arbeitet (siehe auch Abbildung 10.3 (links)).

Zunächst wird der Testbefehl vornFrei() ausgewertet. Er liefert den Wert true. Also ist die Schleifenbedingung erfüllt. D.h. als nächstes wird die Iterationsanweisung ausgeführt. Dieses ist eine Blockanweisung, die als einzige Anweisung den Befehl vor(); enthält. Der Hamster hüpft eine Kachel nach vorne (siehe Abbildung 10.3 (Mitte)). Nach der Abarbeitung der Iterationsanweisung wird erneut die Schleifenbedingung überprüft. Der Testbefehl vornFrei() liefert auch dieses Mal den Wert true, so daß der vor();-Befehl ein zweites Mal ausgeführt wird und sich die Situation gemäß Abbildung 10.3 (rechts) ergibt. Wiederum wird nun die Schleifenbedingung überprüft. Inzwischen steht der Hamster jedoch vor einer Mauer, so daß der Testbefehl vornFrei() diesmal den Wert false liefert. Damit ist die while-Anweisung und – weil dies die einzige Anweisung des Hamsterprogrammes war – auch das gesamte Hamsterprogramm beendet.

Auf dieselbe Art und Weise läßt sich verifizieren, daß das Programm auch für die Landschaft in Abbildung 10.1 (rechts) korrekt arbeitet. Kontrollieren Sie dies bitte selbst.

10.2.4.2   Beispiel 2

Hamsteraufgabe   Der Hamster befindet sich auf einer beliebigen Kachel in einem rechteckigen durch Mauern abgeschlossenen ansonsten aber mauerlosen Hamster-Territorium unbekannter (aber endlicher) Größe. Er bekommt die Aufgabe in irgendeine Ecke zu laufen und dort anzuhalten. Abbildung 10.4 enthält einige Beispiellandschaften für den skizzierten Landschaftstyp.

Lösungsidee   Der Hamster läuft bis zur nächsten Wand in Blickrichtung vor ihm, dreht sich um 90 Grad nach links und läuft erneut bis zur nächsten Wand in Blickrichtung vor ihm. Das ist zwar nicht der schnellste Weg, aber das ist ja auch in der Aufgabe nicht verlangt.

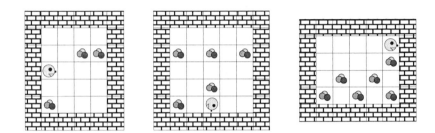

Abbildung 10.4: Typische Hamsterlandschaften zu Beispiel 2

Programm

```
void main()
{
  // laufe bis zur naechsten Wand
  while (vornFrei())
  {
    vor();
  }

  // drehe dich um 90 Grad nach links
  linksUm();

  // laufe erneut bis zur naechsten Wand
  while (vornFrei())
  {
    vor();
  }
}
```

Test   Testen wir das Programm einmal für die Landschaft in Abbildung 10.4 (links) (siehe auch Abbildung 10.5 (a)). Die Schleifenbedingung der ersten while-Anweisung wird insgesamt viermal überprüft. Die ersten drei Male liefert sie den Wert true, d.h. der vor();-Befehl innerhalb der Iterationsanweisung wird dreimal ausgeführt. Bei der vierten Überprüfung steht der Hamster inzwischen vor der Mauer (siehe Abbildung 10.5 (b)), so daß der Testbefehl vornFrei() nun den Wert false liefert. Damit ist die erste while-Anweisung des Hamsterprogramms beendet. Als nächste Anweisung folgt nun der linksUm();-Befehl. Nach seiner Ausführung ergibt sich die Situation in Abbildung 10.5 (c). Nun folgt eine zweite while-Anweisung. Die Schleifenbedingung dieser while-Anweisung wird nun wiederholt ausgewertet, zweimal liefert sie den Wert true, so daß der Hamster zweimal den Befehl vor(); ausführt.

Dann steht er vor einer Mauer, genauer gesagt in einer Ecke (siehe Abbildung 10.5 (d)), die Schleifenbedingung ist nicht mehr erfüllt. Damit ist die while-Anweisung und – weil dies die letzte Anweisung des Hauptprogrammes war – auch das gesamte Programm beendet, und zwar korrekt: Der Hamster steht in einer Ecke.

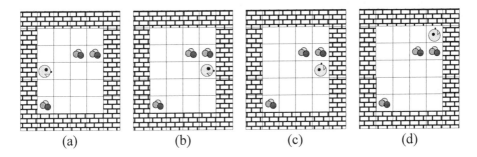

Abbildung 10.5: Test von Beispiel 2

Überprüfen Sie bitte selbständig, daß das Programm auch für die anderen vorgegebenen Landschaften aus Abbildung 10.4 korrekt arbeitet. Insbesondere ist die Abbildung rechts interessant. Hier befindet sich der Hamster bereits zu Anfang in einer Ecke.

Verbesserung Sie haben sicher schon festgestellt, daß die beiden while-Anweisungen des Programmes identisch sind. Aus Gründen der Übersichtlichkeit bietet es sich also an, eine Prozedur `laufeBisZurNaechstenWand` zu definieren und diese zweimal aufzurufen. Damit sieht das Programm dann folgendermaßen aus:

```
void main()
{
  laufeBisZurNaechstenWand();
  linksUm();
  laufeBisZurNaechstenWand();
}

void laufeBisZurNaechstenWand()
{
  while (vornFrei())
  {
    vor();
  }
}
```

10.2.4.3 Beispiel 3

Hamsteraufgabe Der Hamster befindet sich wie in Beispiel 2 irgendwo in einem
rechteckigen durch Mauern abgeschlossenen sonst aber mauerlosen Raum unbekannt-
ter (aber endlicher) Größe. Auf den einzelnen Kacheln kann jeweils eine beliebig
große aber endliche Anzahl an Körnern liegen. Der Hamster soll in eine Ecke laufen
und dann anhalten. Dabei soll er alle Körner einsammeln, die er auf seinem Weg
findet. Abbildung 10.4 enthält einige Beispiele für den skizzierten Landschaftstyp.

Programm

```
void main()
{
  sammle();
  laufeBisZurNaechstenWandUndSammle();
  linksUm();
  laufeBisZurNaechstenWandUndSammle();
}

void sammle()
{
  while (kornDa())
  {
    nimm();
  }
}

void laufeBisZurNaechstenWandUndSammle()
{
  while (vornFrei())
  {
    vor();
    sammle();
  }
}
```

Erläuterung Das Programm entspricht zum großen Teil dem Lösungsprogramm
aus Beispiel 2. Es wird jedoch durch die Prozedur `sammle` erweitert. Wird diese ausgeführt, dann sammelt der Hamster alle Körner ein, die auf der Kachel liegen, auf
der er sich gerade befindet. Die Prozedur arbeitet dabei unabhängig von der konkreten Anzahl an Körnern auf einer Kachel korrekt. Nehmen wir an, auf einer Kachel
liegen sieben Körner. Dann ist die Schleifenbedingung `kornDa()` siebenmal erfüllt,
d.h. es wird insgesamt siebenmal der Befehl `nimm();` ausgeführt. Nach dem siebten

Schleifendurchlauf hat der Hamster jedoch alle Körner der Kachel aufgenommen, so daß die Schleifenbedingung bei ihrer achten Überprüfung nicht mehr erfüllt und damit die while-Anweisung beendet ist. Bei einer Anzahl von 20 Körnern auf einer Kachel wird die Iterationsanweisung genau zwanzig Mal ausgeführt; allgemein bei n Körnern genau n-mal. Beachten Sie, daß die Prozedur `sammle` auch dann korrekt arbeitet, wenn auf einer Kachel kein Korn liegt. Dann ist die Schleifenbedingung bereits bei der ersten Überprüfung nicht erfüllt und der `nimm();`-Befehl wird kein einziges Mal ausgeführt.

Die Prozedur `sammle` wird in der Iterationsanweisung der Prozedur `laufeBisZur-NaechstenWandUndSammle` aufgerufen. Diese Prozedur bewirkt, daß jedes Mal, wenn der Hamster auf eine neue Kachel springen kann, er dies auch tut und diese anschließend „abgrast". Die Iterationsanweisung der diesbezüglichen while-Anweisung innerhalb der Prozedur besteht daher aus einer Blockanweisung mit der Anweisungssequenz `vor();` und `sammle();`.

Achtung Achten Sie darauf, daß die Prozedur `sammle` ganz zu Anfang des Programms einmal aufgerufen wird. Ohne diese Anweisung wäre das Programm nicht korrekt! Es würde nur bei solchen Landschaften korrekt arbeiten, bei denen sich auf der Ausgangskachel des Hamsters keine Körner befinden. Bei den anderen Landschaften würde der Hamster die Körner auf seiner Ausgangskachel liegenlassen und damit nicht die komplette Aufgabenstellung erfüllen.

10.2.5 Anmerkungen

Es folgen einige Anmerkungen, die Sie beim Einsatz von while-Anweisungen beachten sollten.

10.2.5.1 Übersichtlichkeit

Um eine bessere Übersichtlichkeit ihres Programmes zu erzielen und potentielle Fehlerquellen zu vermeiden, berücksichtigen Sie bitte bei der while-Anweisung dasselbe, was bereits bei der if-Anweisung in Kapitel 9.5.4 erläutert wurde. Benutzen Sie möglichst als Iterationsanweisung die Blockanweisung. Plazieren Sie dabei die öffnende und schließende Klammer der Blockanweisung untereinander und rücken Sie die inneren Anweisungen der Blockanweisung um zwei Spalten nach rechts ein, wie in folgendem Beispiel, in dem der Hamster bis zur nächsten Mauer läuft und dabei solange möglich eine Körnerspur legt:

```
void main()
{
  while (vornFrei())
  {
    vor();
```

```
  if (!maulLeer())
  {
    gib();
  }
 }
}
```

10.2.5.2 Geschachtelte Schleifen

Die Iterationsanweisung einer while-Anweisung kann selbst wieder eine while-Anweisung sein oder eine while-Anweisung enthalten. Im folgenden Programm sammelt
der Hamster alle Körner ein, die er auf seinem Weg bis zur nächsten Wand in Blickrichtung vor ihm findet (ausgenommen die Körner auf der letzten Kachel vor der
Mauer):

```
void main()
{
  while (vornFrei())
  {
    while (kornDa())
    {
      nimm();
    }
    vor();
  }
}
```

Derartige Konstruktionen nennt man *geschachtelte Schleifen*. Da sie gerade für Programmieranfänger leicht unübersichtlich werden, sollten Sie anfangs zunächst auf
die Verwendung von Prozeduren zurückgreifen:

```
void main()
{
  while (vornFrei())
  {
    sammle();
    vor();
  }
}

void sammle()
{
```

```
while (kornDa())
{
  nimm();
}
}
```

10.2.5.3 Endlosschleifen

Schauen Sie sich das folgende Hamsterprogramm an, und stellen Sie sich vor, es würde bzgl. der in Abbildung 10.6 skizzierten Hamsterlandschaft gestartet:

```
void main()
{
  while (vornFrei())
  {
    linksUm();
  }
}
```

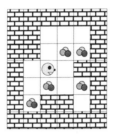

Abbildung 10.6: Endlosschleifen

Die Ausführung des Programms wird niemals enden. Da sich um den Hamster herum keine Mauern befinden und der Hamster bei der Ausführung der Iterationsanweisung die Kachel nie verläßt, wird die Schleifenbedingung immer den Wert **true** liefern.

Eine while-Anweisung, deren Schleifenbedingung immer den Wert **true** liefert, wird *Endlosschleife* genannt. Da eine Endlosschleife niemals endet, endet auch niemals das Programm, in dem die Schleife aufgerufen wird. Derartige Endlosprogramme sind im allgemeinen fehlerhaft, es sei denn, in der Aufgabenstellung wird dies explizit erlaubt. Endlosschleifen treten häufig aus dem Grund auf, daß bestimmte Anweisungen innerhalb der Iterationsanweisung vergessen werden. Überprüfen Sie deshalb Ihre Programme, ob Situationen möglich sind, die zu einer Endlosschleife führen können. Ergreifen Sie Maßnahmen, die diesen Fehlerfall beseitigen.

Im obigen Beispiel werden Sie relativ schnell merken, daß sich das Programm in einer Endlosschleife befindet; der Hamster dreht sich nämlich fortwährend im Kreis.

Das muß aber nicht immer der Fall sein. Im folgenden Programm hat der Programmierer innerhalb der Iterationsanweisung der while-Schleife der main-Prozedur den Befehl vor(); vergessen. Befindet sich der Hamster anfangs nicht vor einer Mauer, sammelt er zunächst alle Körner ein. Danach werden jeweils abwechselnd die beiden Schleifenbedingungen überprüft, ohne das der Hamster irgendwas für Sie Sichtbares tut; vornFrei() liefert immer den Wert true, bedingt also die Endlosschleife, und kornDa() liefert immer den Wert false, da der Hamster ja bereits anfangs alle Körner gefressen hat.

```
void main()
{
  while (vornFrei())
  {
    // sammle
    while (kornDa())
    {
      nimm();
    }
  }
}
```

10.3   do-Anweisung

Bei Ausführung der while-Anweisung kann es vorkommen, daß die Iterationsanweisung kein einziges Mal ausgeführt wird; nämlich genau dann, wenn die Schleifenbedingung direkt beim ersten Test nicht erfüllt ist. Für solche Fälle, bei denen die Iterationsanweisung auf jeden Fall mindestens einmal ausgeführt werden soll, existiert die do-Anweisung – auch *do-Schleife* genannt.

10.3.1   Syntax

Dem Schlüsselwort do, von dem die Anweisung seinen Namen hat, folgt die Iterationsanweisung. Hinter der Iterationsanweisung muß das Schlüsselwort while stehen. Anschließend folgt in runden Klammern ein boolescher Ausdruck – die Schleifenbedingung. Abgeschlossen wird die do-Anweisung durch ein Semikolon. Abbildung 10.7 enthält das Syntaxdiagramm für die do-Anweisung. Die do-Anweisung ist wie die while-Anweisung eine Wiederholungsanweisung. Das Syntaxdiagramm „Wiederholungsanweisung" aus Abbildung 10.2 wird daher in Abbildung 10.7 erweitert.

10.3.2   Semantik

Bei der Ausführung einer do-Anweisung wird zunächst einmal die Iterationsanweisung ausgeführt. Anschließend wird die Schleifenbedingung überprüft. Ist sie nicht

do - Anweisung

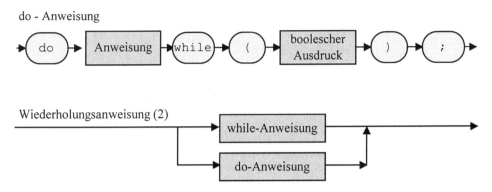

Abbildung 10.7: Syntaxdiagramm: do-Anweisung

erfüllt, d.h. liefert der boolesche Ausdruck den Wert `false`, dann endet die do-Anweisung. Ist die Bedingung erfüllt, wird die Iterationsanweisung ein zweites Mal ausgeführt und danach erneut die Schleifenbedingung ausgewertet. Dieser Prozeß wiederholt sich solange, bis irgendwann einmal die Schleifenbedingung nicht mehr erfüllt ist.

Wie Sie sehen, besteht der einzige Unterschied zwischen der do- und der while-Anweisung darin, daß bei der do-Anweisung die Iterationsanweisung mindestens einmal ausgeführt wird, was bei der while-Anweisung nicht unbedingt der Fall sein muß. In der Tat läßt sich jede do-Anweisung leicht durch eine while-Anweisung ersetzen. Sei `anw` Platzhalter für eine beliebige Anweisung und sei `bA` Platzhalter für einen beliebigen booleschen Ausdruck, dann sind die beiden folgenden Programmfragmente semantisch äquivalent, d.h. ihre Ausführungen haben dieselben Auswirkungen auf den Zustand eines Programmes:

```
// Programmfragment 1
do
{
   anw
} while (bA);
```

```
// Programmfragment 2
anw
while (bA)
{
   anw
}
```

10.3.3 Beispiele

Es folgen einige Beispiele, die den Einsatz und die Auswirkungen von do-Anweisungen verdeutlichen.

10.3.3.1 Beispiel 1

Der Hamster habe eine bestimmte Anzahl (>0) an Körnern im Maul, die er alle ablegen soll:

```
void main()
{
  do
  {
    gib();
  } while (!maulLeer());
}
```

Da in der Aufgabenstellung vorgegeben wurde, daß die Anzahl an Körnern im Maul größer als Null ist, kann zur Lösung eine do-Anweisung verwendet werden. Der Hamster legt also zunächst ein Korn ab, bevor er die Schleifenbedingung ein erstes Mal testet.

10.3.3.2   Beispiel 2

Hamsteraufgabe   Der Hamster befindet sich wie in Abbildung 10.8 dargestellt (die Abbildung skizziert zwei mögliche Landschaften) mit Blickrichtung Ost in der linken unteren Ecke eines rechteckigen durch Mauern abgeschlossenen sonst aber mauerlosen Raumes unbekannter Größe. Auf jeder Kachel innerhalb der Mauern befindet sich mindestens ein Korn. Der Hamster soll entlang der Mauern laufen und dabei alle Körner einsammeln. Alle Körner, die er im Maul hat, soll er anschließend in der linken unteren Ecke ablegen.

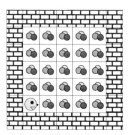

Abbildung 10.8: Typische Hamsterlandschaften zu Beispiel 2

Hamsterprogramm

```
void main()
{
  sammle();
  laufeInDieNaechsteEckeUndSammle();
  linksUm();
  laufeInDieNaechsteEckeUndSammle();
  linksUm();
```

```
    laufeInDieNaechsteEckeUndSammle();
    linksUm();
    laufeInDieNaechsteEckeUndSammle();
    legAb();
}

void laufeInDieNaechsteEckeUndSammle()
{
  while (vornFrei())
  {
    vor();
    sammle();
  }
}

void sammle()
{
  do
  {
    nimm();
  } while (kornDa());
}

void legAb()
{
  do
  {
    gib();
  } while (!maulLeer());
}
```

Erläuterung Innerhalb der Prozedur `sammle` kann eine do-Anweisung benutzt werden, da laut Aufgabenstellung auf jeder Kachel mindestens ein Korn liegt und die Prozedur nur nach einem `vor();`-Befehl aufgerufen wird, d.h. der Hamster sich also bei Aufruf der Prozedur auf jeden Fall auf einer noch nicht „abgerasten" Kachel befindet. Dasselbe trifft auch für die Prozedur `legAb()` zu; denn da der Hamster mindestens einmal „sammelt", hat er auf jeden Fall Körner im Maul, bevor die Prozedur aufgerufen wird. Für die Prozedur `laufeInDieNaechsteEckeUndSammle` ist die Verwendung einer do-Anweisung jedoch nicht möglich. Hier muß eine while-Anweisung benutzt werden, da die Landschaft durchaus auch aus nur einer freien Kachel bestehen kann (siehe Abbildung 10.8 (rechts)). Bei Verwendung einer do-Anweisung anstelle der while-Anweisung würde die Programmausführung bzgl. der Landschaft aus Abbildung 10.8 (rechts) zu einem Laufzeitfehler führen, was gemäß

Abschnitt 10.2.3 bedeutet, daß das Programm nicht korrekt ist.

10.4   Beispielprogramme

In diesem Abschnitt werden einige Beispiele für Hamsterprogramme gegeben, die
Ihnen den Einsatz von Wiederholungsanweisungen demonstrieren sollen. Es werden
jeweils eine oder mehrere Musterlösungen vorgestellt. Schauen Sie sich die Beispiele
genau an, und versuchen Sie, die Lösungen nachzuvollziehen.

10.4.1   Beispielprogramm 1

Aufgabe:

In einem rechteckigen geschlossenen Raum unbekannter Größe ohne innere Mauern sind wahllos eine unbekannte Anzahl an Körnern verstreut (siehe Beispiele in
Abbildung 10.9). Der Hamster, der sich zu Anfang in der linken unteren Ecke des
Hamster-Territoriums mit Blickrichtung Ost befindet, soll alle Körner aufsammeln
und dann stehenbleiben.

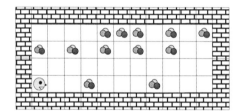 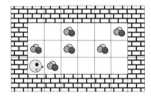

Abbildung 10.9: Typische Hamsterlandschaften zu Beispielprogramm 1

Lösung:

```
void main()
{
  ernteEineReiheUndLaufeZurueck();
  rechtsUm();
  while (vornFrei())
  {
    vor();
    rechtsUm();
    ernteEineReiheUndLaufeZurueck();
    rechtsUm();
  }
}

void ernteEineReiheUndLaufeZurueck()
```

```
{
  ernteEineReihe();
  kehrt();
  laufeZurueck();
}

void ernteEineReihe()
{
  sammle();
  while (vornFrei())
  {
    vor();
    sammle();
  }
}

void laufeZurueck()
{
  while (vornFrei())
  {
    vor();
  }
}

void sammle()
{
  while (kornDa())
  {
    nimm();
  }
}

void rechtsUm() { kehrt(); linksUm(); }

void kehrt() { linksUm(); linksUm(); }
```

10.4.2 Beispielprogramm 2

Aufgabe:

Der Hamster steht irgendwo in einem rechteckigen geschlossenen Raum unbekannter Größe ohne innere Mauern. Auf keinem der Felder liegt ein Korn. Der Raum habe eine Mindestgröße von 4x4 Kacheln (siehe Beispiele in Abbildung 10.10). Der Hamster, der mindestens 4 Körner im Maul hat, soll in allen vier Ecken des Feldes je ein Korn ablegen.

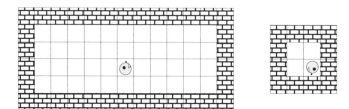

Abbildung 10.10: Typische Hamsterlandschaften zu Beispielprogramm 2

Lösung:

```
void main()
{
    begibDichInEineEcke();

    // der Hamster kann leider (noch) nicht zaehlen; er
    // fuehrt deshalb viermal dieselbe Anweisungssequenz aus
    gib(); laufeInDieNaechsteEcke(); linksUm();
    gib(); laufeInDieNaechsteEcke(); linksUm();
    gib(); laufeInDieNaechsteEcke(); linksUm();
    gib();
}

void begibDichInEineEcke()
{
    laufeZurNaechstenWand(); linksUm();
    laufeZurNaechstenWand(); linksUm();
}

void laufeZurNaechstenWand()
{
    while (vornFrei())
    {
        vor();
    }
}

void laufeInDieNaechsteEcke() { laufeZurNaechstenWand(); }
```

10.4.3 Beispielprogramm 3

Aufgabe:

Der Hamster steht – wie in den Beispielen in Abbildung 10.11 skizziert – vor einem regelmäßigen Berg unbekannter Höhe. Er soll den Gipfel erklimmen und dann stehenbleiben.

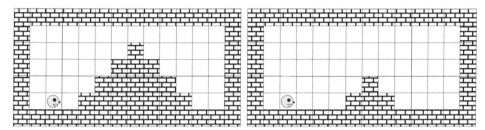

Abbildung 10.11: Typische Hamsterlandschaften zu Beispielprogramm 3

Lösung:

```
void main()
{
  laufeZumBerg();
  erklimmeGipfel();
}

void laufeZumBerg()
{
  while (vornFrei())
  {
    vor();
  }
}

void erklimmeGipfel()
{
  do
  {
    erklimmeEineStufe();
  } while (!vornFrei());
}

void erklimmeEineStufe()
{
  linksUm(); vor();
```

```
   rechtsUm(); vor();
}

void rechtsUm() { kehrt(); linksUm(); }

void kehrt() { linksUm(); linksUm(); }
```

10.5 Übungsaufgaben

Nun sind wieder Sie gefordert; denn in diesem Abschnitt werden Ihnen einige Hamsteraufgaben gestellt, die sie selbständig zu lösen haben. Achten Sie darauf, daß bei
den Aufgaben in diesem Kapitel keine Landschaften mehr fest vorgegeben sind wie
in den vergangenen Kapiteln, sondern daß nur noch spezifische Merkmale von möglichen Ausgangslandschaften angegeben werden. Ihre Hamsterprogramme müssen für
alle Landschaften korrekt arbeiten, die dieser Charakterisierung entsprechen.

Denken Sie sich darüber hinaus selbst weitere Hamsteraufgaben aus, und versuchen
Sie, diese zu lösen. Viel Spaß!

10.5.1   Aufgabe 1

Im Unterschied zu Beispielprogramm 1 aus Abschnitt 10.4.1 soll der Hamster bei
dieser Aufgabe keine Körner einsammeln sondern ablegen. Seine genaue Aufgabe
lautet: Der Hamster steht irgendwo in einem abgeschlossenen ansonsten aber mauerlosen rechteckigen Raum unbekannter Größe. Alle Kacheln sind körnerlos. Der
Hamster hat mindestens so viele Körner im Maul, wie es Kacheln auf dem Feld gibt.
Der Hamster soll auf allen Kacheln des Territoriums genau ein Korn ablegen und
schließlich stehenbleiben. Entwickeln Sie zwei verschiedene Hamsterprogramme, die
diese Aufgabe lösen. Abbildung 10.12 skizziert zwei typische Ausgangssituationen
für diese Aufgabe.

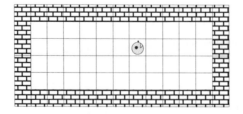

Abbildung 10.12: Typische Hamsterlandschaften zu Aufgabe 1

10.5.2 Aufgabe 2

Die Aufgabe, die der Hamster in Beispielprogramm 2 aus Abschnitt 10.4.2 bearbeiten sollte, lautete: Der Hamster steht irgendwo in einem rechteckigen geschlossenen Raum unbekannter Größe ohne innere Mauern. Auf keinem der Felder liegt ein Korn. Der Raum habe eine Mindestgröße von 4x4 Kacheln Der Hamster, der mindestens 4 Körner im Maul hat, soll in allen vier Ecken des Feldes je ein Korn ablegen.

Ändern Sie Beispielprogramm 2 so ab, daß die Einschränkung des Hamster-Territoriums auf eine Mindestgröße von 4x4 Kacheln entfallen kann, d.h. das Programm soll auch dann korrekt arbeiten, wenn der Hamster anfangs auf dem einzig freien Feld des Territoriums steht oder wenn es lediglich eine einzige freie Reihe gibt (siehe Beispiele in Abbildung 10.13).

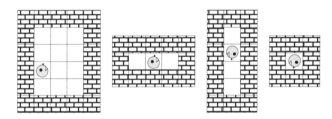

Abbildung 10.13: Typische Hamsterlandschaften zu Aufgabe 2

10.5.3 Aufgabe 3

Der Hamster steht – wie schon in Beispielprogramm 3 aus Abschnitt 10.4.3 – vor einem regelmäßigen Berg unbekannter Höhe. Es liegen keine Körner im Territorium. Der Hamster, der anfangs 1 Korn im Maul hat, soll den Gipfel erklimmen, sich umdrehen, wieder hinabsteigen und an seiner Ausgangsposition stehenbleiben. Abbildung 10.14 skizziert zwei typische Ausgangssituationen für diese Aufgabe.

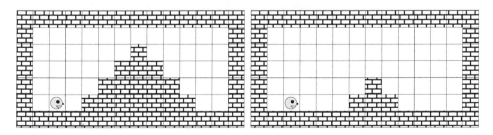

Abbildung 10.14: Typische Hamsterlandschaften zu Aufgabe 3

10.5.4 Aufgabe 4

Im Unterschied zu Aufgabe 3 steht der Hamster in dieser Aufgabe nicht vor einem
Berg, sondern vor einer regelmäßigen Mulde unbekannter Tiefe (siehe bspw. die
typischen Ausgangslandschaften in Abbildung 10.15). Es liegen keine Körner im
Territorium. Der Hamster, der anfangs genau ein Korn im Maul hat, soll bis zur
tiefsten Stelle der Mulde hinabsteigen, sich umdrehen, wieder hinaufsteigen und an
seiner Ausgangsposition stehenbleiben.

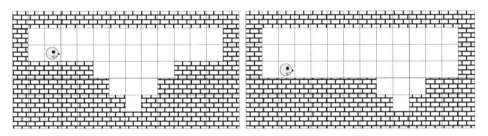

Abbildung 10.15: Typische Hamsterlandschaften zu Aufgabe 4

10.5.5 Aufgabe 5

Der Hamster steht mit Blickrichtung Ost in der linken unteren Ecke eines beliebig großen Territoriums ohne innere Mauern. Im Territorium befindet sich genau
ein Korn. Abbildung 10.16 (links) enthält eine typische Ausgangssituation für diese
Aufgabe. Der Hamster soll das Korn finden, es fressen, auf dem schnellsten Wege
wieder zum Ausgangspunkt zurückkehren und das Korn dort ablegen. Der Hamster
soll dabei so vorgehen, wie in Abbildung 10.16 (rechts) skizziert.

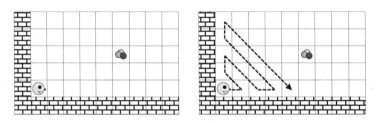

Abbildung 10.16: Typische Hamsterlandschaft zu Aufgabe 5

10.5.6 Aufgabe 6

Der Hamster befindet sich in der unteren Ecke eines gleichmäßigen rautenförmigen
Territoriums beliebiger Größe (siehe bspw. die typischen Ausgangslandschaften in
Abbildung 10.17). Er schaut gen Norden. Das Territorium ist durch Mauern abge-
schlossen; ansonsten existieren jedoch keine Mauern. In dem Territorium befindet

sich genau ein Korn. Der Hamster soll sich auf die Suche nach dem Korn machen und es schließlich fressen.

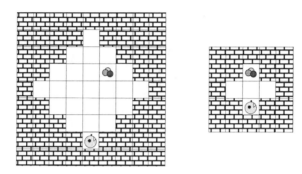

Abbildung 10.17: Typische Hamsterlandschaften zu Aufgabe 6

Kapitel 11

Boolesche Funktionen

Boolesche Funktionen, die in diesem Kapitel vorgestellt werden, sind dazu geeignet, neue Testbefehle zu definieren. Abschnitt 1 motiviert zunächst die Einführung boolescher Funktionen. In Abschnitt 2 wird danach die boolesche return-Anweisung erläutert, die für die Definition boolescher Funktionen (Abschnitt 3) notwendig ist. In Abschnitt 4 werden Sie kennenlernen, wie boolesche Funktionen aufgerufen werden und an welchen Stellen eines Programms sie verwendet werden dürfen. Das Problem der Seiteneffekte von booleschen Funktionen wird in Abschnitt 5 diskutiert. Anschließend folgen in Abschnitt 6 einige Beispielprogramme, an denen die Definition und Verwendung von booleschen Funktionen verdeutlicht werden, und in Abschnitt 7 werden einige Übungsaufgaben gestellt, durch deren Bearbeitung Sie den Umgang mit booleschen Funktionen einüben können.

11.1 Motivation

Der Hamster hat einen sehr begrenzten Grundvorrat an Befehlen (`gib()`;, `nimm()`;, `vor()`;, `linksUm()`;) und Testbefehlen (`vornFrei()`, `maulLeer()`, `kornDa()`). In Kapitel 8 haben Sie gelernt, wie mittels der Definition von Prozeduren dem Hamster weitere Befehle beigebracht werden können. In diesem Kapitel werden Sie einen Mechanismus kennenlernen, den Vorrat an Testbefehlen zu erweitern. Dazu werden sogenannte *boolesche Funktionen* oder *Testfunktionen* eingeführt.

Stellen Sie sich vor, Sie möchten einen neuen Testbefehl `mauerDa()` definieren, der genau dann den Wert `true` liefert, wenn sich direkt in Blickrichtung vor dem Hamster eine Mauer befindet. Im Prinzip entspricht dies dem booleschen Ausdruck `!vornFrei()`, denn dieser liefert ja das gewünschte Ergebnis. Prozeduren können Ihnen hier nicht weiterhelfen, denn diese können ja keinen Wert liefern. Was Sie benötigen ist ein Sprachkonstrukt, über das Sie einen neuen Namen `mauerDa` für den neuen Testbefehl einführen und das immer dann, wenn Sie den Testbefehl `mauerDa()` aufrufen, den Wert des booleschen Ausdrucks `!vornFrei()` liefert.

Etwas komplizierter ist die folgende Situation: der Hamster soll ermitteln, ob sich links von ihm eine Mauer befindet oder nicht. Es soll also ein neuer Testbefehl `linksFrei()` eingeführt werden. Ein solcher Testbefehl könnte dadurch realisiert werden, daß sich der Hamster zunächst nach links umdreht. Anschließend kann er mit Hilfe des Testbefehls `vornFrei()` überprüfen, ob die Kachel vor ihm frei ist. Falls der Aufruf des Testbefehls `vornFrei()` den Wert `true` liefert, muß auch der

Testbefehl `linksFrei()` den Wert `true` liefern, für den `false`-Fall gilt entsprechendes. Zu beachten ist jedoch, daß sich der Hamster in beiden Fällen noch wieder nach rechts umdrehen muß, um in seine Ausgangsposition zurück zu gelangen.

Beide Beispiele lassen sich mit Hilfe sogenannter *boolescher Funktionen* realisieren. Bevor wir deren Syntax und Semantik kennenlernen, wird zunächst die *boolesche return-Anweisung* eingeführt.

11.2   Boolesche return-Anweisung

Boolesche return-Anweisungen werden in booleschen Funktionen zum Liefern eines booleschen Wertes benötigt.

11.2.1   Syntax

Die Syntax der booleschen return-Anweisung ist sehr einfach: Dem Schlüsselwort `return` folgt ein boolescher Ausdruck und ein abschließendes Semikolon. Die genaue Syntax wird in Abbildung 11.1 skizziert.

Boolesche return-Anweisungen sind spezielle Anweisungen, die allerdings ausschließlich im Funktionsrumpf boolescher Funktionen (siehe Abschnitt 11.3) verwendet werden dürfen. In Abbildung 11.1 wird daher das Syntaxdiagramm „Anweisung" aus Abbildung 10.2 erweitert.

11.2.2   Semantik

Die Ausführung einer booleschen return-Anweisung während der Ausführung einer booleschen Funktion führt zur unmittelbaren Beendigung der Funktionsausführung. Dabei wird der Wert des booleschen Ausdrucks als sogenannter *Funktionswert* zurückgegeben.

11.2.3   Beispiele

Im folgenden werden einige Beispiele für syntaktisch korrekte boolesche return-Anweisungen gegeben:

- `return true;`

- `return vornFrei();`

- `return maulLeer || vornFrei();`

- `return (kornDa() && !vornFrei());`

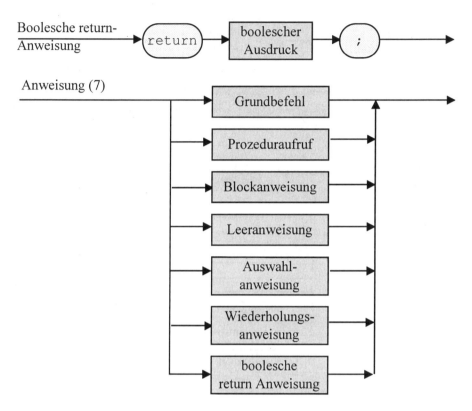

Abbildung 11.1: Syntaxdiagramm: Boolesche return-Anweisung

11.3 Definition boolescher Funktionen

Genauso wie Prozeduren müssen auch boolesche Funktionen definiert werden, um sie in anderen Teilen des Programmes aufrufen zu können.

11.3.1 Syntax

Die Syntax der Definition einer booleschen Funktion unterscheidet sich nur geringfügig von der Definition einer Prozedur (siehe auch Abbildung 11.2). Statt Prozedurkopf, -name und -rumpf spricht man hier von Funktionskopf, -name und -rumpf.

Anstelle des Schlüsselwortes `void` bei der Definition einer Prozedur muß bei der Definition einer booleschen Funktion das Schlüsselwort `boolean` am Anfang des Funktionskopfs stehen. Außerdem können im Funktionsrumpf boolesche return-Anweisungen verwendet werden.

Ganz wichtig bei der Definition boolescher Funktionen ist jedoch folgende Zusatzbedingung, die sich mit Hilfe von Syntaxdiagrammen nicht ausdrücken läßt und

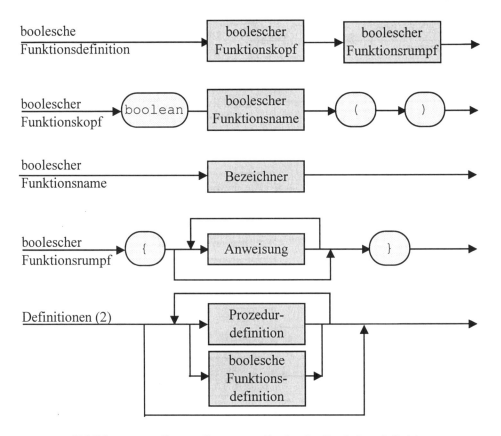

Abbildung 11.2: Syntaxdiagramm: Boolesche Funktionsdefinition

deshalb verbal ergänzt wird: In jedem möglichen Weg durch die Funktion bei ihrer Ausführung muß eine boolesche return-Anweisung auftreten. Der Wert, den der
boolesche Ausdruck einer booleschen return-Anweisung liefert, ist der sogenannte
Funktionswert der booleschen Funktion.

Boolesche Funktionen können überall dort in einem Hamsterprogramm definiert
werden, wo auch Prozeduren definiert werden können. Aus diesem Grund wird in
Abbildung 11.2 wird das Syntaxdiagramm „Definitionen" aus Abbildung 8.4 erweitert.

Halten Sie sich bei der Benennung von booleschen Funktionen möglichst auch an
die Konventionen für die Benennung von Prozeduren, die Sie in Kapitel 8.2.4 kennengelernt haben.

11.3.2 Semantik

Durch die Definition einer booleschen Funktion innerhalb eines Hamsterprogrammes wird ein neuer Testbefehl eingeführt, der über den Namen der Funktion aufgerufen werden kann. Ansonsten hat die Definition einer booleschen Funktion keine direkten Auswirkungen auf die Ausführung eines Programms.

11.3.3 Beispiele

In den folgenden beiden Funktionsdefinitionen werden die im Motivationsabschnitt 11.1 geschilderten Beispiele implementiert. Im Rumpf der Funktion `linksFrei()` wird dabei die ebenfalls definierte Prozedur `rechtsUm` aufgerufen.

```
boolean mauer_da()
{
  return !vornFrei();
}

boolean linksFrei()
{
  linksUm();
  if (vornFrei())
  {
    rechtsUm();
    return true;
  }
  else
  {
    rechtsUm();
    return false;
  }
}

void rechtsUm()
{
  linksUm(); linksUm(); linksUm();
}
```

Die folgende Funktionsdefinition ist dahingegen fehlerhaft, denn bei der Ausführung des else-Teils der if-Anweisung endet die Funktion, ohne daß eine boolesche return-Anweisung ausgeführt worden ist:

```
boolean nichtsGehtMehr()
```

```
{
  if (vornFrei())
  {
    vor();
    return false;
  }
  else
  {
    linksUm();
  }
}
```

Der Compiler entdeckt derartige Fehler und gibt entsprechende Fehlermeldungen aus.

Was der Compiler auch nicht „mag", sind Anweisungen innerhalb von Funktionsrümpfen, die gar nicht erreicht werden können, weil die Funktion auf jeden Fall vorher verlassen wird. Schauen Sie sich folgendes Beispiel an:

```
boolean hintenFrei()
{
  linksUm();
  linksUm();
  if (vornFrei())
  {
    return true;
  }
  else
  {
    return false;
  }
  linksUm();
  linksUm();
}
```

Die Funktion hintenFrei wird in jedem Fall in der if-Anweisung verlassen, da bei ihrer Ausführung sowohl in der true-Blockanweisung als auch in der false-Blockanweisung eine boolesche return-Anweisung erreicht wird. Die beiden anschließenden linksUm();-Befehle können also unmöglich erreicht werden. Auch hier liefert der Compiler eine Fehlermeldung.

Die if-Anweisung im vorangehenden Beispiel ist zwar syntaktisch korrekt aber umständlich formuliert. Häufig sieht man einen derartigen Programmstil bei Programmieranfängern. Es gilt: Sei bA Platzhalter für einen beliebigen booleschen Ausdruck. Dann sind folgende Anweisungen semantisch äquivalent:

```
// Anweisung 1                    // Anweisung 2
if (bA)                           return bA;
{
   return true;
}
else
{
   return false;
}
```

Die zweite Variante ist wegen ihrer Kompaktheit besser verständlich und der ersten Variante vorzuziehen.

11.4 Aufruf boolescher Funktionen

Durch die Definition einer booleschen Funktion wird ein neuer Testbefehl eingeführt. Der Aufruf einer booleschen Funktion wird auch *Funktionsaufruf* genannt.

11.4.1 Syntax

Eine boolesche Funktion darf überall dort aufgerufen werden, wo auch einer der drei vordefinierten Testbefehle aufgerufen werden darf. Der Aufruf einer booleschen Funktion gilt also als ein spezieller boolescher Ausdruck. Der Funktionsaufruf erfolgt syntaktisch durch die Angabe des Funktionsnamens gefolgt von einem runden Klammernpaar. Abbildung 11.3 definiert die genaue Syntax des Aufrufs boolescher Funktionen und erweitert das Syntaxdiagramm „boolescher Ausdruck" aus Abbildung 9.3.

11.4.2 Semantik

Wird bei der Berechnung eines booleschen Ausdrucks eine boolesche Funktion aufgerufen, so wird in deren Funktionsrumpf verzweigt, und es werden die dortigen Anweisungen aufgerufen. Wird dabei eine boolesche return-Anweisung ausgeführt, so wird der Funktionsrumpf unmittelbar verlassen und an die Stelle des Funktionsaufrufes zurückgesprungen. Der von der booleschen return-Anweisung gelieferte Wert (also der Funktionswert) wird dabei zur Berechnung des booleschen Ausdrucks weiterverwendet.

11.4.3 Beispiele

Es folgen einige Beispiele, die die Definition und den Aufruf boolescher Funktionen verdeutlichen.

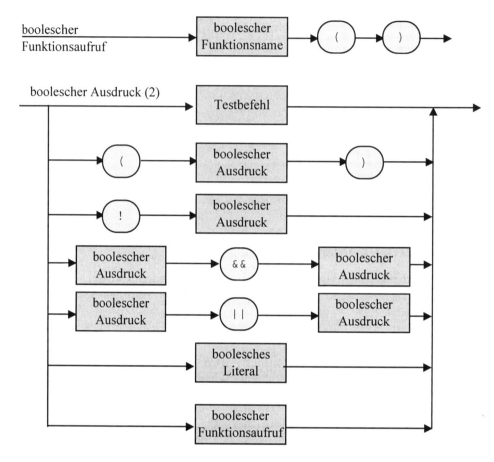

Abbildung 11.3: Syntaxdiagramm: Boolescher Funktionsaufruf

11.4.3.1   Beispiel 1

Schauen Sie sich folgendes Beispielprogramm an:

```
boolean mauerDa()
{
  return !vornFrei();
}

void main()
{
  if (mauerDa())
  {
```

```
        linksUm();
    }
}
```

Die boolesche Funktion `mauerDa` wird bei der Formulierung der Bedingung der if-Anweisung in der main-Prozedur benutzt. Der Hamster stehe wie in Abbildung 11.4 (links) ersichtlich auf der Hamsterlandschaft. Dann wird zunächst die Funktion `mauerDa` aufgerufen. Da die Funktion lediglich aus einer booleschen return-Anweisung besteht, wird deren boolescher Ausdruck ausgewertet. Es ergibt sich in der skizzierten Situation der Wert `true`, der als Funktionswert zurückgeliefert wird. Das bedeutet, die Auswahlbedingung ist erfüllt und der `linksUm();`-Befehl wird ausgeführt (siehe Abbildung 11.4 (rechts)).

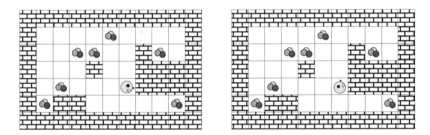

Abbildung 11.4: Aufruf boolescher Funktionen

11.4.3.2 Beispiel 2

Im folgenden Beispiel sucht der Hamster eine Nische an seiner linken Seite. Falls er eine solche findet, begibt er sich in die Nische.

```
void main()
{
    while (vornFrei() && !linksFrei())
    {
        vor();
    }
    if (linksFrei())
    {
        linksUm();
        vor();
    }
}
```

```
boolean linksFrei()
{
  linksUm();
  if (vornFrei())
  {
    rechtsUm();
    return true;
  }
  else
  {
    rechtsUm();
    return false;
  }
}
```

```
void rechtsUm() { linksUm(); linksUm(); linksUm(); }
```

An diesem Beispiel können sie visuell nachvollziehen, was Sie bezüglich der Auswertungsreihenfolge von booleschen Ausdrücken in Kapitel 9.2.5 gelernt haben, daß
der Hamster nämlich die Auswertung bestimmter boolescher Ausdrücke optimiert.
Schauen Sie sich dazu die in Abbildung 11.5 geschilderte Ausgangssituation an.

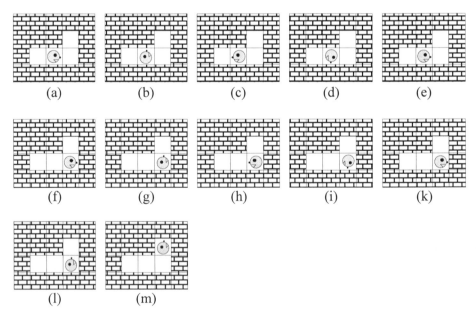

Abbildung 11.5: Auswertungsreihenfolge boolescher Ausdrücke

Bei der Auswertung der Schleifenbedingung der while-Anweisung innerhalb der main-Prozedur wird zunächst der Wert des Testbefehls `vornFrei()` ermittelt. Der Testbefehl liefert den Wert `true`. Also wird als nächstes der Funktionswert der Funktion `linksFrei` ermittelt, der negiert den Wert des booleschen Ausdrucks der Schleifenbedingung ergibt. Zur Ermittlung des Funktionswertes wird die Funktion aufgerufen: der Hamster dreht sich um 90 Grad nach links (b), testet, ob nun vor ihm frei ist; das ist nicht der Fall, also dreht er sich wieder um 90 Grad nach rechts (c-e) und liefert den Wert `false`. Durch die anschließende Negierung ist die Schleifenbedingung insgesamt erfüllt, und die Iterationsanweisung wird ausgeführt, d.h. der Hamster hüpft eine Kachel nach vorne (f). Nun wird die Schleifenbedingung ein weiteres Mal überprüft. Da dieses Mal aber bereits der Testbefehl `vornFrei()` den Wert `false` liefert, muß die Funktion `linksFrei` nicht ein zweites Mal aufgerufen werden. Die Schleifenbedingung kann nicht mehr erfüllt werden. Die Funktion `linksFrei` wird dann jedoch für die Auswertung der Bedingung der if-Anweisung erneut aufgerufen (g-k). Sie liefert den Wert `true`, so daß die Bedingung erfüllt ist und sich der Hamster in die Nische begibt (l-m).

Drehen Sie nun einmal die konjugierten Ausdrücke in dem Beispiel um, und führen Sie das Programm erneut für die in Abbildung 11.6 skizzierte Situation aus. Sie werden feststellen, daß der Hamster einmal mehr testet, ob sich links von ihm eine Mauer befindet.

```
void main()
{
      // Vertauschung der Operanden
   while (!linksFrei() && vornFrei())
   {
     vor();
   }
   if (linksFrei())
   {
     linksUm();
     vor();
   }
}

boolean linksFrei()
{
   linksUm();
   if (vornFrei())
   {
     rechtsUm();
     return true;
```

```
    }
    else
    {
      rechtsUm();
      return false;
    }
}

void rechtsUm() { linksUm();  linksUm();  linksUm(); }
```

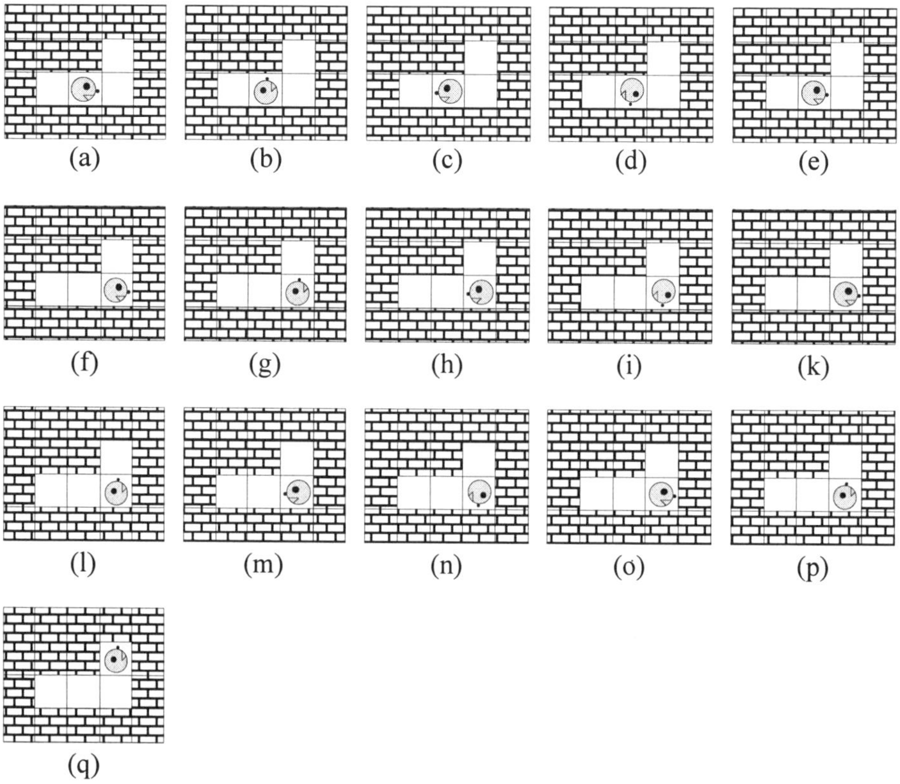

(a)   (b)   (c)   (d)   (e)

(f)   (g)   (h)   (i)   (k)

(l)   (m)   (n)   (o)   (p)

(q)

Abbildung 11.6: Auswertungsreihenfolge boolescher Ausdrücke

11.5 Seiteneffekte

Der Unterschied zwischen Prozeduren und booleschen Funktionen besteht nach außen hin darin, daß Prozeduren etwas tun, indem sie den Zustand des Hamsters (Blick-

richtung, Position, Körneranzahl im Maul) oder der Hamsterlandschaft (Körneranzahl auf den einzelnen Kacheln) verändern, während boolesche Funktionen etwas
berechnen, nämlich einen booleschen Wert. Zur Berechnung dieses Wertes müssen
sie jedoch in der Regel intern auch etwas tun. Führt ein Funktionsaufruf nicht nur zur
Berechnung eines Wertes, sondern darüber hinaus dazu, daß sich nach Beendigung
der Funktion der Zustand des Hamsters bzw. der Hamsterlandschaft geändert hat,
dann spricht man davon, daß die Funktion einen sogenannten *Seiteneffekt* produziert
hat.

Die folgende boolesche Funktion linksFrei produziert beispielsweise immer einen
Seiteneffekt; denn nach ihrer Ausführung hat der Hamster eine andere Blickrichtung
als vorher.

```
boolean linksFrei()
{
  linksUm();
  return vornFrei();
}
```

Genauso wie die drei vordefinierten Testbefehle keine Zustandsänderungen bewirken, also niemals Seiteneffekte produzieren, sollten auch boolesche Funktionen in
der Regel keine Seiteneffekte hervorrufen, d.h. sollten zur Berechnung eines zu lie-
fernden Wertes innerhalb einer Funktion Zustandsänderungen notwendig sein, so
sollten diese vor dem Verlassen der Funktion wieder rückgängig gemacht werden.
Seiteneffektfreie Funktionen führen zu besser lesbaren und weniger fehleranfälligen-
den Programmen. Definieren Sie eine boolesche Funktion linksFrei also immer
folgendermaßen:

```
boolean linksFrei()
{
  linksUm();
  if (vornFrei())
  {
    rechtsUm();
    return true;
  }
  else
  {
    rechtsUm();
    return false;
  }
}
void rechtsUm() { linksUm(); linksUm(); linksUm(); }
```

Wenn Sie – aus welchem Grund auch immer – dennoch seiteneffektproduzierende Funktionen definieren, sollten Sie auf jeden Fall durch einen Kommentar darauf hinweisen.

Mögliche durch boolesche Funktionen hervorgerufene Seiteneffekte führen dazu, daß die folgenden beiden Anweisungen nicht unbedingt semantisch äquivalent sein müssen. Dabei sei bA Platzhalter für einen beliebigen booleschen Ausdruck, und a1 und a2 seien Platzhalter für beliebige Anweisungen:

```
// Anweisung 1            // Anweisung 2
if (bA)                   if (bA)
  a1                        a1
else                      if (!bA)
  a2                        a2
```

Mit Hilfe der Seiteneffekte läßt sich dieses Phänomen nun auch verstehen. Konkretisieren wir die Anweisungen dadurch, daß wir für bA die oben definierte seiteneffektproduzierende boolesche Funktion linksFrei verwenden und die beiden Anweisungen a1 und a2 durch die Leeranweisung ersetzen:

```
// Anweisung 1            // Anweisung 2
if (linksFrei())          if (linksFrei())
  ;                         ;
else                      if (!linksFrei())
  ;                         ;
```

Werden die Anweisungen jeweils in der in Abbildung 11.7 (a) skizzierten Situation aufgerufen, so ergibt sich nach Ausführung von Anweisung 1 der in Abbildung 11.7 (b) und nach Ausführung von Anweisung 2 der in Abbildung 11.7 (c) dargestellte Zustand. Die beiden Zustände sind nicht gleich, die Anweisungen also nicht semantisch äquivalent.

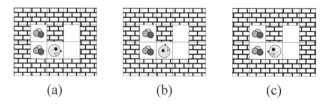

(a)   (b)   (c)

Abbildung 11.7: Seiteneffekte

11.6 Beispielprogramme

In diesem Abschnitt werden einige Beispiele für Hamsterprogramme gegeben, die Ihnen den Einsatz von booleschen Funktionen demonstrieren sollen. Es werden jeweils eine oder mehrere Musterlösungen vorgestellt. Schauen Sie sich die Beispiele genau an, und versuchen Sie, die Lösungen nachzuvollziehen.

11.6.1 Beispielprogramm 1

Aufgabe:
In einem rechteckigen geschlossenen Raum unbekannter Größe ohne innere Mauern sind wahllos eine unbekannte Anzahl an Körnern verstreut (siehe Beispiele in Abbildung 11.8). Der Hamster, der sich zu Anfang in der linken unteren Ecke des Hamster-Territoriums mit Blickrichtung Ost befindet, soll alle Körner aufsammeln und dann stehenbleiben.

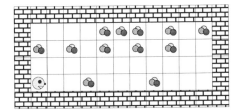 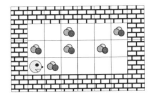

Abbildung 11.8: Typische Hamsterlandschaften zu Beispielprogramm 1

Dieses Beispielprogramm hatten wir bereits in Kapitel 10.4.1 als Beispielprogramm 1 gelöst; dort allerdings ohne den Einsatz von booleschen Funktionen. Dieses Mal lösen wir das Problem mit Hilfe boolescher Funktionen. Sie werden feststellen, daß der Algorithmus so verständlicher und besser nachvollziehbar ist.

Lösung:

```
void main()
{
  ernteEineReiheUndLaufeZurueck();
  while (weitereReiheExistiert())
  {
    begibDichInNaechsteReihe();
    ernteEineReiheUndLaufeZurueck();
  }
}

boolean weitereReiheExistiert() {
  rechtsUm();
```

```
  if (vornFrei()) {
    // Achtung: der Hamster muss sich wieder in seine
    //          Ausgangsstellung begegeben
    linksUm(); return true;
  } else {
    linksUm(); return false;
  }
}

void ernteEineReiheUndLaufeZurueck()
{
  ernteEineReihe(); kehrt(); laufeZurueck();
}

void ernteEineReihe()
{
  sammle();
  while (vornFrei())
  {
    vor();
    sammle();
  }
}

void begibDichInNaechsteReihe()
{
  rechtsUm(); vor(); rechtsUm();
}

void laufeZurueck()
{
  while (vornFrei()) { vor(); }
}

void sammle()
{
  while (kornDa()) { nimm(); }
}

void rechtsUm() { kehrt(); linksUm(); }

void kehrt() { linksUm(); linksUm(); }
```

11.6.2   Beispielprogramm 2

Aufgabe:

Der Hamster steht – wie in dem Beispiel in Abbildung 11.9 ersichtlich – vor einer unregelmäßigen und mit Körnern gefüllten Mulde (ohne Überhänge!). Er weiß nicht, wie weit und tief diese ist. Er soll alle Körner in der Mulde einsammeln.

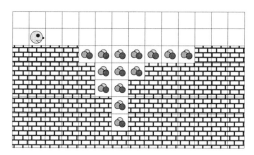

Abbildung 11.9: Typische Hamsterlandschaft zu Beispielprogramm 2

Lösung:

```
void main()
{
  // finde die Mulde
  while (!rechtsFrei()) { vor(); }

  // begib dich in die Mulde
  rechtsUm(); vor(); linksUm();

  // friss die Koerner
  graseReiheAb();
  while (begibDichInNaechsteReiheVonOst())
  {
    graseReiheAb();
    if (begibDichInNaechsteReiheVonWest())
    {
      graseReiheAb();
    }
  }
}

void graseReiheAb()
{
  sammle();
  while (vornFrei())
```

```
  {
    vor();
    sammle();
  }
}

void sammle()
{
  while (kornDa()) { nimm(); }
}

// Achtung: Die Funktion produziert Seiteneffekte!
boolean begibDichInNaechsteReiheVonOst()
{
  kehrt();
  // finde naechste Nische
  while (vornFrei() && !linksFrei())
  {
    vor();
  }
  if (!linksFrei())
  {
    // Ende der Mulde erreicht
    return false;
  }
  else
  {
    // begib dich in naechste Reihe
    linksUm(); vor(); rechtsUm();
    return true;
  }
}

// Achtung: Die Funktion produziert Seiteneffekte!
boolean begibDichInNaechsteReiheVonWest()
{
  kehrt();
  // finde naechste Nische
  while (vornFrei() && !rechtsFrei())
  {
    vor();
  }
  if (!rechtsFrei())
```

```
  {
    // Ende der Mulde erreicht
    return false;
  }
  else
  {
    // begib dich in naechste Reihe
    rechtsUm(); vor(); linksUm();
    return true;
  }
}

boolean linksFrei()
{
  linksUm();
  if (vornFrei())
  {
    rechtsUm(); return true;
  }
  else
  {
    rechtsUm(); return false;
  }
}

boolean rechtsFrei()
{
  rechtsUm();
  if (vornFrei())
  {
    linksUm(); return true;
  }
  else
  {
    linksUm(); return false;
  }
}

void rechtsUm() { kehrt(); linksUm(); }

void kehrt() { linksUm(); linksUm(); }
```

11.6.3   Beispielprogramm 3

Aufgabe:

Der Hamster, der genau ein Korn in seinem Maul hat, befindet sich in einem einem geschlossenen, körnerlosen Raum unbekannter Größe. Rechts von ihm befindet sich eine Wand, und vor ihm das Feld ist frei (siehe Beispiel in Abbildung 11.10). Der Hamster soll solange an der Wand entlang laufen bis er irgendwann wieder sein Ausgangsfeld erreicht.

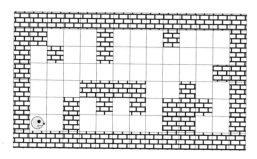

Abbildung 11.10: Typische Hamsterlandschaft zu Beispielprogramm 3

Lösung:

```
void main()
{
  gib(); // markiere Ausgangsposition
  vor();
  while (!kornDa()) // irgendwann kehrt der Hamster hierher zurueck
  {
    while (vornFrei() && !rechtsFrei() && !kornDa())
    {
      vor();
    }
    if (!kornDa()) // Ausgangsposition erreicht
    {
      if (rechtsFrei())
      {
        rechtsUm();
        vor();
      }
      else // vorne und rechts stehen Mauern
      {
        linksUm();
      }
    }
```

```
    }
}

boolean rechtsFrei()
{
  rechtsUm();
  if (vornFrei())
  {
    linksUm(); return true;
  }
  else
  {
    linksUm(); return false;
  }
}

void rechtsUm() { linksUm(); linksUm(); linksUm(); }
```

11.7 Übungsaufgaben

Nun sind wieder Sie gefordert; denn in diesem Abschnitt werden Ihnen einige Hamsteraufgaben gestellt, die sie selbständig zu lösen haben. Denken Sie sich darüber hinaus selbst weitere Hamsteraufgaben aus, und versuchen Sie, diese zu lösen. Viel Spaß!

11.7.1 Aufgabe 1

Optimieren Sie die Lösung von Beispielprogramm 1 aus Abschnitt 11.6.1 dadurch, daß der Hamster nicht jeweils die gerade abgegraste Reihe wieder zurückläuft, sondern – falls noch eine weitere freie Reihe existiert – direkt in diese wechselt.

11.7.2 Aufgabe 2

Entwickeln Sie ein Lösungsprogramm zur Hamsteraufgabe in Beispielprogramm 2 aus Abschnitt 11.6.2, das keine seiteneffektproduzierenden booleschen Funktionen verwendet.

11.7.3 Aufgabe 3

Erweitern Sie die Lösung von Beispielprogramm 3 aus Abschnitt 11.6.3 derart, daß der Hamster die Strecke zunächst gegen den Uhrzeigersinn absolviert und sie danach noch einmal im Uhrzeigersinn zurückläuft.

11.7.4   Aufgabe 4

Der Hamster befindet sich irgendwo in einem quadratischen geschlossenen, körnerlosen Raum unbekannter Größe ohne innere Mauern. Der Hamster soll die beiden
Diagonalen des Territoriums mit jeweils einem Korn kennzeichnen (siehe Abbildung
11.11). Der Hamster hat genug Körner im Maul, um die Aufgabe zu erledigen.

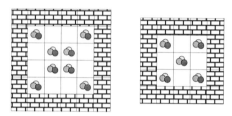

Abbildung 11.11: Typische Hamsterlandschaften zu Aufgabe 4

11.7.5   Aufgabe 5

Ähnlich wie in Beispielprogramm 3 in Kapitel 10.4.3 steht der Hamster vor einem
Berg unbekannter Höhe. Allerdings ist der Berg diesmal nicht regelmäßig eine Stufe
hoch, sondern die Stufenhöhen und -längen können variieren wie in Abbildung 11.12
skizziert. Es gibt jedoch keine Überhänge! Der Hamster soll den Gipfel suchen und
schließlich auf dem Gipfel anhalten.

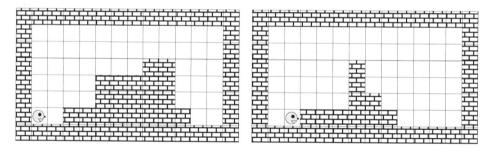

Abbildung 11.12: Typische Hamsterlandschaften zu Aufgabe 5

11.7.6   Aufgabe 6

Der Hamster befindet sich genau in der Mitte eines quadratischen geschlossenen,
körnerlosen Raum ohne innere Mauern mit einer ungeraden Anzahl an freien Feldern pro Reihe (siehe Beispiele für Ausgangslandschaften in Abbildung 11.13). Er
habe mindestens soviele Körner in seinem Maul wie freie Felder existieren. Seine
Aufgabe besteht darin, mit möglichst wenigen Schritten (vor();-Befehle) auf allen Feldern des Territoriums jeweils ein Korn abzulegen. Hinweis: Lassen Sie den
Hamster zyklische Kreise laufen!

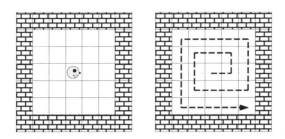

Abbildung 11.13: Typische Hamsterlandschaft und Wegbeschreibung zu Aufgabe 6

11.7.7 Aufgabe 7

Der Hamster ist zum Skifahrer mutiert. Vor ihm befindet sich – wie in den Hamsterlandschaften in Abbildung 11.14 skizziert – ein Slalomparcour mit einem Korn am Ende, das das Ziel markiert. Der Hamster soll den Slalomparcour bewältigen und das Korn fressen.

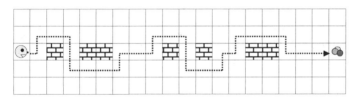

Abbildung 11.14: Typische Hamsterlandschaft mit Wegbeschreibung zu Aufgabe 7

Kapitel 12

Programmentwurf

In diesem Kapitel wird ein systematisches Verfahren zur Entwicklung von Computer-programmen vorgestellt. Bei diesem Verfahren ist der Entwicklungsprozeß in mehrere Phasen aufgeteilt. Nach einer Einführung in Abschnitt 1 dieses Kapitels werden die einzelnen Phasen Analyse, Entwurf, Implementierung und Test in den Abschnitten 2 bis 5 erläutert. Abschnitt 6 geht auf die Dokumentation des Entwicklungsprozesses ein. Das Verfahren wird an einem Beispiel durchgängig demonstriert. Abschnitt 7 vertieft die Ausführungen der ersten Abschnitte anhand eines weiteren Beispiels. Abschnitt 8 enthält einige Übungsaufgaben, die Sie anschließend selbständig mittels des eingeführten Verfahrens lösen können sollten.

12.1 Lösen von Problemen

Wenn Sie die vorangegangenen Kapitel sorgfältig durchgearbeitet und insbesondere die Übungsaufgaben intensiv bearbeitet haben, sind Sie Ihrem Ziel, ein „guter" Programmierer zu werden, schon ein ganzes Stück nähergekommen. Sie wissen nun, was Anweisungen sind, Sie können Prozeduren und boolesche Funktionen definieren und aufrufen, und Sie kennen als Kontrollstrukturen des Programmablaufs die Auswahl- und Wiederholungsanweisungen, mit denen Sie Algorithmen bzw. Programme flexibel formulieren können. In diesem Kapitel wird nun kein weiteres derartiges Sprachkonstrukt eingeführt, stattdessen werden Sie lernen, wie Sie die bisher erlernten Sprachkonstrukte einsetzen können, um ausgehend von einem gegebenen Problem ein Programm zu entwickeln, das dieses Problem korrekt und vollständig löst und dessen Lösungsidee auch für andere verständlich ist.

Vielleicht hatten Sie beim Lösen von Übungsaufgaben insbesondere in den letzten beiden Kapiteln bestimmte Probleme; sie wußten eventuell nicht, wie Sie an die Übungsaufgabe herangehen, womit Sie anfangen sollten. Keine Angst, in diesem Kapitel werden Sie ein Verfahren kennenlernen, das Ihnen dabei hilft, derartige Übungsaufgaben systematisch zu lösen. Nichtsdestotrotz ist der Algorithmen- bzw. Programmentwurf kein vollständig mechanisierbarer, sondern ein kreativer Prozeß, bei dem Sie Ihre Gehirnzellen aktivieren müssen. Er ist insbesondere selbst nicht algorithmisierbar und erfordert vom Programmierer Intuition, Erfahrung und Ideen.

Der Programmentwurf ist jedoch vergleichbar mit vielen Problemen, mit denen Sie tagtäglich in Berührung kommen. Überlegen Sie einmal: Wie gehen Sie vor, wenn Sie ein Puzzle zusammensetzen. Ganz sicher nicht so, daß Sie einfach probieren, so

lange Puzzlestücke zusammenzustecken, bis das Puzzle fertig ist. Vielmehr werden
Sie zunächst die vier Eckstücke und anschließend die Randstücke suchen und damit
zunächst den Rahmen zusammensetzen. Anschließend werden Sie vielleicht (falls es
sich bei dem Puzzle um ein Landschaftsbild handelt) alle blauen Stücke heraussu-
chen, die zum Himmel gehören könnten. Was Sie hier machen, nennt man *Komplexitätsreduktion*. Sie versuchen, das komplexe Gesamtproblem zunächst in weniger
komplexe Teilprobleme zu zerlegen und die Teilprobleme zu lösen. Die Gesamtlösung
ergibt sich dann schließlich durch die Zusammenführung der Teillösungen. Genau
dieselbe Systematik liegt auch dem im folgenden beschriebenen Verfahren des Pro-
grammentwurfs zugrunde. Man bezeichnet das Verfahren deshalb auch als *Schrittweise Verfeinerung* oder *Top-Down-Programmentwurf*.

Bevor Sie nun weiterlesen, schauen Sie sich zuerst bitte sorgfältig Kapitel 3 an. Die
dort geschilderten Phasen der Programmentwicklung bilden nämlich auch die Grundlage dieses Kapitels. Genauer gesagt, in diesem Kapitel werden Sie anhand mehrerer
Beispiele die einzelnen Programmentwicklungsphasen genauer kennenlernen.

12.2   Analyse

Bei der Vorstellung der einzelnen Phasen, die bei der Programmentwicklung durchlaufen werden, werden wir auf das schon bekannte aber leicht modifizierte Beispielprogramm 3 aus Kapitel 10.4.3 zurückgreifen:

Der Hamster steht vor einem regelmäßigen Berg unbekannter Höhe. Er soll den
Gipfel erklimmen und auf dem Gipfel anhalten. Auf dem Weg zum Gipfel soll er auf
jeder Stufe genau ein Korn ablegen.

Hauptziel der Analysephase ist es sicherzustellen, daß Sie das Problem genau verstanden haben. Überprüfen Sie deshalb zunächst, ob die Problembeschreibung exakt
genug ist. Skizzieren Sie sich dazu ein paar Beispiellandschaften, die die Situation
vor, während und nach der Ausführung des Programms wiedergeben (siehe Abbildung 12.1).

Bei der Analyse der Aufgabe ergeben sich folgende Fragestellungen:

- bzgl. der Ausgangssituation:
    - Wo steht der Hamster?
    - In welche Richtung schaut der Hamster?
    - Wieviele Körner hat der Hamster im Maul?
    - Liegen irgendwo im Territorium Körner, wenn ja wieviele?
    - Befinden sich irgendwo im Territorium (noch weitere) Mauern?
    - Muß der Hamster direkt vor dem Berg stehen oder kann er sich auch
      einige Felder vor dem Berg befinden?

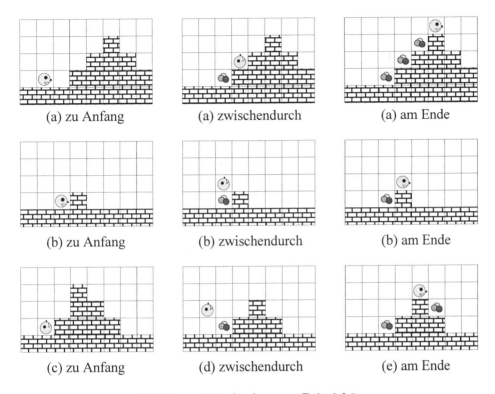

(a) zu Anfang   (a) zwischendurch   (a) am Ende

(b) zu Anfang   (b) zwischendurch   (b) am Ende

(c) zu Anfang   (d) zwischendurch   (e) am Ende

Abbildung 12.1: Analyse von Beispiel 1

  – Wie hoch sind die einzelnen Stufen des Berges?

- bzgl. der Endsituation:

  – Wo soll der Hamster stehen?
  – In welche Richtung soll der Hamster schauen?
  – Wieviele Körner soll der Hamster im Maul haben?
  – Sollen irgendwo im Territorium Körner liegen, wenn ja wieviele?

- bzgl. des Weges des Hamsters:

  – Darf der Hamster zwischendurch auch wieder zurückgehen?
  – Muß der Hamster immer mit einer Wand in Berührung sein (ansonsten besteht „Absturzgefahr")?

Die ersten fünf Fragen bzgl. der Ausgangssituation und die ersten vier Fragen bzgl. der Endsituation sind übrigens typische Fragestellungen bei allen Hamsteraufgaben. Die fünf Größen

- Position des Hamsters,

- Richtung des Hamsters,

- Anzahl der Körner im Maul des Hamsters,

- Anzahl der Körner auf bestimmten Feldern des Territoriums und

- Mauern auf bestimmten Feldern des Territoriums

beim Start eines Hamsterprogramms nennt man auch *Anfangs-* bzw. *Eingabegrößen*. Dementsprechend werden die vier Größen

- Position des Hamsters,

- Richtung des Hamsters,

- Anzahl der Körner im Maul des Hamsters und

- Anzahl der Körner auf bestimmten Feldern des Territoriums

bei der Beendigung eines Hamsterprogramms als *End-* bzw. *Ausgabegrößen* bezeichnet.

Wie Sie schnell feststellen können, ist die obige Aufgabenstellung noch nicht exakt. Sie müssen also weitere Informationen einholen bzw. selbst bestimmte Größen festlegen.

Unter der Annahme, daß alle nicht genannten Anfangs- und Endgrößen beliebig sind und – außer den genannten – auch keinerlei Einschränkungen zum Lösungsweg (Weg des Hamsters) existieren, ist nun folgende Reformulierung der obigen Aufgabenstellung exakt:

Der Hamster steht mit Blickrichtung Ost vor einem regelmäßigen Berg unbekannter Höhe (ohne „Überhänge"!). Er muß dabei nicht unbedingt direkt vor dem Berg stehen. Die Stufen des Berges sind jeweils eine Mauer hoch. Der Hamster habe mindestens soviele Körner im Maul wie Stufen existieren. Im Hamster-Territorium befinden sich anfangs keine Körner. Außer den Mauern, die den Berg und den Weg zum Berg bilden, befinden sich keine weiteren Mauern im Territorium. Die Aufgabe des Hamsters besteht darin, den Gipfel des Berges zu erklimmen und auf dem Gipfel anzuhalten. Auf dem Weg zum Gipfel soll der Hamster auf jeder Stufe einschließlich dem Gipfel selbst – und nur dort! – genau ein Korn ablegen. Auf dem Weg zum Gipfel muß der Hamster immer mit der Wand in Berührung bleiben, darf also nicht in eine Situation gelangen, in der „Absturzgefahr" droht.

In Abbildung 12.1 sind also die Teile (a) und (b) sowohl am Anfang, zwischendurch und am Ende korrekt. Die Ausgangslandschaft (c) ist nicht korrekt (Hamster schaut nicht nach Osten; der Berg ist nicht regelmäßig). Der in Teil (d) skizzierte Snapshot von unterwegs ist ebenfalls nicht zulässig (es droht „Absturzgefahr"). Ebenso ist in Teil (e) eine unzulässige Endsituation skizziert (auf einer Aufwärtsstufe des Berges liegt kein Korn, dafür aber auf einer Abwärtsstufe).

12.3　Entwurf

Wie bereits in Abschnitt 12.1 erwähnt, basiert der Entwurf von Algorithmen bzw. Programmen auf dem Prinzip der *Schrittweisen Verfeinerung*. Was genau ist aber unter diesem Prinzip zu verstehen? Schauen Sie sich unser Beispiel an. Eine intuitive Lösungsidee ist folgende: Der Hamster soll zunächst bis zum Berg laufen und dann den Berg erklimmen. An dem „und" in diesem Satz erkennen Sie, daß das Problem in zwei Teilprobleme zerlegt werden kann:

- Der Hamster soll zum Berg laufen.

- Der Hamster soll den Berg erklimmen.

Damit haben wir das Problem „verfeinert". Wir müssen nun diese beiden Teilprobleme lösen. Wenn wir anschließend die Lösungen der beiden Teilprobleme zusammensetzen, erhalten wir die Lösung des Gesamtproblems.

Übertragen wir dieses Prinzip nun auf die Programmierung. In Kapitel 8 haben Sie mit der Prozedurdefinition ein Sprachkonstrukt kennengelernt, mit dem Sie neue Befehle definieren können. Dieses Sprachkonstrukt werden wir nun verwenden, um Hamsterprogramme nach dem Prinzip der *Schrittweisen Verfeinerung* zu entwickeln. Definieren Sie dazu für jedes Teilproblem zunächst einfach eine Prozedur, ohne sich um die Implementierung zu kümmern. Das Hauptprogramm setzt sich dann einfach aus den Aufruf der Prozeduren zusammen. An dem Beispielprogramm sei dieses verdeutlicht:

```
// der Hamster soll zunaechst bis zum Berg laufen
// und dann den Berg erklimmen
void main()
{
  laufeZumBerg();
  erklimmeDenBerg();
}

// der Hamster soll zum Berg laufen
void laufeZumBerg()
{
}
```

```
// der Hamster soll den Berg erklimmen
void erklimmeDenBerg()
{
}
```

Wenden wir uns nun dem Lösen der beiden Teilprobleme zu. Beim ersten Teilproblem ist dies nicht besonders schwierig. Solange wie sich vor ihm keine Mauer befindet, soll der Hamster eine Kachel nach vorne hüpfen, am Fuße des Berges legt er ein Korn ab:

```
// der Hamster soll zum Berg laufen
void laufeZumBerg()
{
  while (vornFrei())
  {
    vor();
  }
  gib(); // am Fusse des Berges legt der Hamster ein Korn ab
}
```

Die Lösung des zweiten Teilproblems ist nicht ganz so einfach zu ermitteln. Also nutzen wir das Prinzip der Verfeinerung erneut – daher der Begriff *Schrittweise* Verfeinerung. Zunächst stellen wir fest, daß die Höhe des Berges nicht festgelegt, also prinzipiell beliebig ist. Diese Feststellung deutet darauf hin, daß der Einsatz einer Wiederholungsanweisung notwendig ist. Innerhalb dieser Wiederholungsanweisung soll der Hamster jedes Mal eine Stufe erklimmen. Die Wiederholungsanweisung endet, sobald der Hamster den Gipfel erreicht hat. Wir notieren: „Der Hamster soll jeweils eine Stufe erklimmen, solange wie er den Gipfel noch nicht erreicht hat.“

Übertragen wir diese Lösungsidee nun in entsprechende Sprachkonstrukte der Programmierung. Für die Anweisung „Der Hamster soll eine Stufe erklimmen“ definieren wir eine weitere Prozedur, für die Bedingung „ist der Gipfel erreicht“ eine boolesche Funktion:

```
// der Hamster soll den Berg erklimmen
void erklimmeDenBerg()
{
  do
  {
    erklimmeEineStufe();
  } while (!gipfelErreicht());
}
```

```
// der Hamster soll eine Stufe erklimmen
void erklimmeEineStufe()
{
}
```

```
// hat der Hamster den Gipfel erreicht?
boolean gipfelErreicht()
{
}
```

Wenden wir uns zunächst der Implementierung der Prozedur `erklimmeEineStufe`
zu. Diese ist nicht mehr besonders schwierig:

```
// der Hamster soll eine Stufe erklimmen
void erklimmeEineStufe()
{
  linksUm();   // nun schaut der Hamster nach oben
  vor();       // der Hamster erklimmt die Mauer
  rechtsUm();  // der Hamster wendet sich wieder dem Berg zu
  vor();       // der Hamster springt auf den naechsten Vorsprung
  gib();       // der Hamster legt ein Korn ab
}
```

```
// der Hamster dreht sich nach rechts um
void rechtsUm() { linksUm(); linksUm(); linksUm(); }
```

Etwas schwieriger scheint die Implementierung der booleschen Funktion `gipfel-`
`Erreicht` zu sein. Wie kann der Hamster feststellen, ob er sich auf dem Gipfel
befindet oder nicht? Überlegen Sie einfach: wann wird die Funktion aufgerufen? Sie
wird jedesmal dann aufgerufen, nachdem der Hamster eine Stufe erklommen hat.
Steht der Hamster danach vor einer Mauer, so ist der Gipfel noch nicht erreicht.
Befindet sich vor dem Hamster jedoch keine Mauer, dann steht er auf dem Gipfel.
Also ist die Implementierung der booleschen Funktion doch ganz einfach:

```
// hat der Hamster den Gipfel erreicht?
boolean gipfelErreicht()
{
  if (vornFrei())
  {
    return true;
  }
  else
  {
```

```
      return false;
   }
}
```

oder besser formuliert (siehe auch Kapitel 11.3.3):

```
// hat der Hamster den Gipfel erreicht?
boolean gipfelErreicht()
{
   return vornFrei();
}
```

Damit haben wir nun alle Prozeduren implementiert – sprich Teilprobleme gelöst –
d.h. unser Programm ist fertig:

```
// der Hamster soll zunaechst bis zum Berg laufen
// und dann den Berg erklimmen
void main()
{
   laufeZumBerg();
   erklimmeDenBerg();
}

// der Hamster soll zum Berg laufen
void laufeZumBerg()
{
   while (vornFrei())
   {
      vor();
   }
   gib(); // am Fusse des Berges legt der Hamster ein Korn ab
}

// der Hamster soll den Berg erklimmen
void erklimmeDenBerg()
{
   do
   {
      erklimmeEineStufe();
   } while (!gipfelErreicht());
}

// der Hamster soll eine Stufe erklimmen
```

```
void erklimmeEineStufe()
{
    linksUm();   // nun schaut der Hamster nach oben
    vor();       // der Hamster erklimmt die Mauer
    rechtsUm();  // der Hamster wendet sich wieder dem Berg zu
    vor();       // der Hamster springt auf den naechsten Vorsprung
    gib();       // der Hamster legt ein Korn ab
}


// der Hamster dreht sich nach rechts um
void rechtsUm() { linksUm(); linksUm(); linksUm(); }


// hat der Hamster den Gipfel erreicht?
boolean gipfelErreicht()
{
    return vornFrei();
}
```

Sie sehen, der Entwurf eines Programms ist gar nicht so schwierig, wenn man sich strikt an das Prinzip der *Schrittweisen Verfeinerung* hält:

- Wenn das Gesamtproblem zu komplex ist, teilen Sie es in einfachere Teilprobleme auf.

- Lösen Sie die Teilprobleme:

    - Wenn ein Teilproblem zu komplex ist, teilen Sie es in (noch) einfachere Teilprobleme auf.

    - ...

    - Setzen Sie die Lösungen der Teilprobleme zu einer Lösung des (übergeordneten) Teilproblems zusammen.

- Setzen Sie die Lösungen der Teilprobleme zu einer Lösung des Gesamtproblems zusammen.

12.4 Implementierung

Ziel der Implementierungsphase ist es, den in der Entwurfsphase entwickelten Algorithmus in ein in einer Programmiersprache formuliertes Programm zu überführen und in den Rechner einzugeben. Das erste Teilziel haben wir bei den Hamsterprogrammen bereits in der Entwurfsphase erreicht. Die Möglichkeit, Prozeduren und boolesche Funktionen definieren und diese mit selbstgewählten Bezeichnern benennen zu können, ermöglichen uns dies. Algorithmenentwurf und Programmformulierung können durch das Prinzip der *Schrittweisen Verfeinerung* wechselseitig durchgeführt werden: Zunächst wird umgangssprachlich der Lösungsalgorithmus zu einem

(Teil-)Problem formuliert. Anschließend wird dieser direkt in die Syntax der Hamstersprache übertragen. Beispiel:

Problem: Der Hamster soll den Berg erklimmen.
Algorithmus: Erklimme solange eine Stufe wie der Gipfel noch nicht erreicht ist.
Implementierung:

```
// der Hamster soll den Berg erklimmen
void erklimmeDenBerg()
{
  do
  {
    erklimmeEineStufe();
  } while (!gipfelErreicht());
}

// der Hamster soll eine Stufe erklimmen
void erklimmeEineStufe()
{
}

// hat der Hamster den Gipfel erreicht?
boolean gipfelErreicht()
{
}
```

Also reduziert sich die Arbeit der Implementierungsphase bei der Entwicklung von Hamsterprogrammen auf das Eingeben des entwickelten Programms in den Computer und das anschließende Compilieren des Programmcodes.

An dieser Stelle sei auf eine ganz wichtige Eigenschaft der Programmentwicklung hingewiesen: Vermeiden Sie es, die Entwurfsphase direkt am Computer durchzuführen und den Programmcode direkt einzugeben. Nehmen Sie sich einen Stift zur Hand, und skizzieren Sie Ihre Lösungsideen zunächst auf Papier. Bei so einfachen Beispielen wie dem obigen scheint das überflüssig zu sein, aber bei komplexeren Problemen laufen Sie ansonsten in die Gefahr, sogenannten „Spaghetti-Code" zu produzieren. Der Begriff „Spaghetti-Code" wird dann verwendet, wenn der Programmcode nicht mehr sauber strukturiert und die Lösungsidee nur schwer nachvollziehbar ist; ein Phänomen, das häufig bei direkt in den Computer eingegebenem Programmcode festzustellen ist: Zunächst wird der Code eingegeben, dann werden Fehler entdeckt, es werden Programmteile geändert, gelöscht und hinzugefügt, und schließlich hat man ein schirr undurchdringliches Wirrwarr bzw. Chaos von Programmcode vor sich. Hüten Sie sich davor, Spaghetti-Code zu produzieren. Gute Programme sind nicht nur dadurch gekennzeichnet, daß sie korrekt ablaufen, sondern auch durch die

Eigenschaft, daß andere Personen sie leicht verstehen und die Lösungsidee nachvollziehen können.

Achten Sie also im Programmcode auf Übersichtlichkeit und Strukturiertheit. Nutzen Sie die Möglichkeit, zur Lösung von Teilproblemen Prozeduren und Funktionen definieren zu können. Kommentieren Sie Prozeduren bzw. Funktionen sowie komplizierte Sachverhalte. Wählen Sie aussagekräftige Bezeichner.

Vergleichen Sie einmal das folgende Programm mit dem oben entwickelten. Auch dieses Programm löst die Problemstellung korrekt, ist aber wesentlich schwerer überschaubar, weniger verständlich und kaum nachvollziehbar:

```
void main() {
  while
  (vornFrei()) vor(); gib(); while (!vornFrei()) {
    linksUm(); vor(); r(); vor(); gib(); }
} void r() { linksUm(); linksUm(); linksUm(); }
```

12.5 Test

Ziel der Testphase ist die Überprüfung, ob das entwickelte Programm die Problemstellung korrekt und vollständig löst. Korrekt bedeutet, daß das Programm für zulässige Anfangsgrößen die erwarteten Endgrößen produziert, wobei eventuell vorhandene Bedingungen, die an den Lösungsweg gestellt wurden, eingehalten werden. Vollständig bedeutet, daß das Programm für **alle** zulässigen Anfangsgrößen korrekt arbeitet. Dabei ist es im allgemeinen allerdings nicht möglich, Testläufe für alle möglichen Anfangsgrößen durchzuführen, in der Regel gibt es nämlich unüberschaubar viele mögliche Anfangszustände. Daher besteht eine wesentliche Aufgabe der Testphase darin, sogenannte *Testmengen* zu bilden. Testmengen werden derart gebildet, daß die Menge der zulässigen Anfangsgrößen in (disjunkte) Teilmengen zerlegt wird, wobei alle Elemente einer Teilmenge jeweils gewisse Gemeinsamkeiten bzw. gleichartige Charakteristiken aufweisen. Aus jeder dieser Teilmengen wird ein Vertreter gewählt und in die Testmenge eingefügt. Hat man eine korrekte Zerlegung der Menge der zulässigen Anfangsgrößen gewählt, d.h. eine korrekte Testmenge gebildet, und arbeitet das Programm für alle Elemente der Testmenge korrekt, dann kann man rückschließen, daß das Programm vollständig korrekt ist. Allerdings ist die Art und Weise einer Teilmengenzerlegung der Menge der Anfangsgrößen aufgabenspezifisch und erfordert vom Programmierer Erfahrung und Intuition.

Leider wird die Testphase nicht nur von Programmieranfängern häufig vernachlässigt. Man läßt sein Programm ein- oder zweimal laufen, alles läuft glatt ab, das Programm scheint also korrekt zu sein. Hierbei handelt es sich um ein psychologisches Problem; niemand gesteht sich selbst gerne Fehler ein, also ist man auch gar nicht daran interessiert, Fehler zu finden. Daher der dringende Appell: Widmen

Sie insbesondere der Testphase viel Aufmerksamkeit, und lassen Sie das Programm eventuell auch mal von anderen Personen testen.

In Kapitel 3.1.4 wurden einige Teststrategien vorgestellt, die im folgenden nun am obigen Beispiel demonstriert werden. Von besonderer Bedeutung ist dabei wie bereits erwähnt die Konstruktion von Testmengen, wobei insbesondere Grenzwerte zu berücksichtigen sind.

Notieren Sie sich beim Zusammenstellen der Testmengen nicht nur die Ausgangsgrößen, sondern jeweils auch das erwartete Ergebnis, und überprüfen Sie nach Beendigung des Programms, ob das tatsächliche Ergebnis mit dem erwarteten übereinstimmt.

Im Umfeld der Hamsterprogramme bestehen Testmengen immer aus möglichen Hamster-Territorien, auf denen das zu testende Hamsterprogramm gestartet werden könnte. Abbildung 12.2 enthält eine typische Testmenge für das obige Beispiel. Teil (a) der Abbildung zeigt eine „normale" Hamsterlandschaft, Teil (b) skizziert den Grenzfall, daß der Hamster bereits anfangs direkt vor dem Berg steht und in Teil (c) ist der Berg nur eine einzige Stufe hoch.

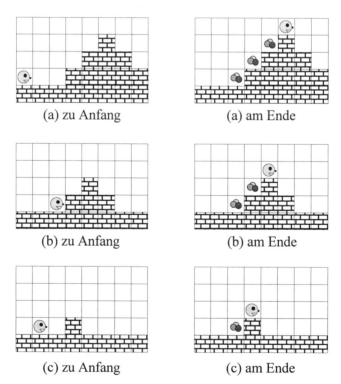

(a) zu Anfang   (a) am Ende

(b) zu Anfang   (b) am Ende

(c) zu Anfang   (c) am Ende

Abbildung 12.2: Testmenge zu Beispiel 1

Bei der Konstruktion von Testmengen für Ihre Hamsterprogramme ist es wichtig zu wissen, daß Sie natürlich nur Situationen berücksichtigen müssen, die auch mit der Aufgabenstellung konform sind. Wird Ihr Programm mit nicht-zulässigen Ausgangsgrößen gestartet, kommt es zwangsläufig zu Fehlern; aber das sind nicht Ihre Fehler, sondern die Fehler desjenigen, der das Programm gestartet hat.

Lassen Sie nun das Hamsterprogramm für alle Elemente der Testmenge laufen. Kontrollieren Sie dabei sowohl den Zustand der Landschaft bei Beendigung des Programmes (auf jeder Stufe einschließlich dem Gipfel – und nur dort – liegt genau ein Korn; der Hamster befindet sich auf dem Gipfel) als auch den Weg des Hamsters (der Hamster darf nicht in „Absturzgefahr" kommen). Sie werden feststellen, daß das Beispielprogramm für alle Elemente der Testmenge korrekt abläuft und korrekte Ergebnisse liefert. Das Programm scheint also in der Tat die Problemstellung korrekt und – unter der Voraussetzungen, daß die Testmenge korrekt gebildet wurde – vollständig zu lösen.

Die Konstruktion von Testmengen ist in der Regel keine triviale Aufgabe. Häufig werden bestimmte Grenzfälle einfach übersehen. Gehen Sie daher bei der Zusammenstellung der Testmengen immer sehr sorgfältig vor. Leider gibt es hierzu keine allgemeingültigen Gesetzmäßigkeiten.

Günstig ist es, wenn Sie die Testmenge nicht erst während der Testphase zusammenstellen, sondern bereits in der Analysephase. Dann können Sie bereits beim Entwurf kontrollieren, ob Ihr Algorithmus auch für Grenzwerte korrekt ist.

12.6 Dokumentation

Genauso wie die Testphase wird bei der Programmentwicklung leider auch die Dokumentation nicht nur von Programmieranfängern häufig vernachlässigt. Denken Sie bitte daran, daß es bei der Softwareentwicklung nicht nur darauf ankommt, ein Programm zu entwickeln; vielmehr sind alle Ergebnisse des gesamten Entwicklungsprozesses schriftlich festzuhalten, so daß sowohl das Ergebnis als auch der Entwicklungsprozeß auch für andere Personen leicht nachvollziehbar sind. Zur Dokumentation gehören insbesondere:

- eine exakte Problemstellung,

- eine verständliche Beschreibung des entwickelten Algorithmus,

- der Programmcode,

- die gewählte Testmenge mit Protokollen der durchgeführten Testläufe,

- eine Beschreibung von aufgetretenen Problemen,

- alternative Lösungsansätze.

12.7   Ein weiteres Beispiel

Zur Vertiefung der bisherigen Erläuterungen zur Vorgehensweise bei der Programmentwicklung wird in diesem Abschnitt der gesamte Entwicklungsprozeß an einem
weiteren Beispiel demonstriert.

12.7.1   Aufgabe

Folgende Aufgabe ist zu lösen (siehe auch Kapitel 10.4.1):

In einem rechteckigen geschlossenen Raum unbekannter Größe ohne innere Mauern
sind wahllos eine unbekannte Anzahl an Körnern verstreut. Der Hamster, der sich
zu Anfang in der linken unteren Ecke des Hamster-Territoriums mit Blickrichtung
Ost befindet, soll alle Körner aufsammeln und dann stehenbleiben.

12.7.2   Analyse

Die Aufgabenstellung wird präzisiert:

- bzgl. der Ausgangssituation:

    - Der Hamster steht in der unteren linken Ecke des Territoriums.
    - Der Hamster schaut nach Osten.
    - Die Anzahl an Körnern im Maul des Hamster ist nicht festgelegt.
    - Auf beliebigen Feldern in Territorium liegen beliebig viele Körner.
    - Das Territorium ist von einer rechteckigen geschlossenen Wand von Mau-
      ern umgeben; ansonsten befinden sich keine Mauern im Territorium; es
      existiert mindestens ein Feld im Territorium, auf dem keine Mauer steht.

- bzgl. der Endsituation:

    - Die Position des Hamsters ist nicht festgelegt.
    - Die Blickrichtung des Hamsters ist nicht festgelegt.
    - Die Anzahl an Körnern im Maul des Hamsters ist nicht festgelegt.
    - Auf keinem Feld im Territorium sollen Körner liegen.

- bzgl. des Weges des Hamsters:

    - Es gibt keine Nebenbedingungen bzgl. des Weges des Hamsters.

Abbildung 12.3 skizziert die gewählte Testmenge. Die Landschaft in Teil (a) hat
eine ungerade und die Landschaft in Teil (b) eine gerade Anzahl an Körnerreihen.
Teil (c) skizziert den Grenzfall, daß das Territorium lediglich ein einziges nicht von
Mauern besetztes Feld enthält.

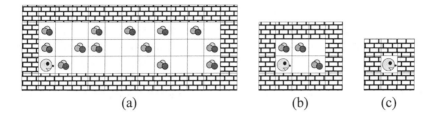

(a)   (b)   (c)

Abbildung 12.3: Testmenge zu Beispiel 2

12.7.3 Entwurf

Eine intuitive Lösungsidee hat folgende Gestalt: Der Hamster soll die Reihe „abgrasen", in der er sich gerade befindet. Anschließend soll er testen, ob sich nördlich von ihm noch eine weitere Reihe befindet. Wenn ja, soll er sich in diese Reihe begeben und diese Reihe abgrasen. Dieser Vorgang soll solange wiederholt werden, bis der Hamster die nördliche Begrenzungswand erreicht.

In der Hamstersprache wird diese Lösungsidee folgendermaßen formuliert:

```
// der Hamster soll einzelne Koernerreihen abgrasen,
// solange wie noch weitere Reihen existieren
void main()
{
  ernteEineReihe();
  while (weitereReiheExistiert())
  {
    begibDichInNaechsteReihe();
    ernteEineReihe();
  }
}

// der Hamster soll alle Koerner in einer Reihe einsammeln
void ernteEineReihe() { }

// der Hamster soll sich in die naechste Reihe in noerdlicher
// Richtung begeben
void begibDichInNaechsteReihe() { }

// Ueberpruefung, ob in noerdlicher Richtung eine weitere nicht
// mit Mauern besetzte Reihe existiert
boolean weitereReiheExistiert() { }
```

Während die Implementierung der Prozedur `ernteEineReihe` nicht besonders schwierig ist, stoßen wir bei der Implementierung der Prozedur `begibDichInNaechste-`

Reihe und der booleschen Funktion weitereReiheExistiert auf ein Problem. Es
macht nämlich einen Unterschied, ob der Hamster eine Reihe von links oder von
rechts abgrast. Mit den bisher kennengelernten Sprachkonstrukten können wir diesen Konflikt innerhalb der booleschen Funktion nicht lösen. Das war auch der Grund,
warum die Aufgabe in Kapitel 10.4.1 relativ umständlich derart gelöst worden ist,
daß der Hamster nach dem Abgrasen einer Reihe zunächst die Reihe wieder zurücklaufen mußte.

Wir können zwar unsere erste Lösungsidee beibehalten, müssen jedoch bei der Über-
tragung der Idee in die Hamstersprache sorgfältiger die verschiedenen Richtungsal-
ternativen unterscheiden:

```
// der Hamster soll einzelne Koernerreihen abgrasen,
// solange wie noch weitere Reihen existieren; er unterscheidet
// dabei, ob er die Reihen nach Osten oder nach Westen hin abgrast
void main()
{
  ernteEineReiheNachOsten();
  while (weitereReiheLinksVomHamsterExistiert())
  {
    begibDichLinksUmInNaechsteReihe();
    ernteEineReiheNachWesten();
    if (weitereReiheRechtsVomHamsterExistiert())
    {
      begibDichRechtsUmInNaechsteReihe();
      ernteEineReiheNachOsten();
    }
  }
}

// der Hamster soll alle Koerner in einer Reihe einsammeln;
// er laeuft dabei von Westen nach Osten
void ernteEineReiheNachOsten() { }

// der Hamster soll alle Koerner in einer Reihe einsammeln;
// er laeuft dabei von Osten nach Westen
void ernteEineReiheNachWesten() { }

// Ueberpruefung, ob in noerdlicher Richtung (vom Hamster aus
// gesehen links) eine weitere nicht mit Mauern besetzte
// Reihe existiert
boolean weitereReiheLinksVomHamsterExistiert() { }

// Ueberpruefung, ob in noerdlicher Richtung (vom Hamster aus
```

```
// gesehen rechts) eine weitere nicht mit Mauern besetzte
// Reihe existiert
boolean weitereReiheRechtsVomHamsterExistiert() { }

// der Hamster soll sich in die naechste Reihe in noerdlicher
// Richtung begeben; vom Hamster aus gesehen, liegt diese Reihe
// links von ihm
void begibDichLinksUmInNaechsteReihe() { }

// der Hamster soll sich in die naechste Reihe in noerdlicher
// Richtung begeben; vom Hamster aus gesehen, liegt diese Reihe
// rechts von ihm
void begibDichRechtsUmInNaechsteReihe() { }
```

Bei der Implementierung der beiden Prozeduren ernteEineReiheNachOsten und ernteEineReiheNachWesten stellt sich schnell heraus, daß beide dieselbe Gestalt haben. Also wird eine Prozedur ernteEineReihe definiert und durch die beiden Prozeduren aufgerufen. Die Implementierung der Prozedur ernteEineReihe ist dabei relativ problemlos:

```
// der Hamster soll alle Koerner in einer Reihe einsammeln;
// er laeuft dabei von Westen nach Osten
void ernteEineReiheNachOsten()
{
   ernteEineReihe();
}

// der Hamster soll alle Koerner in einer Reihe einsammeln;
// er laeuft dabei von Osten nach Westen
void ernteEineReiheNachWesten()
{
   ernteEineReihe();
}

// der Hamster soll alle Koerner in einer Reihe einsammeln
void ernteEineReihe()
{
   sammle();
   while (vornFrei())
   {
      vor(); sammle();
   }
}
```

```
// der Hamster sammelt alle Koerner eines Feldes ein
void sammle()
{
  while (kornDa()) { nimm(); }
}
```

Auch die Implementierung der beiden booleschen Funktionen bereitet keine großen Schwierigkeiten. Es muß einfach nur getestet werden, ob sich links bzw. rechts vom Hamster eine Mauer befindet:

```
// Ueberpruefung, ob in noerdlicher Richtung (vom Hamster aus
// gesehen links) eine weitere nicht mit Mauern besetzte
// Reihe existiert
boolean weitereReiheLinksVomHamsterExistiert()
{
  return linksFrei();
}

// Ueberpruefung, ob in noerdlicher Richtung (vom Hamster aus
// gesehen rechts) eine weitere nicht mit Mauern besetzte
// Reihe existiert
boolean weitereReiheRechtsVomHamsterExistiert()
{
  return rechtsFrei();
}

// Ueberpruefung, ob sich links vom Hamster eine Mauer befindet
boolean linksFrei()
{
  linksUm();
  if (vornFrei())
  {
    rechtsUm(); return true;
  }
  else
  {
    rechtsUm(); return false;
  }
}

// Ueberpruefung, ob sich rechts vom Hamster eine Mauer befindet
```

```
boolean rechtsFrei()
{
  rechtsUm();
  if (vornFrei())
  {
    linksUm(); return true;
  }
  else
  {
    linksUm(); return false;
  }
}


// drehe dich um 90 Grad nach rechts
void rechtsUm() { kehrt(); linksUm(); }

// drehe dich um 180 Grad
void kehrt() { linksUm(); linksUm(); }
```

Die beiden Prozeduren zum Wechseln der Reihe werden nur aufgerufen, wenn die Reihe in nördlicher Richtung auch frei ist. Sie sind also besonders einfach zu implementieren:

```
// der Hamster soll sich in die naechste Reihe in noerdlicher
// Richtung begeben; vom Hamster aus gesehen, liegt diese Reihe
// links von ihm
void begibDichLinksUmInNaechsteReihe()
{
  linksUm(); vor(); linksUm();
}

// der Hamster soll sich in die naechste Reihe in noerdlicher
// Richtung begeben; vom Hamster aus gesehen, liegt diese Reihe
// rechts von ihm
void begibDichRechtsUmInNaechsteReihe()
{
  rechtsUm(); vor(); rechtsUm();
}
```

Damit sind alle Prozeduren bzw. booleschen Funktionen implementiert, das Hamsterprogramm ist fertiggestellt.

12.7.4   Implementierung

In der Implementierungsphase wird der Programmcode nun mit einem Editor in den Rechner eingegeben und auf syntaktische Fehler untersucht.

12.7.5   Test

In der Testphase wird das Programm auf allen Landschaften der Testmenge (siehe Abbildung 12.3 gestartet. In den Fällen (a) und (c) liefert es auch die erwarteten korrekten Ergebnisse. In Fall (b) gerät das Programm jedoch in eine Endlosschleife: Die beiden Reihen werden ununterbrochen zyklisch vom Hamster durchlaufen. Also ist das Programm nicht korrekt!

Es muß nun untersucht werden, woran der Fehler liegt: Der Hamster erntet die untere Reihe ab und testet die Bedingung der while-Schleife. Die boolesche Funktion liefert den Wert `true`, d.h. die while-Schleife wird betreten. Also begibt sich der Hamster in die obere Reihe und erntet. Anschließend wird die Bedingung der if-Anweisung überprüft. Die boolesche Funktion liefert den Wert `false`, weil sich rechts vom Hamster eine Mauer befindet. Da die if-Anweisungen keinen else-Teil enthält, wird als nächstes wieder die Bedingung der while-Schleife überprüft. Eigentlich müßte diese nun den Wert `false` liefern, weil ja alle Reihen abgegrast sind. Tut sie aber leider nicht. Der Grund hierfür ist der, daß als Vorbedingung für die boolesche Funktion `weitereReiheLinksVomHamsterExistiert`, die in der Bedingung der while-Schleife aufgerufen, angenommen wird, daß der Hamster gerade in Blickrichtung Osten schaut. Diese Vorbedingung ist aber nicht erfüllt; denn ein Richtungswechsel wird nur im true-Teil der if-Anweisung, nicht aber im false-Teil der if-Anweisung vorgenommen. Dies haben wir bei der obigen Lösung schlicht vergessen. Wir müssen das Hauptprogramm dementsprechend korrigieren:

```
// der Hamster soll einzelne Koernerreihen abgrasen,
// solange wie noch weitere Reihen existieren; er unterscheidet
// dabei, ob er die Reihen von Osten oder von Westen aus abgrast
void main()
{
  ernteEineReiheNachOsten();
  while (weitereReiheLinksVomHamsterExistiert())
  {
    begibDichLinksUmInNaechsteReihe();
    ernteEineReiheNachWesten();
    if (weitereReiheRechtsVomHamsterExistiert())
    {
      begibDichRechtsUmInNaechsteReihe();
      ernteEineReiheNachOsten();
    }
```

```
    else
    {
      kehrt();
    }
  }
}
```

Nach der Compilierung muß nun das Programm erneut mit allen (!) Hamsterland-schaften der Testmenge getestet werden. Dieses Mal liefert es tatsächlich in allen Fällen die erwarteten Ergebnisse (siehe auch die Ausschnitte des Testlaufprotokolls in Abbildung 12.4).

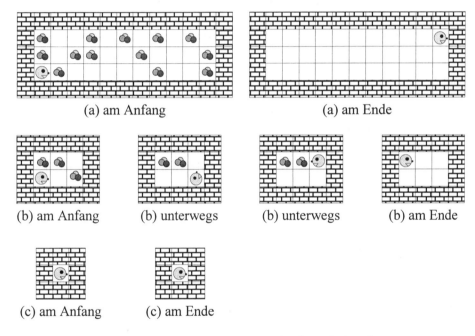

(a) am Anfang   (a) am Ende

(b) am Anfang   (b) unterwegs   (b) unterwegs   (b) am Ende

(c) am Anfang   (c) am Ende

Abbildung 12.4: Protokoll der Testläufe zu Beispiel 2

12.7.6 Dokumentation

Der Vollständigkeit halber werden im folgenden nochmal alle Bestandteile der Do-kumentation zusammengestellt.

12.7.6.1 Problemstellung

In einem rechteckigen geschlossenen Raum unbekannter Größe ohne innere Mauern sind wahllos eine unbekannte Anzahl an Körnern verstreut. Der Hamster, der sich zu Anfang in der linken unteren Ecke des Hamster-Territoriums mit Blickrichtung Ost befindet, soll alle Körner aufsammeln und dann stehenbleiben.

Die präzisierte Problemstellung lautet:

- bzgl. der Ausgangssituation:

    - Der Hamster steht in der unteren linken Ecke des Territoriums.
    - Der Hamster schaut nach Osten.
    - Die Anzahl an Körnern im Maul des Hamster ist nicht festgelegt.
    - Auf beliebigen Feldern in Territorium liegen beliebig viele Körner.
    - Das Territorium ist von einer rechteckigen geschlossenen Wand von Mauern umgeben; ansonsten befinden sich keine Mauern im Territorium; es existiert mindestens ein Feld im Territorium, auf dem keine Mauer steht.

- bzgl. der Endsituation:

    - Die Position des Hamsters ist nicht festgelegt.
    - Die Blickrichtung des Hamsters ist nicht festgelegt.
    - Die Anzahl an Körnern im Maul des Hamsters ist nicht festgelegt.
    - Auf keinem Feld im Territorium sollen mehr Körner liegen (d.h. der Hamster soll alle Körner, die anfangs im Territorium liegen, einsammeln)

- bzgl. des Weges des Hamsters:

    - Es gibt keine Nebenbedingungen bzgl. des Weges des Hamsters.

12.7.6.2 Lösungsidee

Der Hamster soll die Reihe „abgrasen", in der er sich gerade befindet. Anschließend soll er testen, ob sich nördlich von ihm noch eine weitere Reihe befindet. Wenn ja, soll er sich in diese Reihe begeben und diese Reihe abgrasen. Dieser Vorgang soll solange wiederholt werden, bis der Hamster die nördliche Begrenzungswand erreicht.

12.7.6.3 Programmcode

```
// der Hamster soll einzelne Koernerreihen abgrasen,
// solange wie noch weitere Reihen existieren; er unterscheidet
// dabei, ob er die Reihen von Osten oder von Westen aus abgrast
void main()
{
  ernteEineReiheNachOsten();
  while (weitereReiheLinksVomHamsterExistiert())
  {
```

```
    begibDichLinksUmInNaechsteReihe();
    ernteEineReiheNachWesten();
    if (weitereReiheRechtsVomHamsterExistiert())
    {
      begibDichRechtsUmInNaechsteReihe();
      ernteEineReiheNachOsten();
    }
    else
    {
      kehrt();
    }
  }
}

// der Hamster soll alle Koerner in einer Reihe einsammeln;
// er laeuft dabei von Westen nach Osten
void ernteEineReiheNachOsten()
{
  ernteEineReihe();
}

// der Hamster soll alle Koerner in einer Reihe einsammeln;
// er laeuft dabei von Osten nach Westen
void ernteEineReiheNachWesten()
{
  ernteEineReihe();
}

// der Hamster soll alle Koerner in einer Reihe einsammeln
void ernteEineReihe()
{
  sammle();
  while (vornFrei())
  {
    vor(); sammle();
  }
}

// der Hamster sammelt alle Koerner eines Feldes ein
void sammle()
{
  while (kornDa()) { nimm(); }
}
```

```
// Ueberpruefung, ob in noerdlicher Richtung (vom Hamster aus
// gesehen links) eine weitere nicht mit Mauern besetzte
// Reihe existiert
boolean weitereReiheLinksVomHamsterExistiert()
{
  return linksFrei();
}


// Ueberpruefung, ob in noerdlicher Richtung (vom Hamster aus
// gesehen rechts) eine weitere nicht mit Mauern besetzte
// Reihe existiert
boolean weitereReiheRechtsVomHamsterExistiert()
{
  return rechtsFrei();
}


// Ueberpruefung, ob sich links vom Hamster eine Mauer befindet
boolean linksFrei()
{
  linksUm();
  if (vornFrei())
  {
    rechtsUm(); return true;
  }
  else
  {
    rechtsUm(); return false;
  }
}


// Ueberpruefung, ob sich rechts vom Hamster eine Mauer befindet
boolean rechtsFrei()
{
  rechtsUm();
  if (vornFrei())
  {
    linksUm(); return true;
  }
  else
  {
    linksUm(); return false;
  }
```

```
}

// drehe dich um 90 Grad nach rechts
void rechtsUm() { kehrt(); linksUm(); }

// drehe dich um 180 Grad
void kehrt() { linksUm(); linksUm(); }

// der Hamster soll sich in die naechste Reihe in noerdlicher
// Richtung begeben; vom Hamster aus gesehen, liegt diese Reihe
// links von ihm
void begibDichLinksUmInNaechsteReihe()
{
  linksUm(); vor(); linksUm();
}

// der Hamster soll sich in die naechste Reihe in noerdlicher
// Richtung begeben; vom Hamster aus gesehen, liegt diese Reihe
// rechts von ihm
void begibDichRechtsUmInNaechsteReihe()
{
  rechtsUm(); vor(); rechtsUm();
}
```

12.7.6.4 Testmenge mit Protokollen der Testläufe

Die Testmenge sowie Ausschnitte aus den Ergebnissen der Testläufe des Programms finden sich in Abbildung 12.4.

12.7.6.5 Aufgetretene Probleme

Bei der Lösung der Hamsteraufgabe sind keine nennenswerten Probleme aufgetreten.

12.7.6.6 Alternative Lösungsansätze

Eine alternative Lösungsidee ist die, daß der Hamster nach dem Abgrasen einer Reihe zunächst jeweils wieder die Reihe zurückläuft, bevor er sich in die nächste Reihe begibt (siehe auch Kapitel 10.4.1). Bei dieser Lösungsidee ist das Hauptprogramm ein wenig verständlicher, weil nicht zwischen den beiden Fällen „grase eine Reihe nach Osten hin ab" und „grase eine Reihe nach Westen hin ab" unterschieden werden muß. Die Lösung ist aber nicht besonders effizient.

12.8   Übungsaufgaben

Nun sind wieder Sie gefordert; denn in diesem Abschnitt werden Ihnen einige Hamsteraufgaben gestellt, die sie selbständig zu lösen haben. Entwickeln Sie Ihre Programme dabei nach dem in diesem Kapitel erläuterten Verfahren, und halten Sie die Ergebnisse den Dokumentationsrichtlinien entsprechend fest. Denken Sie sich darüber hinaus selbst weitere Hamsteraufgaben aus, und versuchen Sie, diese zu lösen. Viel Spaß!

12.8.1   Aufgabe 1

Der Hamster steht in einem durch Mauern abgeschlossenen Raum unbekannter Größe. Er hat den Anfang einer Körnerspur entdeckt, die sich durch sein Territorium zieht. Die Körnerspur kreuzt sich nirgends und zwischen zwei parallelen Reihen, in denen die Spur verläuft, ist immer eine Reihe frei (siehe auch die Landschaft in Abbildung 12.5). Außer den Körnern der Spur befinden sich keine weiteren Körner im Territorium. Die Aufgabe des Hamsters besteht darin, alle Körner einzusammeln und am Ausgangspunkt der Spur (dort wo der Hamster anfangs steht) abzulegen.

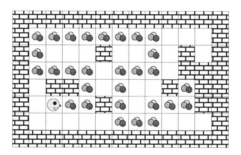

Abbildung 12.5: Typische Ausgangssituation zu Aufgabe 1

12.8.2   Aufgabe 2

In Aufgabe 2 hat der Hamster eine ähnliche Aufgabe zu lösen wie in Aufgabe 1. Nur die Anfangsbedingungen sind etwas erschwert:

Wiederum steht der Hamster in einem durch Mauern abgeschlossenen Raum unbekannter Größe. Er hat eine Körnerspur entdeckt (nicht unbedingt den Anfang!), die sich durch sein Territorium zieht. Im Gegensatz zu Aufgabe 1 kann die Spur jedoch verzweigen. Es gibt allerdings keine „Rundwege". Die Voraussetzung, daß zwischen zwei Reihen der Körnerspur immer eine Reihe frei ist, hat auch in Aufgabe 2 Bestand; ebenfalls die Annahme, daß sich außer den Körnern der Spur keine weiteren Körner im Territorium befinden. Der Hamster soll alle Körner fressen. Er muß aber anschließend nicht unbedingt zum Ausgangspunkt zurücklaufen. Abbildung 12.6 skizziert eine typische Ausgangssituation.

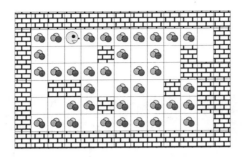

Abbildung 12.6: Typische Ausgangssituation zu Aufgabe 2

12.8.3 Aufgabe 3

Der Hamster steht am Anfang eines Labyrinths (siehe Abbildung 12.7). Dieses besteht aus Gängen, die jeweils so breit sind, wie eine Mauer. Die Gänge können verzweigen, es gibt jedoch keine Rundgänge. Der Hamster „riecht", daß sich irgendwo im Labyrinth ein Korn befindet. Da er Hunger hat, versucht er natürlich, das Korn zu finden und zu fressen.

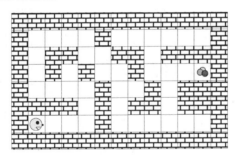

Abbildung 12.7: Typische Ausgangssituation zu Aufgabe 3

Kapitel 13

Boolesche Variablen

Variablen sind Behälter zum Abspeichern von Daten bzw. Werten. In diesem Kapitel werden die Definition sowie die Verwendung von Variablen erläutert. Dabei werden zunächst nur boolesche Variablen berücksichtigt, in denen boolesche Werte abgespeichert werden können. Die Konzepte werden dann in Kapitel 14 auf andere Typen von Werten verallgemeinert. Abschnitt 1 dieses Kapitels motiviert die Einführung von Variablen in die Hamstersprache. Abschnitt 2 stellt anschließend das Variablenkonzept vor. Auf die Definition und Nutzung boolescher Variablen wird in den Abschnitten 3 und 4 eingegangen In Abschnitt 5 wird die boolesche Zuweisung eingeführt, mit der booleschen Variablen neue Werte zugewiesen werden können. Die Abschnitte 6 und 7 erläutern die Begriffe des Gültigkeitsbereichs und der Lebensdauer boolescher Variablen. Anschließend folgen in Abschnitt 8 einige Beispielprogramme, an denen der Einsatz von booleschen Variablen verdeutlicht wird, und in Abschnitt 9 werden ein paar Übungsaufgaben gestellt, durch deren Bearbeitung Sie den Umgang mit booleschen Variablen einüben können.

13.1 Motivation

Variablen lassen sich beschreiben als gewisse Behälter, in denen bestimmte Werte abgelegt werden können. Variablen sind also Speicherbereiche („Gedächtniszellen"). In der Tat entsprechen Variablen Teilen des Hauptspeichers des Rechners (siehe auch Kapitel 4.1.1). An Werten kennt der Hamster bisher lediglich die booleschen Werte `true` und `false`.[1] Die booleschen Werte kann der Hamster zur Zeit in booleschen Ausdrücken nutzen, um bspw. den Kontrollfluß eines Programmes zu beeinflussen. Er kann sich Werte von booleschen Ausdrücken jedoch nicht merken. Schauen Sie sich die Ihnen bereits bekannte boolesche Funktion `linksFrei` an:

```
boolean linksFrei()
{
  linksUm();
  if (vornFrei())
  {
    rechtsUm();
    return true;
  }
```

---

[1] Er wird aber in Kapitel 14 andere Typen von Werten – nämlich Zahlen – kennenlernen.

```
    else
    {
      rechtsUm();
      return false;
    }
  }
```

Die bisherige Formulierung dieser booleschen Funktion erscheint ein wenig umständlich; sowohl im true-Teil als auch im false-Teil der if-Anweisung wird als erstes die Prozedur rechtsUm aufgerufen. Eleganter wäre eine Lösung, die auf folgendem Prinzip basiert:

```
  boolean linksFrei()
  {
    linksUm();
    <berechne den Ausdruck vornFrei() und speichere das Ergebnis in
     Behaelter x>;
    rechtsUm();
    return <den in Behaelter x gespeicherten Wert>;
  }
```

Als derartige Behälter dienen Variablen. Um Variablen in Programmen einsetzen zu können, sind drei Dinge notwendig:

- Variablen müssen erzeugt werden, d.h. es muß ein Bereich des Hauptspeichers des Rechners für sie reserviert werden.

- Variablen müssen Namen zugewiesen werden, damit sie im Programm angesprochen werden können.

- Variablen müssen bei ihrer Erzeugung initialisiert werden, d.h. ihnen muß ein Wert zugewiesen werden, damit sie jederzeit einen definierten Wert enthalten.

Für den Compiler ist eine weitere Bedingung relevant. Ihm muß der *Typ* – genauer *Datentyp* – von Werten (boolesche Werte, Zahlen, Buchstaben, ...) mitgeteilt werden, die in der Variablen gespeichert werden sollen. Ein Grund hierfür ist der, daß der Compiler wissen muß, wieviel Speicherplatz er zu reservieren hat. Sollen lediglich boolesche Werte in der Variablen gespeichert werden, benötigt die Variable wenig Speicherplatz, da es ja nur zwei boolesche Werte gibt (true und false). Im Prinzip würde ein einzelnes Bit hierfür ausreichen. Sollen jedoch Zahlen in der Variablen abgespeichert werden, muß mehr Speicherplatz reserviert werden, da es ja viele – prinzipiell unendlich viele – Zahlen gibt (dazu mehr in Kapitel 14.2). Es gilt:

Je mehr Werte in einer Variablen abgespeichert werden können sollen, umso mehr Speicherplatz muß reserviert werden.

Es gibt noch einen weiteren Grund, wieso der Compiler den Typ von Variablen kennen muß. Dieser betrifft die Konstruktion „sinnvoller" Operationen und wird in Kapitel 14.5.4 erläutert.

13.2 Definition boolescher Variablen

Ein Sprachkonstrukt, das eine neue Variable erzeugt, der Variablen einen Namen gibt und die Variable initialisiert, wird als *Variablendeklaration* bzw. *Variablendefinition* bezeichnet. [2]

13.2.1 Syntax

Die Syntax der booleschen Variablendefinition wird in Abbildung 13.1 skizziert. Der Bezeichner repräsentiert den *Variablennamen*. Der boolesche Ausdruck wird als *Initialwert* der Variablen bezeichnet. Die Variable ist vom Typ `boolean`, daher spricht man auch von *booleschen Variablen*. Boolesche Variablen können boolesche Werte (also `true` und `false`) speichern. Es ist möglich, in einer Variablendefinition mehrere Variablen zu definieren. Hierzu werden die einzelnen Definitionen durch Kommata voneinander getrennt.

Variablendefinitionen können sowohl im Definitionsteil eines Programms (neben Prozedurdefinitionen und Definitionen boolescher Funktionen) auftreten, als auch als Anweisungen benutzt werden. Die Syntaxdiagramme „Anweisung" aus Abbildung 11.1 und „Definitionen" aus Abbildung 11.2 werden daher in Abbildung 13.1 erweitert. Welche Auswirkung es hat, eine Variablendefinition als Definition oder als Anweisung einzusetzen, wird in Abschnitt 13.5 erläutert.

13.2.2 Semantik

Für die Ausführung eines Hamsterprogramms hat die Definition einer booleschen Variablen keine direkte Auswirkung. Es wird genügend Speicherplatz reserviert, um boolesche Werte abspeichern zu können. Anschließend wird der boolesche Ausdruck ausgewertet und der ermittelte Wert in der Variablen als sogenannter *Initialwert* gespeichert. Fehlt der boolesche Ausdruck, so wird der booleschen Variablen automatisch der initiale Wert `false` zugewiesen.

---

[2]Genau genommen handelt es sich bei der Deklaration und der Definition einer Variablen um unterschiedliche Dinge: die Deklaration führt den Namen der Variablen ein und die Definition reserviert Speicherplatz; aber in der Hamstersprache und auch in Java wird eine reine Deklaration von Variablen nicht unterstützt; hier werden Deklaration und Definition immer gemeinsam durchgeführt.

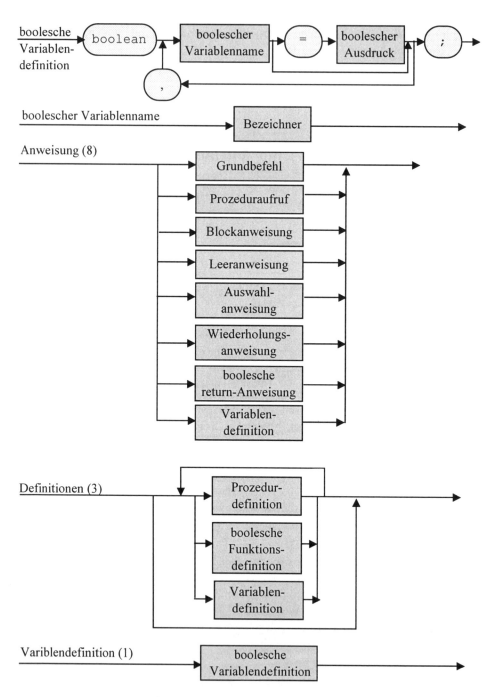

Abbildung 13.1: Syntaxdiagramm: Definition boolescher Variablen

13.2.3 Beispiele

In den folgenden Beispielen werden jeweils boolesche Variablen definiert:

```
boolean immer_wahr = true;
boolean mauer_da   = !vornFrei();
boolean test       = kornDa() && !maulLeer();
boolean b1, b2 = true, b3;
```

In der ersten Anweisung wird eine boolesche Variable namens immer_wahr erzeugt und ihr der Initialwert true zugewiesen. In der zweiten Anweisung wird eine boolesche Variable mauerDa angelegt. Anschließend wird der Wert des booleschen Ausdrucks !vornFrei() ermittelt und dieser in der Variablen gespeichert. In der dritten Anweisung bekommt die zunächst angelegte Variable mit dem Namen test den Initialwert zugewiesen, den die Berechnung des booleschen Ausdrucks kornDa() && !maulLeer() ergibt. In der vierten Anweisung werden insgesamt drei boolesche Variablen definiert. Die beiden Variablen b1 und b3 werden dabei automatisch mit dem Default-Wert false initialisiert, in b2 wird explizit der Wert true gespeichert.

13.2.4 Konventionen zur Benennung boolescher Variablen

In den Kapitel 8.2.4 und 11.3 haben wir Konventionen zur Benennung von Prozeduren und booleschen Funktionen eingeführt. Danach sollten Prozedur- und Funktionsnamen nur Kleinbuchstaben und Ziffern enthalten, allerdings mit der Ausnahme, daß, falls ein Name aus mehreren Wortbestandteilen besteht, ab dem zweiten Wortteil dieses Wort mit einem Großbuchstaben beginnt.

```
void laufeBisZurNaechstenWand()
{
    while (vornFrei()) vor();
}

boolean mauerDa()
{
    return !vornFrei();
}
```

Mit den booleschen Variablen existieren nun weitere Sprachelemente in Ihren Programmen, für die Sie bei ihrer Definition einen Bezeichner anzugeben haben.

Für den Compiler spielt es keine Rolle, wie Sie die Bezeichner wählen. Sie müssen sich lediglich an die korrekte Syntax für Bezeichner halten (siehe Kapitel 6.3.3). Da der Compiler aufgrund des nachgestellten Klammerpaares bei einem Prozedur-

oder Funktionsaufruf zwischen der Nutzung einer Prozedur bzw. Funktion und einer Variablen – hier entfallen die Klammern (siehe Abschnitt 13.3) – unterscheiden kann, können Sie prinzipiell sogar gleichnamige Funktionen und Variablen in Ihrem Programm verwenden. Der besseren Verständlichkeit und Lesbarkeit halber sollten Sie das jedoch möglichst vermeiden und sich darüber hinaus bei der Vergabe von Variablennamen an folgende Konventionen halten, die sich auch bei den meisten Java-Programmierer durchgesetzt haben: Variablen enthalten ausschließlich Kleinbuchstaben und Ziffern. Besteht ein Variablenname aus mehreren Wortbestandteilen, so werden diese durch einen Unterstrich (_) voneinander getrennt.

```
boolean korn_vorhanden = kornDa();
boolean freie_bahn = vornFrei();
boolean links_und_rechts_frei = linksFrei() && rechtsFrei();
```

Wir werden in Teil III im zweiten Band weitere Sprachelemente kennenlernen, für die Bezeichner verwendet werden und werden auch für die Benennung dieser Konstrukte bestimmte Konventionen einführen.

13.3   Nutzung boolescher Variablen

Bis jetzt haben Sie kennengelernt, wie boolesche Variablen erzeugt werden. Sie haben jedoch noch nicht erfahren, wie diese Variablen nun im weiteren Verlauf eines Programms genutzt werden können. Dazu werden wir nun die booleschen Ausdrücke erweitern (siehe auch Kapitel 9.2 und 11.4).

13.3.1   Syntax

In Abbildung 13.2 wird das Syntaxdiagramm „Boolescher Ausdruck" aus Abbildung 11.3 erweitert. Danach können Namen boolescher Variablen als boolesche Ausdrücke verwendet bzw. in booleschen Ausdrücken eingesetzt werden. Als zusätzliche Bedingung gilt: Eine boolesche Variable, die in einem booleschen Ausdruck verwendet wird, muß *gültig* sein. Der Begriff der „Gültigkeit" einer Variablen wird in Abschnitt 13.5 präziser definiert.[3]

13.3.2   Semantik

Enthält ein boolescher Ausdruck den Namen einer booleschen Variablen, dann wird bei der Auswertung des booleschen Ausdrucks an der entsprechenden Stelle der Wert berücksichtigt, der aktuell in der Variablen gespeichert ist.

---

[3]An dieser Stelle reicht es zu wissen, daß eine Variable gültig ist, wenn sie vor ihrer Benutzung definiert wurde.

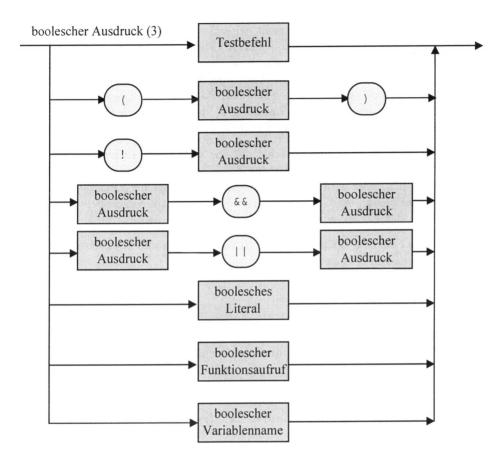

Abbildung 13.2: Syntaxdiagramm: Boolescher Ausdruck (Erweiterung)

13.3.3 Beispiele

In den folgenden Beispielen wird der Einsatz boolescher Variablen verdeutlicht:

```
boolean mauerDa()
{
  boolean ist_mauer_da = !vornFrei();
  return ist_mauer_da;
}
boolean testeLage()
{
  boolean test = kornDa() && !maulLeer();
  return test || vornFrei();
}
```

Falls der Hamster vor einer Mauer steht, wird der Variablen `ist_mauer_da` bei der
Ausführung der booleschen Funktion `mauerDa` durch Berechnung des booleschen
Ausdrucks `!vornFrei()` der Initialwert `true` zugewiesen. Andernfalls erhält die Variable den Wert `false`. In der return-Anweisung `return ist_mauer_da;` wird nun
der Wert des booleschen Ausdrucks `ist_mauer_da` berechnet. Dieser Ausdruck besteht lediglich aus der booleschen Variablen, so daß sich der Wert des booleschen
Ausdrucks durch den aktuellen Wert der Variablen ergibt.

Im zweiten Beispiel wird eine Variable namens `test` angelegt und ihr ein Initialwert zugewiesen, der durch Auswertung des booleschen Ausdrucks `kornDa() &&
!maulLeer()` berechnet wird. In der return-Anweisung tritt der Name der Variablen
in der Disjunktion auf. Wird der Wert der Disjunktion berechnet, so geht jeweils der
aktuelle Wert der Variablen `test` in die Berechnung mit ein.

Die boolesche Funktion `linksFrei` läßt sich durch den Einsatz boolescher Variablen
nun folgendermaßen definieren:

```
boolean linksFrei()
{
  linksUm();
  // berechne den Ausdruck vornFrei() und speichere das Ergebnis in
  // Variable ist_frei
  boolean ist_frei = vornFrei();
  rechtsUm();
  // liefere den in der Variablen ist_frei gespeicherten Wert
  return ist_frei;
}
```

13.4 Boolesche Zuweisung

In einer Variablen kann zu jeder Zeit immer nur genau ein Wert abgespeichert werden. Die boolesche Zuweisung ist eine spezielle Anweisung, mit der der Inhalt einer
booleschen Variablen, d.h. der in ihr gespeicherte Wert, verändert werden kann.

13.4.1 Syntax

Das Syntaxdiagramm in Abbildung 13.3 beschreibt den Aufbau einer booleschen
Zuweisung. Als zusätzliche Bedingung gilt: Die boolesche Variable, der ein neuer
Wert zugewiesen wird, muß *gültig* sein. Der Begriff der „Gültigkeit" einer Variablen
wird in Abschnitt 13.5 präziser definiert.

Wir betrachten die Zuweisung zunächst als eine spezielle Anweisung. Daher wird in
Abbildung 13.3 das Syntaxdiagramm „Anweisung" aus Abbildung 13.1 erweitert.

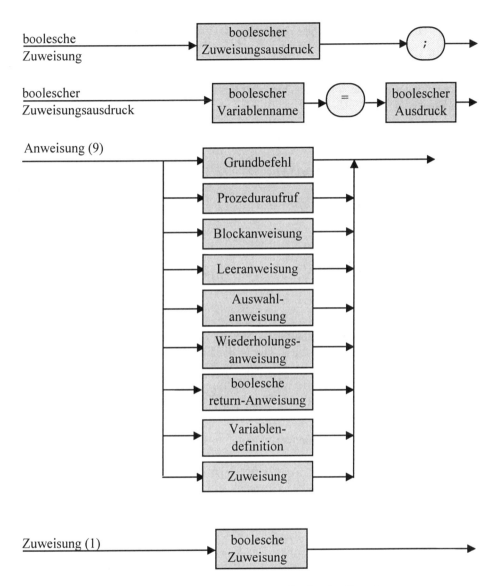

Abbildung 13.3: Syntaxdiagramm: Boolesche Zuweisung

13.4.2 Semantik

Das Zeichen „=" repräsentiert den sogenannten *Zuweisungsoperator*. Dieser ist rechts-assoziativ. Daher wird bei der Ausführung einer booleschen Zuweisung zunächst der Wert des booleschen Ausdrucks (rechter Operand des Zuweisungsoperators) berechnet. Anschließend wird dieser Wert in der Variablen auf der linken Seite gespeichert oder anders ausgedrückt: Der alte Wert der booleschen Variablen wird durch den berechneten Wert des booleschen Ausdrucks überschrieben, d.h. ersetzt.

13.4.3   Beispiele

Die folgenden Beispiele sollen die Verwendung und die Auswirkungen einer booleschen Zuweisung verdeutlichen:

```
void beispiel()
{
  boolean test = !vornFrei();        // Zeile 3
  // ...
  test = maulLeer() || !kornDa();    // Zeile 5
  // ...
  boolean probe = false;             // Zeile 7
  // ...
  probe = test && kornDa():          // Zeile 9
  // ...
}
```

Die beiden Zeilen 5 und 9 enthalten boolesche Zuweisungen. In Zeile 5 wird der
alte Inhalt der Variablen `test` durch den aktuellen Wert des booleschen Ausdrucks
`maulLeer() || !kornDa()` überschrieben. Die boolesche Variable `probe` erhält in
Zeile 9 einen neuen Wert, der sich aus der Konjunktion des aktuell in der Variablen
`test` gespeicherten Wertes und des Wertes, den der Testbefehl `kornDa()` liefert,
ergibt.

Ganz normal ist es auch, daß ein Variablenname sowohl auf der linken als auch auf
der rechten Seite des Zuweisungsoperators auftaucht:

```
void beispiel()
{
  boolean probe = false;
  probe = !probe;
}
```

Diese boolesche Zuweisung ist folgendermaßen zu interpretieren: Bei einer Zuweisung
wird aufgrund der Rechtsassoziativität des Zuweisungsoperators zunächst immer der
boolesche Ausdruck auf der rechten Seite ausgewertet. Dieser Wert wird anschließend der Variablen auf der linken Seite zugewiesen. Für das Beispiel bedeutet das:
Zunächst wird zur Berechnung des booleschen Ausdrucks der aktuelle Wert der Variablen `probe` ermittelt; dieser wird negiert, und der negierte Wert wird anschließend
der Variablen `probe` zugewiesen. Die Zuweisung im obigen Beispiel führt also immer
dazu, daß der Wert der Variablen `probe` von `true` auf `false` bzw. von `false` auf
`true` geändert wird.

13.5 Gültigkeitsbereich einer booleschen Variable

Als *Gültigkeitsbereich* einer Variablen wird der Teil eines Programmes bezeichnet, in dem eine Variable genutzt werden kann, d.h. in dem der Name einer Variablen verwendet werden darf. Bzgl. des Gültigkeitsbereichs macht es einen Unterschied, ob die Variablendefinition als Anweisung oder als Definition eingesetzt wird.

13.5.1 Variablendefinition als Anweisung

In der Hamstersprache gilt folgende Vereinbarung: Der Gültigkeitsbereich einer in einer Anweisung definierten Variablen – auch *lokale Variable* genannt – erstreckt sich von der der Variablendefinition folgenden Anweisung bis zum Ende desselben Blockes und umschließt alle inneren Blöcke. Im Gültigkeitsbereich einer lokalen Variablen darf keine weitere Variable mit demselben Namen definiert werden.

Beispiel:

```
void main()
{ // Beginn von Block 1
  boolean test = kornDa() && vornFrei();   // Zeile 3
  if (test)                      // Zeile 4
  { // Beginn von Block 1.1
    nimm();
    vor();
    test = !test;                   // Zeile 8
  } // Ende von Block 1.1
  else
  { // Beginn von Block 1.2
    linksUm();
  } // Ende von Block 1.2
  // ...
} // Ende von Block 1;            // Zeile 15
```

Das Beispiel enthält keine syntaktischen Fehler: Der Gültigkeitsbereich der Variablen test erstreckt sich von Zeile 4 bis Zeile 15 und umschließt auch die beiden inneren Blöcke. Inbesondere kann daher die Variable test in den Zeilen 4 und 8 benutzt werden.

Auch das folgende Beispiel ist syntaktisch korrekt:

```
void torkle()
{ // Beginn von Block 1
  vor();
  boolean test = kornDa() && !maulLeer();   // Zeile 4
```

```
if (test)
{  // Beginn von Block 1.1
   nimm();
   boolean probe = vornFrei();              // Zeile 8
   // ...
   probe = !probe;                          // Zeile 10
   // ...
} // Ende von Block 1.1                      // Zeile 12
else
{  // Beginn von Block 1.2                    // Zeile 14
   vor();
   boolean probe = maulLeer();              // Zeile 16
   // ...
   probe = probe || test;                   // Zeile 18
   // ...
} // Ende von Block 1.2                       // Zeile 20
} // Ende von Block 1                         // Zeile 21
```

In dem Beispiel werden insgesamt drei Variablen definiert. Die Variable test ist
gültig von Zeile 5 bis Zeile 21, kann also insbesondere in Zeile 5 und Zeile 18 benutzt
werden. In Zeile 8 wird im Block 1.1 eine Variable namens probe definiert. Diese
Variable ist gültig von Zeile 9 bis zum Ende von Block 1.1 in Zeile 12. Da der
Gültigkeitsbereich der ersten Variable probe in Zeile 12 endet, kann in Zeile 16 in
Block 1.2 erneut eine Variable mit dem Namen probe definiert werden. Diese ist
gültig von Zeile 17 bis zum Ende des Blockes 1.2 in Zeile 20.

Im nächsten Beispiel sind drei syntaktische Fehler eingebaut worden:

```
void main()
{                                           // Zeile 2
  {
    boolean test = vornFrei();              // Zeile 4
    weiter();
  }                                         // Zeile 6
  test = !test;                             // Zeile 7
}

void weiter()
{
  test = test || kornDa();                  // Zeile 12
  // ...
  boolean probe = !probe;                   // Zeile 14
  // ...
```

```
    boolean b1 = maulLeer(), b2 = !b1;       // Zeile 16
  }
```

Der Gültigkeitsbereich der Variablen `test` erstreckt sich von Zeile 5 bis Zeile 6, d.h. der erste Fehler wird vom Compiler in Zeile 7 gemeldet. Hier wird die Variable `test` außerhalb ihres Gültigkeitsbereichs benutzt. Dasselbe gilt auch für Zeile 12, die den zweiten Fehler enthält.

Der dritte Fehler hat sich in Zeile 14 eingeschlichen. Der Gültigkeitsbereich einer Variablen beginnt nämlich erst hinter der Variablendefinition. Insbesondere ist es also nicht zulässig, den Variablennamen bereits im Initialisierungsausdruck zu benutzen.

Die Definition in Zeile 16 ist jedoch korrekt; `b1` wird vor `b2` definiert und initialisiert, so daß die Initialisierung von `b2` mit der Negation des Wertes von `b1` wohldefiniert ist.

Ebenfalls einen Fehler enthält das nächste Beispiel:

```
boolean istOk()
{
  boolean test = vornFrei() && kornDa();     // Zeile 3
  while (test)
  {
    nimm();
    vor();
    boolean test = vornFrei() && kornDa();   // Zeile 8
  }
}                                            // Zeile 10
```

Der Fehler wird vom Compiler in Zeile 8 gemeldet. Der Gültigkeitsbereich der Variablen `test`, die in Zeile 3 definiert wird, erstreckt sich bis Zeile 10, und es ist nicht erlaubt, innerhalb dieses Gültigkeitsbereiches eine weitere Variable gleichen Namens zu definieren, was aber in Zeile 8 versucht wird.

Da Prozedurrümpfe immer einen abgeschlossenen Block bilden, können jederzeit Variablen mit gleichem Namen in verschiedenen Prozeduren bzw. Funktionen definiert werden:

```
boolean linksFrei()
{
  linksUm();
  boolean test = vornFrei();                 // Zeile 4
  rechtsUm();
  return test;
```

```
}

boolean rechtsFrei()
{
  rechtsUm();
  boolean test = vornFrei();              // Zeile 12
  linksUm();
  return test;
}
```

Was zwar zulässig ist, jedoch zu Mißverständnissen führen kann und daher vermieden werden sollte, ist die Verwendung ein und desselben Namens sowohl für eine
Prozedur als auch für eine (lokale) Variable. Folgende boolesche Funktion überprüft
zum Beispiel, ob sich links, rechts, vor und hinter dem Hamster eine Mauer befindet:

```
boolean frei()
{
  boolean frei = vornFrei();
  linksUm();
  frei = frei && vornFrei(); // links frei?
  linksUm();
  frei = frei && vornFrei(); // hinten frei?
  linksUm();
  frei = frei && vornFrei(); // rechts frei?
  linksUm();
  return frei;
}
```

13.5.2 Variablendefinition als Definition

Wird eine Variable im Definitionsteil[4] eines Hamsterprogramms definiert, dann gilt
folgende Vereinbarung: Der Gültigkeitsbereich einer im Definitionsteil definierten
Variablen – auch *globale Variable* genannt – umfaßt das gesamte Hamsterprogramm,
mit Ausnahme des Initialisierungsausdruck der Variablen selbst sowie der Initiali-
sierungsausdrücke von anderen globalen Variablen, die erst später definiert werden.
Im gesamten Programm dürfen nicht mehrere globale Variablen mit demselben Namen definiert werden. Es ist jedoch erlaubt, lokale Variablen mit dem Namen einer
globalen Variablen zu versehen.

Im folgenden Beispiel wird eine globale Variable gerade definiert. Auf diese eine
Variable greifen sowohl die Prozedur main als auch die Prozedur sammle zu:

---

[4]also neben den Prozeduren und booleschen Funktionen

```
// Definition einer globalen Variablen
boolean gerade = true;

void main()
{
  sammle();
  while (vornFrei())
  {
    vor();
    sammle();
  }
  if (gerade)  // Zugriff auf die globale Variable
  {
    linksUm();
  }
}

void sammle()
{
  while (kornDa())
  {
    nimm();
    gerade = !gerade;  // Zugriff auf die globale Variable
  }
}
```

Insbesondere ist es definitionsgemäß auch möglich, globale Variablen zu benutzen, ohne sie *vorher* definiert zu haben. Folgendes Programm ist vollkommen korrekt:

```
void main()
{
  sammle();
  while (vornFrei())
  {
    vor();
    sammle();
  }
  if (gerade)  // Zugriff auf die erst weiter unten definierte
               // globale Variable
  {
    linksUm();
  }
}
```

```
void sammle()
{
  while (kornDa())
  {
    nimm();
    gerade = !gerade;  // Zugriff auf die globale Variable
  }
}


// Definition einer globalen Variablen
boolean gerade = true;
```

Vermeiden Sie solche Fälle jedoch, da derartige Programme schwerer verständlich und fehleranfälliger sind. Gewöhnen Sie sich an, auch globale Variablen vor ihrer ersten Benutzung zu definieren.

Der Gültigkeitsbereich einer globalen Variablen umfaßt nicht das gesamte Hamster-programm. Wie bereits erwähnt gibt es eine Einschränkung. Bei der Initialisierung globaler Variablen ist nämlich darauf zu achten, daß im Initialisierungsausdruck nur Namen von globalen Variablen auftreten dürfen, die vorher definiert worden sind. Der Grund hierfür ist der, daß globale Variablen in der Reihenfolge initialisiert werden, in der sie im Programm definiert werden. Ohne diese Einschränkung des Gültigkeitsbereiches globaler Variablen wäre eine wohldefinierte Initialisierung in bestimmten Fällen gar nicht möglich wie das folgende Beispiel zeigt:

```
boolean b1 = !b2;      // Fehler: Vorwaertsreferenz auf b2!
boolean b2 = !b2;      // Fehler: Vorwaertsreferenz auf b2!
boolean b3 = b1 && b2; // ok
void main()
{
  // ...
}
```

Das nächste Beispiel demonstriert den erlaubten Fall, daß eine lokale Variable mit dem Namen einer bereits definierten globalen Variablen definiert wird:

```
boolean gefunden = false;          // Zeile 1

void main()
{
  while (!gefunden)                // Zeile 5
```

```
  {
    suche();
    linksUm();
  }
}
void suche()
{
  boolean gefunden = false;          // Zeile 14
  while (!gefunden && vornFrei())    // Zeile 15
  {
    vor();
    if (kornDa())
    {
      gefunden = true;               // Zeile 20
    }
  }
}
```

In diesem Programm werden zwei boolesche Variablen mit dem Namen gefunden
definiert, eine global in Zeile 1 und eine lokal in Zeile 14. Letzteres ist erlaubt, obwohl
die lokale Variable ja eigentlich im Gültigkeitsbereich der gleichnamigen globale Variablen definiert wird. Was bedeutet das aber für die Benutzung des Variablennamens
gefunden in den Zeilen 5, 15 und 20? Ist hier die lokale oder die globale Variable gemeint? Es gilt: Wird eine lokale Variable im Gültigkeitsbereich einer gleichnamigen
globalen Variablen definiert, dann „überdeckt" der Gültigkeitsbereich der lokalen
Variablen den Gültigkeitsbereich der globalen Variablen, d.h. tritt im Gültigkeitsbereich der lokalen Variablen der zweifach vergegebene Name auf, dann ist damit
die lokale Variable gemeint. Es ist nicht möglich, im Gültigkeitsbereich der lokalen
Variablen auf eine globale Variable mit demselben Namen zuzugreifen.

Für das obige Beispiel bedeutet das: In den Zeilen 15 und 20 wird auf die lokale
Variable gefunden zugegriffen, während Zeile 5 auf die globale Variable gefunden
zugreift. Da nirgendwo im Programm der Wert der globalen Variablen gefunden
verändert wird, produziert die main-Prozedur eine Endlosschleife. Unterlassen Sie
möglichst eine Gleichbenennung von globalen und lokalen Variablen, um solche Fehler zu vermeiden.

Die Benutzung globaler Variablen gilt in der imperativen Programmierung als „un-
sauber", da die Gefahr, daß sich dadurch Fehler in ein Programm einschleichen,
steigt. Programme sind übersichtlicher, wenn Prozeduren bzw. boolesche Funktionen nur auf solche Variablen zugreifen, die lokal in der Prozedur bzw. Funktion
definiert sind („Lokalitätsprinzip"). Wir werden in Kapitel 16 das Konzept der Parameter kennenlernen, mit denen die Nutzung globaler Parameter weitgehend vermieden werden kann.

13.6   Lebensdauer einer booleschen Variable

Während der Gültigkeitsbereich einer booleschen Variablen zur Compilierzeit von
Bedeutung ist, ist die *Lebensdauer* einer booleschen Variablen eine Größe, die zur
Laufzeit Relevanz besitzt. Sie ist definiert als die Zeitspanne, während der im Hauptspeicher Speicherplatz für eine Variable reserviert ist. Für boolesche Variablen gilt
dabei: Die Lebensdauer einer globalen Variablen umfaßt die gesamte Ausführungszeit eines Hamsterprogramms. Die Lebensdauer einer lokalen Variablen beginnt bei
ihrer Definition und endet nach der vollständigen Abarbeitung des Blocks, in dem
sie definiert wurde.

Das heißt, wird zwischen der Definition einer lokalen Variablen und dem Ende des
Blocks eine Prozedur oder Funktion aufgerufen, so ist die Variable auch während
der Ausführung der Funktion „lebendig", aber da die Variable in der Prozedur bzw.
Funktion nicht gültig ist, ist sie dort nicht zugreifbar.

Schauen Sie sich dazu das folgende Programm an:

```
void main()
{
  boolean gefunden = false;      // Zeile 3
  while (!gefunden)              // Zeile 4
  {
    gefunden = suche();          // Zeile 6
    linksUm();
  }                              // Zeile 8
}

boolean suche()
{
  while (vornFrei())
  {
    vor();
    if (kornDa())
    {
      return true;
    }
  }
  return false;
}
```

Der Gültigkeitsbereich der booleschen Variablen **gefunden** erstreckt sich von Zeile
4 bis Zeile 8. Sie ist also inbesondere nicht in der Funktion **suche()** gültig. Die
Lebensdauer der Variablen **gefunden** beginnt in Zeile 3 und endet in Zeile 8. Sie ist

jedoch aufgrund des Funktionsaufrufs in Zeile 6 auch während der Ausführung der Funktion suche lebendig.

Im folgenden Beispiel ist die Variable probe innerhalb des Schleifenrumpfes gültig und während der Ausführung des Schleifenrumpfes lebendig. Genau genommen handelt es sich jedoch nicht um eine einzelne Variable sondern um mehrere. Jedesmal wenn während der Ausführung des Programms der Schleifenrumpf durchlaufen wird, wird nämlich eine neue Variable definiert, d.h. Speicherplatz reserviert; nach der Abarbeitung des Schleifenrumpfes wird die Variable wieder zerstört, d.h. der Speicherplatz wird wieder freigegeben.

```
while (!kornDa())
{
   boolean probe = maulLeer();
   // ...
   probe = !probe;
}
```

13.7   Beispielprogramme

In diesem Abschnitt werden einige Beispiele für Hamsterprogramme gegeben, die Ihnen den Einsatz von booleschen Variablen demonstrieren sollen. Es wird jeweils eine Musterlösung vorgestellt. Schauen Sie sich die Beispiele genau an, und versuchen Sie, die Lösungen nachzuvollziehen.

13.7.1   Beispielprogramm 1

Aufgabe:
Der Hamster steht irgendwo in seinem Territorium. Er soll bis zur nächsten Wand laufen und dabei alle Körner, die er unterwegs findet, einsammeln. Nur wenn er eine gerade Anzahl an Körnern oder gar keins eingesammelt hat, soll er alle Körner, die er im Maul hat, an der Mauer ablegen. Ansonsten soll er nichts weiter tun.

Lösung (ohne globale Variablen):

```
void main()
{
   boolean gerade_anzahl = true; // 0 Koerner eingesammelt
   gerade_anzahl = sammle();
   while (vornFrei())
   {
      vor();
      boolean gesammelt = sammle();
```

```
      gerade_anzahl =
        (gerade_anzahl && gesammelt) ||
        (!gerade_anzahl && !gesammelt);
        // gerade Zahl + gerade Zahl = gerade Zahl
        // ungerade Zahl + ungerade Zahl = gerade Zahl
        // alle anderen Faelle ergeben eine ungerade Zahl
    }
    if (gerade_anzahl)
    {
      while (!maulLeer())
      {
        gib();
      }
    }
  }


  // sammle alle Koerner auf aktuellem Feld auf; falls gerade
  // Anzahl an Koernern eingesammelt wurde, liefere true;
  // ansonsten liefere false
  boolean sammle()
  {
    boolean gerade_anzahl = true;  // 0 Koerner eingesammelt
    while (kornDa())
    {
      nimm();
      gerade_anzahl = !gerade_anzahl;
        // auf jede gerade folgt eine ungerade Zahl und umgekehrt
    }
    return gerade_anzahl;
  }
```

Lösung (mit einer globalen Variablen):

```
  // globale Variable
  boolean gerade_anzahl = true; // 0 Koerner eingesammelt

  void main()
  {
    sammle();
    while (vornFrei())
    {
      vor();
```

```
      sammle();
    }
    if (gerade_anzahl)  // Zugriff auf globale Variable
    {
      while (!maulLeer())
      {
        gib();
      }
    }
}

// sammle alle Koerner auf aktuellem Feld auf
void sammle()
{
  while (kornDa())
  {
    nimm();
    gerade_anzahl = !gerade_anzahl;
      // auf jede gerade folgt eine ungerade Zahl und umgekehrt
  }
}
```

13.7.2 Beispielprogramm 2

Aufgabe:

Dem Hamster soll eine allgemeingültige boolesche Funktion zur Verfügung gestellt werden, die testet, ob entweder das Feld links von ihm oder das Feld rechts von ihm frei ist.

Lösung:

```
boolean entwederLinksOderRechtsFrei()
{
  /* Wahrheitstafel fuer "entweder oder"-Aussage

      P Q    entweder-oder    !(P&&Q) && (P||Q)
      ----------------------------------------
      T T        F                F
      T F        T                T
      F T        T                T
      F F        F                F
  */
```

```
  linksUm();
  boolean p = vornFrei();
  kehrt();
  boolean q = vornFrei();
  linksUm();
  return !(p&&q) && (p||q);
}

void kehrt()
{
  linksUm(); linksUm();
}

void main() // einfaches Testprogramm
{
  if (entwederLinksOderRechtsFrei())
    linksUm();
  else
    kehrt();
}
```

13.7.3   Beispielprogramm 3

Aufgabe:

Der Hamster soll eine boolesche Funktion entwickeln, die überprüft, ob sich auf
seinen vier Nachbarfeldern genau eine Mauer befindet.

Lösung:

```
boolean genauEineMauerNebenan()
{
  boolean vorn_mauer = !vornFrei();
  linksUm();
  boolean links_mauer = !vornFrei();
  linksUm();
  boolean hinten_mauer = !vornFrei();
  linksUm();
  boolean rechts_mauer = !vornFrei();
  linksUm();  // zur Vermeidung von Seiteneffekten
  return
    vorn_mauer && !(hinten_mauer||rechts_mauer||links_mauer) ||
    links_mauer && !(hinten_mauer||rechts_mauer||vorn_mauer) ||
    hinten_mauer && !(links_mauer||rechts_mauer||vorn_mauer) ||
```

```
      rechts_mauer && !(hinten_mauer||links_mauer||vorn_mauer);
}

void main()  // einfaches Testprogramm
{
  if (genauEineMauerNebenan())
    linksUm();
  else
  {
    linksUm(); linksUm();
  }
}
```

13.8 Übungsaufgaben

Nun sind wieder Sie gefordert; denn in diesem Abschnitt werden Ihnen einige Hamsteraufgaben gestellt, die sie selbständig zu lösen haben. Denken Sie sich darüber hinaus selbst weitere Hamsteraufgaben aus, und versuchen Sie, diese zu lösen. Viel Spaß!

13.8.1 Aufgabe 1

Ändern Sie die beiden Lösungen von Beispielprogramm 1 aus Abschnitt 13.7.1 so ab, daß der Hamster nur, wenn er eine ungerade (!) Anzahl an Körnern eingesammelt hat, alle Körner, die er im Maul hat, an der Mauer ablegen soll.

13.8.2 Aufgabe 2

Entwickeln Sie in Anlehnung an die Lösung von Beispielprogramm 2 aus Abschnitt 13.7.2 eine allgemeingültige boolesche Funktion, die testet, ob entweder das Feld links vom Hamster oder das Feld rechts vom Hamster oder das Feld hinter dem Hamster frei ist.

13.8.3 Aufgabe 3

Der Hamster soll ähnlich wie in Beispielprogramm 3 aus Abschnitt 13.7.3 eine boolesche Funktion entwickeln, die überprüft, ob sich auf seinen vier Nachbarfeldern genau zwei (!) Mauern befinden.

13.8.4 Aufgabe 4

Der Haster steht irgendwo in einem rechteckigen Körnerfeld innerhalb seines Territoriums (siehe Abbildung 13.4). Er hat eine beliebige Anzahl Körner in seinem

Maul. Er soll dafür sorgen, daß auf allen Kacheln des Körnerfeldes eine gerade Anzahl an Körnern (oder keine Körner) liegt. Dabei soll er folgendermaßen vorgehen:
Wenn er eine Kachel mit einer ungeraden Anzahl an Körnern entdeckt und er noch
mindestens ein Korn im Maul hat, soll er ein Korn ablegen. Andernfalls soll er ein
Korn aufnehmen.

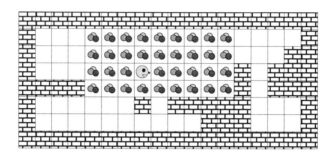

Abbildung 13.4: Typische Hamsterlandschaft zu Aufgabe 4

13.8.5   Aufgabe 5

Der Hamster steht in der rechten unteren Ecke (Blickrichtung Nord) eines durch
Mauern abgeschlossenen ansonsten aber mauerlosen rechteckigen Raumes mit drei
freihen Reihen. In der untersten Reihe des Territoriums liegen keine Körner, wohl
aber in den oberen zwei Reihen. Hier kodieren die einzelnen Reihen jeweils eine
Dualzahl (kein Korn da = 0; Korn da = 1). Der Hamster bekommt die Aufgabe, die
beiden Dualzahlen zu addieren und das Ergebnis – ebenfalls binär kodiert – in der
unteren Reihe abzulegen.

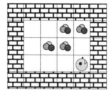 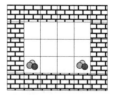

Abbildung 13.5: Typische Hamsterlandschaft zu Aufgabe 5

Im linken Teil von Abbildung 13.5 sehen Sie ein Beispiel für ein mögliches Ausgangsterritorium; der rechte Teil der Abbildung skizziert das gelöste Problem. Hinweise
zum Dualsystem und zur Addition von Dualzahlen finden Sie in Kapitel 4.4.2.

13.8.6 Aufgabe 6

Der Hamster soll eine boolesche Funktion entwickeln, die überprüft, ob sich auf seinen vier Nachbarfeldern genau zwei Körner befinden.

13.8.7 Aufgabe 7

Der Hamster steht mit beliebiger Blickrichtung in einem beliebigen Territorium auf einer Kachel, auf der sich eine bestimmte Anzahl an Körnern befindet. Ansonsten befinden sich keine Körner im Territorium. Der Hamster hat keine Körner im Maul. Er soll ein gerade Körnerspur legen, und zwar auf folgende Art und Weise: Solange er nicht an eine Mauer stößt, soll er jeweils ein Korn vom Haufen nehmen, damit die Spur um ein Korn verlängern und zurücklaufen, um das nächste Korn zu holen.

Kapitel 14

Zahlen, Variablen und Ausdrücke

In diesem Kapitel werden Zahlen und arithmetische Ausdrücke zum Rechnen mit Zahlen eingeführt und das Variablenkonzept verallgemeinert. Nach einer einleitenden Motivation in Abschnitt 1 werden in Abschnitt 2 die Zahlen der Hamstersprache vorgestellt. Die Abschnitte 3 und 4 erläutern die Definition und Nutzung von int-Variablen zur Abspeicherung von Zahlenwerten sowie die int-Zuweisung zur Manipulation von int-Variablen. Arithmetische Ausdrücke und Vergleichsausdrücke, die in Abschnitt 5 bzw. 6 eingeführt werden, ermöglichen den Umgang mit Zahlen. Abschnitt 7 verallgemeinert das Konzept der Variablen und Ausdrücke. Anschließend folgen in Abschnitt 8 einige Beispielprogramme, an denen der Einsatz von Variablen, Zahlen und Ausdrücken verdeutlicht wird, und in Abschnitt 9 werden ein paar Übungsaufgaben gestellt, durch deren Bearbeitung Sie den Umgang mit den in diesem Kapitel erläuterten Konzepten einüben können.

14.1 Motivation

Bisher kann sich der Hamster nur in beschränktem Maße Dinge merken, nämlich indem er gezielt Körner oder boolesche Variablen einsetzt. Schauen Sie sich die folgende Hamsteraufgabe an: Der Hamster steht irgendwo im Territorium, soll bis zur nächsten Wand laufen, umkehren und schließlich an seinem Ausgangspunkt anhalten. Diese Aufgabe ist mit den bisherigen Mitteln des Hamsters nur lösbar, wenn bspw. als zusätzliche Bedingung gilt: Der Hamster hat mindestens ein Korn im Maul, und er darf unterwegs u.U. Körner einsammeln. Dann sieht die Lösung folgendermaßen aus:

```
void main()
{
  gib(); // Markierung der Ausgangsposition
  while (vornFrei())
  {
    vor();
    sammle(); // Aufsammeln aller anderen Koerner, um spaeter
              // den Ausgangspunkt identifizieren zu koennen
  }
```

```
kehrt();
while (!kornDa())
{
   vor();
}
}
```

```
void sammle() { while (kornDa()) nimm(); }
```

```
void kehrt() { linksUm(); linksUm(); }
```

Der Hamster setzt also ein Korn ein, um sich zu merken, von wo er aus losgelaufen ist. Auch in Beispielprogramm 3 in Kapitel 11.6.3, in dem der Hamster solange an einer Wand entlang laufen soll, bis er wieder an der Ausgangsposition angelangt ist, wird dieselbe Strategie gewählt.

Was ist aber, wenn der Hamster laut Aufgabenstellung explizit kein Korn im Maul hat oder wenn er unterwegs keine Körner einsammeln darf? Dann sind die beiden obigen Aufgaben mit den bisherigen Mitteln des Hamsters nicht lösbar. Dem Hamster fehlen die Fähigkeiten, mit Zahlen umzugehen und Zahlen in seinem „Gedächtnis" in besonderen Speicherzellen abzuspeichern. Mit diesen Fähigkeiten könnte der Hamster die obige Aufgabe dann folgendermaßen lösen: Der Hamster läuft bis zur nächsten Wand und merkt sich dabei die Anzahl an zurückgelegten Schritten; wenn er an der Wand ankommt, dreht er sich um und läuft diese Anzahl an Schritten zurück.

In diesem Kapitel werden wir den Hamster mit genau diesen Fähigkeiten „ausstatten": Er erweitert sein Gedächtnis und lernt rechnen.

14.2 Zahlen

Als Werte kennt der Hamster bisher nur die beiden booleschen Werte `true` und `false`. Das genügt natürlich nicht, um richtig rechnen und zählen zu können. Hierzu werden Zahlen benötigt, wie wir sie aus dem alltäglichen Leben kennen: -987, -5, 0, 7, 4711, ...

Während boolesche Werte in der Hamstersprache durch den sogenannten *Datentyp* `boolean` repräsentiert werden, repräsentiert der Datentyp `int` („integer") derartige Zahlen bzw. Zahlenwerte. Obwohl es ja eigentlich unendlich viele Ganze Zahlen gibt, kann durch den Datentyp `int` allerdings nur eine endliche Menge an Ganzen Zahlen dargestellt werden. Der Grund hierfür liegt in der Organisation des Speichers eines Computers (siehe auch Kapitel 4.4.1).

Genau definiert werden für Variablen des Datentyps `int` in der Hamstersprache 4 Wörter, d.h. 32 Bit reserviert. Der Datentyp `int` kann also insgesamt 2^{32} verschiedene Werte repräsentieren, sein Wertebereich ist auf alle Ganzen Zahlen zwischen -2^{31} und $2^{31} - 1$ bzw. -2147483648 und 2147483647 beschränkt.

14.3 int-Variablen

Entsprechend den booleschen Variablen (siehe Kapitel 13.2) lassen sich auch int-Variablen deklarieren bzw. definieren.

14.3.1 Syntax

Die Syntax der Definition von int-Variablen wird in Abbildung 14.1 skizziert. Was arithmetische Ausdrücke sind, werden wir in Abschnitt 14.5 erfahren.

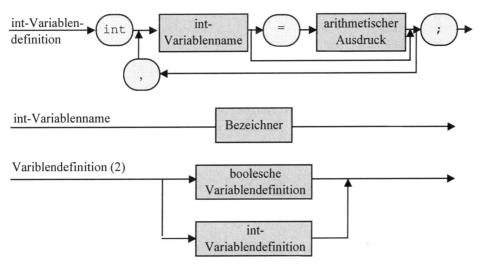

Abbildung 14.1: Syntaxdiagramm: Definition von int-Variablen

Die int-Variablendefinition ist wie die boolesche Variablendefinition eine spezielle Form der Variablendefinition im allgemeinen. Das Syntaxdiagramm „Variablendefinition" aus Abbildung 13.1 wird daher in Abbildung 14.1 erweitert.

Die Namenskonventionen, die in Kapitel 13.2.4 für boolesche Variablen eingeführt wurden, sollten auch bei der Benennung von int-Variablen beachtet werden.

14.3.2 Semantik

Bei der Definition einer int-Variablen wird genügend Speicherplatz reserviert, um Werte vom Typ int abspeichern zu können. Anschließend wird der arithmetische Ausdruck ausgewertet und der ermittelte Wert als Initialwert in der Variablen gespeichert. Fehlt der Initialisierungsausdruck, so wird die int-Variable automatisch mit dem Default-Wert 0 initialisiert.

14.3.3 Gültigkeitsbereich und Lebensdauer

Alles, was in den Abschnitten 13.5 und 13.6 zum Gültigkeitsbereich und zur Lebensdauer boolescher Variablen gesagt wurde, läßt sich unmittelbar auf int-Variablen übertragen.

14.3.4 Beispiele

In den folgenden syntaktisch korrekten Beispielen werden jeweils int-Variablen definiert:

```
void main()
{
  int wert = 7;
  int einhundertunddrei = 103;
  int max = 2 * (-34 + 51);
  int min = -max - 1;
  int i1, i2 = 3, i3 = -i2;
  boolean wert = true;  // Fehler; eine gueltige Variable mit dem
                        // Namen wert existiert bereits
}
```

14.4 int-Zuweisung

Wie für boolesche Variablen (siehe Kapitel 13.4) existiert auch für int-Variablen eine Zuweisung(sanweisung).

14.4.1 Syntax

Das Syntaxdiagramm in Abbildung 14.2 beschreibt den Aufbau einer int-Zuweisung. Als zusätzliche Bedingung gilt: Die int-Variable, der ein neuer Wert zugewiesen wird, muß gültig sein.

Wir betrachten die int-Zuweisung zunächst als eine spezielle Zuweisung. Daher wird in Abbildung 14.2 das Syntaxdiagramm „Zuweisung" aus Abbildung 13.3 erweitert.

14.4.2 Semantik

Aufgrund der Rechtsassoziativität des Zuweisungsoperators „=" wird bei der Ausführung einer int-Zuweisung zunächst der Wert des arithmetischen Ausdrucks (rechter Operand des Zuweisungsoperators) berechnet. Anschließend wird dieser Wert in der int-Variablen auf der linken Seite gespeichert oder anders ausgedrückt: Der alte Wert der int-Variablen wird durch den berechneten Wert des arithmetischen Ausdrucks ersetzt.

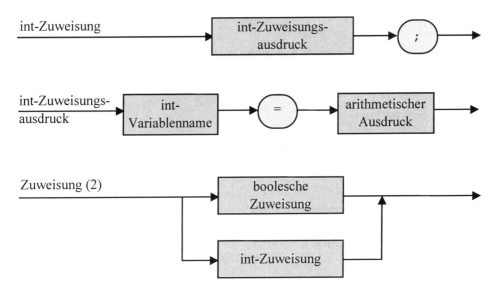

Abbildung 14.2: Syntaxdiagramm: int-Zuweisung

14.4.3 Beispiele

Die folgenden Beispiele sollen die Verwendung einer int-Zuweisung verdeutlichen; die Bedeutung wird Ihnen (hoffentlich) klar, wenn Sie den nächsten Abschnitt über arithmetische Anweisungen gelesen haben.

```
void beispiel()
{
  int anzahl = 0;
  // ...
  anzahl = anzahl + 1;
  // ...
  int fak = 1;
  // ...
  fak = fak * anzahl;
}
```

14.5 Arithmetische Ausdrücke

Boolesche Ausdrücke, die Sie in Kapitel 9.2 kennengelernt haben, liefern boolesche Werte (`true` oder `false`). Arithmetische Ausdrücke, die in diesem Abschnitt eingeführt werden, liefern Werte vom Typ `int`, also Ganze Zahlen aus dem Bereich zwischen -2^{31} und $2^{31} - 1$. Deshalb wird synonym auch der Begriff „int-Ausdruck" verwendet.

14.5.1   Syntax

Die Syntax eines arithmetischen Ausdrucks wird in den Abbildungen 14.3 und. 14.4 skizziert.

14.5.2   Semantik

Schauen wir uns einmal genauer an, wie arithmetische Ausdrücke gebildet werden können und was für Auswirkungen sie haben:

- int-Literale: int-Literale werden durch Zeichenfolgen beschrieben, die aus dezimalen Ziffern (0, 1, 2, 3, 4, 5, 6, 7, 8, 9) bestehen. Dabei gilt die Einschränkung, daß einer Zahl ungleich 0 keine „0" vorangestellt werden darf. Gültige int-Literale sind also: 0, 2, 4711, 1234560789, ...

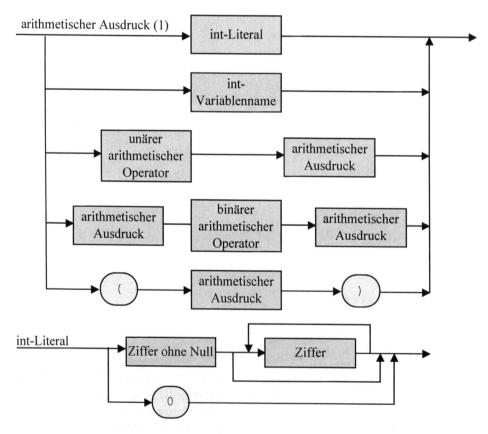

Abbildung 14.3: Syntaxdiagramm: Arithmetischer Ausdruck (1)

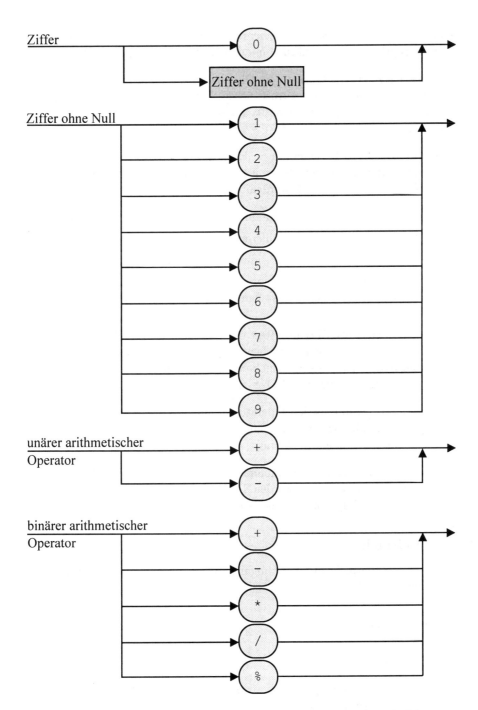

Abbildung 14.4: Syntaxdiagramm: Arithmetischer Ausdruck (2)

- int-Variablenname: Der Name einer int-Variablen in einem arithmetischen Ausdruck repräsentiert den aktuell in der Variablen gespeicherten Wert.

- Unäre arithmetische Operatoren: Die Zeichen „+" und „-" kennzeichnen Vorzeichen von arithmetischen Ausdrücken. Die unären arithmetischen Operatoren sind rechtsassoziativ und besitzen die höchste Priorität aller arithmetischen Operatoren.

- Binäre arithmetische Operatoren: Es existieren insgesamt fünf binäre arithmetische Operatoren, mit denen jeweils zwei andere arithmetische Ausdrücke (die Operanden) verknüpft werden:

  - „+": liefert als Wert die Summe seiner beiden Operanden (Addition)

  - „-": liefert als Wert die Differenz seiner beiden Operanden (Subtraktion)

  - „*": liefert als Wert das Produkt seiner beiden Operanden (Produkt)

  - „/": liefert als Wert den Quotient seiner beiden Operanden; dabei werden entstehende Nachkommastellen ignoriert (*ganzzahlige Division*); z.B. 7/3 = 2

  - „%": liefert als Wert den Rest einer ganzzahligen Division (*Modulo-Operator*); z.B. 7%3 = 1. Zwischen der Ganzzahldivision und der Restbildung besteht folgende Beziehung: Seien x und y arithmetische Ausdrücke, dann gilt ((x/y) * y) + (x%y) = x.

  Die binären arithmetischen Operatoren sind linksassoziativ. Die Operatoren „*", „/" und „%" besitzen eine höhere Priorität als die Operatoren „+" und „-" („Punkt-vor-Strich-Rechnung").

- Klammern: Zum Bilden von (komplexen) arithmetischen Ausdrücken können Klammernpaare eingesetzt werden. Dadurch lassen sich die Priorität und Auswertungsreihenfolge von arithmetischen Operatoren beeinflussen.

14.5.3 Beispiele

Es folgen einige Beispiele für den Umgang mit int-Variablen und arithmetischen Ausdrücken:

```
int i1 = 4711;            // Literal
int i2 = i1;              // Variablenname
int i3 = -i2;             // unaerer Operator
i2 = 5 * i2;              // binaerer Operator
int i4 = (i1 + i2) % 4;   // Klammern
int i5 = i1 + i2 *-+(i3 + 8);
  // entspricht: i1 + (i2 * (-(+(i3 + 8))))
```

Im ersten Beispiel wird die int-Variable i1 mit dem Wert 4711 initialisiert, den das Literal „4711" liefert. Die neu definierte int-Variable i2 wird in Zeile 2 mit dem Wert initialisiert, der aktuell in der int-Variablen i1 gespeichert ist (4711). Der negierte Wert der int-Variablen i2 (-4711) wird in Zeile 3 als Initialwert der int-Variablen i3 zugewiesen. In Zeile 4 wird der Wert der int-Variablen i2 durch eine int-Zuweisung geändert. Der neue Wert ergibt sich durch die Multiplikation des Wertes des Literals „5" (5) und des alten Inhalts der int-Variablen i2 (-4711). In Zeile 5 werden Klammern genutzt, um die Priorität der Operatoren zu beeinflussen. Würden die Klammern fehlen, würde zunächst die Modulo-Operation durchgeführt. Zeile 6 demonstriert, wie komplex arithmetische Operationen prinzipiell sein können.

14.5.4 Anmerkungen

Zwei kritische Besonderheiten müssen an dieser Stelle angemerkt werden. Die eine betrifft die Division bzw. Restbildung, die andere den Wertebereichüberlauf.

Was passiert eigentlich, wenn bei der Division bzw. Restbildung die Auswertung des zweiten Operanden den Wert 0 ergibt? Wir wissen ja noch aus der Schule, daß eine Division durch 0 nicht erlaubt ist. Wenn Sie den Hamster in eine derartige Situation bringen, reagiert er genauso, wie wenn Sie ihn mittels des Befehls vor(); einfach gegen eine Mauer laufen lassen würden: Der Hamster ist derart von Ihnen enttäuscht, daß er keine weiteren Befehle mehr von Ihnen entgegennimmt. Bei der Division durch 0 handelt es sich nämlich um eine weitere Möglichkeit, einen Laufzeitfehler zu erzeugen. Vermeiden Sie dies, indem Sie vorher entsprechende Abfragen durchführen (siehe Abschnitt 14.6).

Den anderen kritischen Fall werden Sie wahrscheinlich nie erleben. Er tritt recht selten auf, sei aber der Vollständigkeit halber hier erwähnt. Schauen Sie sich folgendes Beispiel an:

```
int i = 2147483647;
i = i + 1;
```

Wir haben in Abschnitt 14.2 gelernt, daß der Wertebereich für int-Werte auf den Bereich der Ganzen Zahlen zwischen -2^{31} und $2^{31}-1$ bzw. -2147483648 und 2147483647 beschränkt ist. In dem Beispiel wird in der ersten Zeile der int-Variablen i der maximale Wert des Wertebereichs zugewiesen. Durch die Addition würde der Wertebereich eigentlich verlassen. Der Hamster ignoriert diese Tatsache jedoch einfach. Sobald der Wertebereich in eine Richtung – nach oben oder nach unten – verlassen wird, begibt er sich einfach ans andere Ende der Skala und rechnet dort weiter, d.h. nach Ausführung der Anweisung i = i + 1; enthält die int-Variable i den Wert -2147483648. Den Grund für dieses Phänomen können Sie in Kapitel 4.4.1 nachlesen.

In Kapitel 13.1 wurde erwähnt, daß ein Grund für die Einführung von Datentypen (boolean, int) die Tatsache ist, daß der Compiler wissen muß, wieviel Speicherplatz er für eine Variable von einem gewissen Typ zu reservieren hat. Ein zweiter Grund müßte Ihnen nun eigentlich klar geworden sein: Dadurch daß Variablen von einem bestimmten Typ sein müssen, kann der Compiler feststellen, ob Operationen, in denen Variablennamen auftreten, überhaupt einen Sinn ergeben, und er kann Sie durch entsprechende Fehlermeldungen darauf aufmerksam machen:

```
int var1 = 4711;
boolean var2 = true;
int var3 = var1 * var2; // Fehler, ungueltige Multiplikation
int var4 = vornFrei();  // Fehler, ungueltige Zuweisung
```

14.6 Vergleichsausdrücke

Mit Hilfe von int-Variablen kann der Hamster nun ganzzahlige Werte abspeichern, die er mit Hilfe von arithmetischen Ausdrücken berechnet hat. Bisher fehlt dem Hamster aber die Fähigkeit zu überprüfen, welcher Wert in einer int-Variablen gespeichert ist bzw. welchen Wert ein arithmetischer Ausdruck liefert. Hierzu existieren fünf sogenannte *Vergleichsoperatoren*, mit deren Hilfe *Vergleichsausdrücke* gebildet werden können.

14.6.1 Syntax

Vergleichsausdrücken liegt die in Abbildung 14.5 skizzierte Syntax zugrunde. Vergleichsausdrücke setzen sich zusammen aus einem (binären) Vergleichsoperator und zwei arithmetischen Ausdrücken (den Operanden). Sie liefern einen booleschen Wert, bilden dementsprechend also einen booleschen Ausdruck. Aus diesem Grund wird in Abbildung 14.5 das Syntaxdiagramm „boolescher Ausdruck" aus Abbildung 13.2 erweitert.

14.6.2 Semantik

Vergleichsausdrücke liefern boolesche Werte nach folgenden Gesetzmäßigkeiten: Seien x und y zwei arithmetische Ausdrücke, dann gilt:

- $x == y$ liefert genau dann den Wert **true**, falls der Wert, den x liefert, gleich dem Wert ist, den y liefert (Gleichheitsoperator).

- $x! = y$ liefert genau dann den Wert **true**, falls der Wert, den x liefert, ungleich dem Wert ist, den y liefert (Ungleichheitsoperator).

- $x < y$ liefert genau dann den Wert **true**, falls der Wert, den x liefert, kleiner ist als der Wert, den y liefert (Kleineroperator).

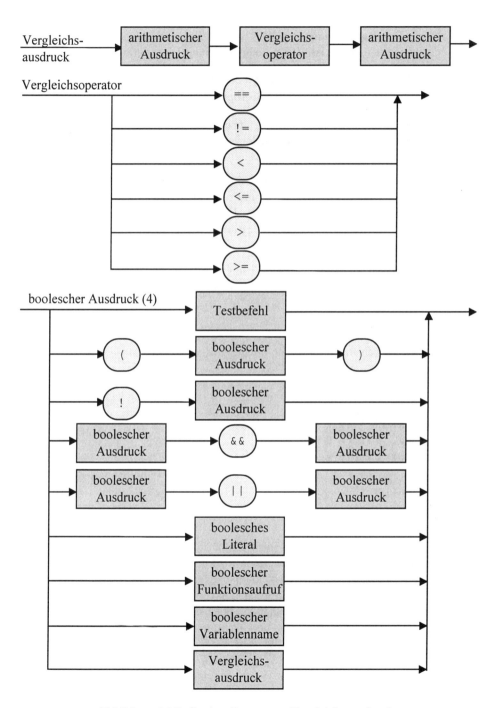

Abbildung 14.5: Syntaxdiagramm: Vergleichsausdruck

- $x <= y$ liefert genau dann den Wert **true**, falls der Wert, den x liefert, kleiner oder gleich dem Wert ist, den y liefert (Kleinergleichoperator).

- $x > y$ liefert genau dann den Wert **true**, falls der Wert, den x liefert, größer ist als der Wert, den y liefert (Größeroperator).

- $x >= y$ liefert genau dann den Wert **true**, falls der Wert, den x liefert, größer oder gleich dem Wert ist, den y liefert (Größergleichoperator).

Die Vergleichsoperatoren sind linksassoziativ, und sie werden von links nach rechts ausgewertet. Die Operatoren $<$, $<=$, $>$ und $>=$ haben eine höhere Priorität als die Operatoren $==$ und $! =$. Weiterhin ist zu beachten, daß die Vergleichsoperatoren eine niedrigere Priorität besitzen als die arithmetischen Operatoren und eine höhere Priorität als der Zuweisungsoperator.

Wir haben inzwischen eine ganze Reihe von Operatoren kennengelernt. Ihre Eigenschaften werden in Abschnitt 14.7.2 nochmal zusammengefaßt.

14.6.3 Beispiele

Die folgenden Anweisungen enthalten einige gültige Vergleichsausdrücke.

```
int x = 3;
int y = 4;
boolean falsch = (x < 5) && (x > 5);
boolean vgl = (x == 5*y + 3);
if (x != 0)  // Division durch Null vermeiden!
{
  y = y / x;
}
```

In den Zeilen 1 und 2 werden zwei int-Variablen definiert und initialisiert. Zeile 3 enthält zwei Vergleichsausdrücke. Im ersten wird überprüft, ob der Wert, der aktuell in der int-Variablen x gespeichert ist, kleiner als der Wert ist, den das int-Literal „5" liefert. In der int-Variablen befindet sich aktuell der Wert 3 und das int-Literal liefert den Wert 5, so daß der Kleiner-Vergleichsausdruck den Wert **true** liefert. Dementsprechend liefert der Größer-Vergleichsausdruck den Wert **false**. In Zeile 4 tritt der Gleichheitsoperator auf. Es wird überprüft, ob der Wert, der aktuell in der int-Variablen x gespeichert ist (3), gleich dem Wert ist, den der arithmetische Ausdruck 5*y + 3 liefert. Da die int-Variable y aktuell den Wert 4 enthält, liefert der Ausdruck den Wert 23, d.h. die boolesche Variable **vgl** wird mit dem Wert **false** initialisiert. Durch die Bedingung in Zeile 5 wird sichergestellt, daß bei der Division in Zeile 7 nicht durch den Wert 0 dividiert wird.

Nutzen Sie möglichst Klammern, um komplexe Ausdrücke übersichtlich zu gestalten und Fehler zu vermeiden. Achten Sie darauf, daß sie den Vergleichsoperator „==" und den Zuweisungsoperator „=" nicht verwechseln. Das ist ein beliebter Anfängerfehler.

14.7 Verallgemeinerung von Variablen und Ausdrücken

Der Hamster kennt zunächst nur die beiden Datentypen `boolean` und `int`. In der Programmiersprache Java und in anderen Programmiersprachen gibt es weitere Typen bspw. zur Repräsentation von Reellen Zahlen, Buchstaben oder Zeichenketten. Auf ihre Einführung und Erläuterung wird an dieser Stelle aber zunächst verzichtet. In Teil III im zweiten Band werden weitere Typen eingeführt.

Bisher haben wir jeweils alle Konzepte und Eigenschaften, die mit den beiden Datentypen `boolean` und `int` verbunden sind, getrennt behandelt. In diesem Abschnitt werden diese Konzepte (Variablen, Ausdrücke, Zuweisung) derart verallgemeinert, daß sie für beide Datentypen und später auch für weitere Datentypen Gültigkeit besitzen.

Die verallgemeinerte Syntax für das Variablenkonzept, für Ausdrücke und für die Zuweisung ist in den Abbildungen 14.6, 14.7, 14.8 und 14.9 dargestellt und wird in den folgenden Unterabschnitten erläutert. In Abbildung 14.6 wird dabei das Syntaxdiagramm „Variablendefinition" aus Abbildung 14.1 und in Abbildung 14.9 werden das Syntaxdiagramm „Zuweisung" aus Abbildung 14.2 und das Syntaxdiagramm „Anweisung" aus Abbildung 13.3 korrigiert.

14.7.1 Variablen

Variablen sind „Behälter", in denen Werte abgespeichert werden können. Vor ihrer Benutzung müssen sie deklariert bzw. definiert werden. Bei der Deklaration wird ihr Typ und Name angegeben. An Typen haben wir bisher die Typen `boolean` und `int` kennengelernt. Variablen vom Typ `boolean` können boolesche Werte, Variablen vom Typ `int` Ganze Zahlen im Wertebereich zwischen -2^{31} und $2^{31} - 1$ abspeichern.

Variablen werden entweder mit einem Default-Wert initialisiert, oder ihnen kann explizit ein Initialwert zugewiesen werden. Mittels der Zuweisung kann der Wert einer Variablen verändert werden. Sowohl bei der Initialisierung als auch bei der Zuweisung ist auf Typkonformität zu achten: Boolesche Variablen können nur mit booleschen Ausdrücken und int-Variablen nur mit arithmetischen Ausdrücken korrespondieren.

Variablennamen können in Ausdrücken verwendet werden. Kommt in einem Ausdruck der Name einer Variablen vor, dann wird zur Berechnung des Ausdrucks der aktuelle Wert der Variablen hinzugezogen.

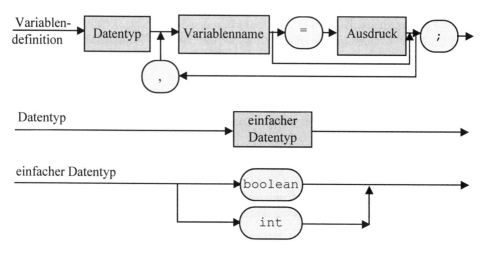

Abbildung 14.6: Syntaxdiagramm: Variablendefinition

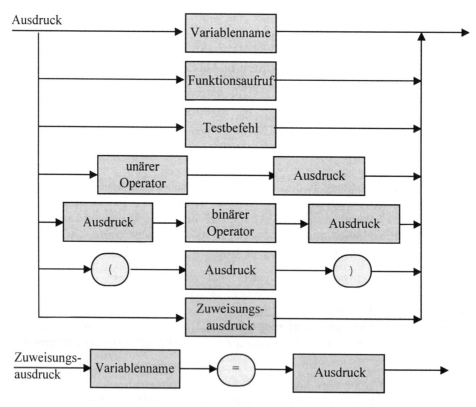

Abbildung 14.7: Syntaxdiagramm: Ausdruck (1)

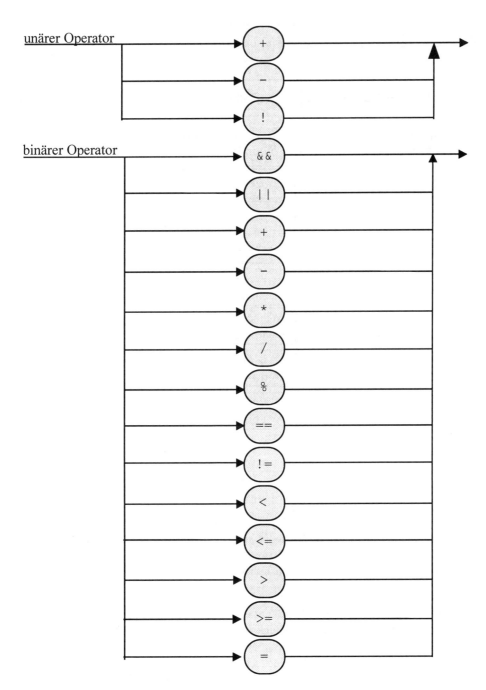

Abbildung 14.8: Syntaxdiagramm: Ausdruck (2)

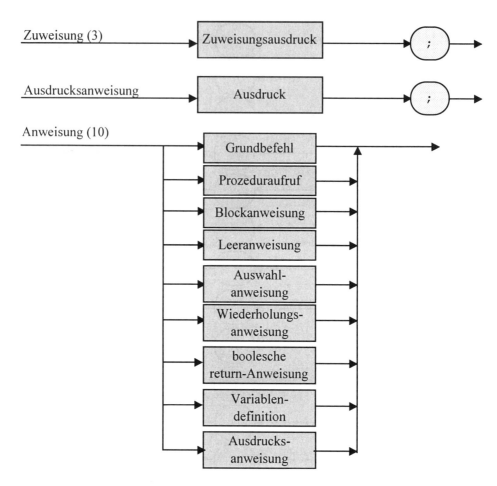

Abbildung 14.9: Syntaxdiagramm: Zuweisung

Eine Variablendefinition kann entweder im Definitionsteil eines Programmes oder im Anweisungsteil innerhalb einer Prozedur oder Funktion erfolgen. Im ersten Fall spricht man von *globalen*, im zweiten Fall von *lokalen* Variablen.

Variablen sind nur in ihrem Gültigkeitsbereich zugreifbar. Der Gültigkeitsbereich globaler Variablen erstreckt sich über das gesamte Programm, der Gültigkeitsbereich lokaler Variablen ist auf den Block beschränkt, in dem die Variablen definiert wird. Im Gültigkeitsbereich einer globalen Variablen darf keine weitere globale Variable mit demselben Namen definiert werden, analoges gilt für lokale Variablen. Allerdings dürfen im Gültigkeitsbereich globaler Variablen gleichnamige lokale Variablen definiert werden.

Während der Gültigkeitsbereich von Variablen eine zur Compilierzeit relevante Größe ist, ist die Lebensdauer einer Variablen zur Laufzeit des Programms von Bedeutung. Die Lebensdauer globaler Variablen erstreckt sich über die gesamte Laufzeit des Programms. Bei lokalen Variablen beginnt die Lebensdauer, sobald die entsprechende Definitionsanweisung ausgeführt wird, und sie endet, nachdem der Block, in dem die Variable definiert wurde, vollständig abgearbeitet worden ist.

14.7.2 Ausdrücke

Ausdrücke sind Verarbeitungsvorschriften zur Ermittlung eines Wertes. Abhängig vom Typ des Wertes, den sie liefern, werden Ausdrücke voneinander unterschieden. Ausdrücke, die einen Wert vom Typ `boolean` liefern, werden als *boolesche* Ausdrücke, Ausdrücke, die einen Wert vom Typ `int` liefern, als *arithmetische* Ausdrücke bezeichnet.

Einfache Ausdrücke werden gebildet aus typspezifischen Literalen, Variablennamen oder Funktionsaufrufen. Mit Hilfe von Operatoren und runden Klammern lassen sich komplexere Ausdrücke bilden. Es existieren unäre und binäre Operatoren, d.h. Operatoren mit einem oder zwei Operanden. Binäre Operatoren werden in der Infix-Notation verwendet, d.h. der Operator steht (syntaktisch) zwischen seinen beiden Operanden. Für unäre Operatoren wird die Postfix-Notation eingesetzt (der Operand folgt dem Operatorzeichen).

Wir haben bisher drei verschiedene Typen von Operatoren kennengelernt: boolesche Operatoren verknüpfen Operanden vom Typ `boolean` und liefern einen booleschen Wert, arithmetische Operatoren verknüpfen Operanden vom Typ `int` und liefern einen Wert vom Typ `int`, Vergleichsoperatoren verknüpfen Operanden vom Typ `int` und liefern einen Wert vom Typ `boolean`.

Von Bedeutung für die Auswertung von komplexen Ausdrücken sind die Priorität und Assoziativität der auftretenden Operatoren. Alle bisher eingeführten Operatoren werden zusammen mit ihren Eigenschaften in Tabelle 14.1 nochmal zusammengefaßt.

Der Vollständigkeit halber muß an dieser Stelle angemerkt werden, daß auch bestimmte Ausdrücke in Form von Anweisungen im Programm eingesetzt werden können. Sogenannte *Ausdrucksanweisungen* werden dadurch gebildet, daß dem Ausdruck ein Semikolon nachgestellt wird (siehe auch Abbildung 14.9). In einem solchen Fall wird der vom Ausdruck berechnete Wert einfach ignoriert. Folgende Arten von Ausdrücken können dabei durch die Nachstellung eines Semikolons zu Ausdrucksanweisungen gemacht werden:

- Zuweisungsausdrücke

- Funktionsaufrufe

Das folgende Beispiel verdeutlicht diesen Sachverhalt:

Prio	Op	Operand(en)	Typ	Assoz	Funktionalität
1	+	int	int	rechts	unäres plus
1	-	int	int	rechts	unäres minus
1	!	boolean	boolean	rechts	logische Negation
2	*	int	int	links	Multiplikation
2	/	int	int	links	Ganzzahldivision
2	%	int	int	links	Restbildung
3	+	int	int	links	Addition
3	-	int	int	links	Subtraktion
4	<	int	boolean	links	Kleiner
4	<=	int	boolean	links	Kleiner oder gleich
4	>	int	boolean	links	Größer
4	>=	int	boolean	links	Größer oder gleich
5	==	int	boolean	links	Gleichheit
5	!=	int	boolean	links	Ungleichheit
6	&&	boolean	boolean	links	logische Konjunktion
7	||	boolean	boolean	links	logische Disjunktion
8	=	int	int	links	int-Zuweisung
8	=	boolean	boolean	links	boolesche Zuweisung

Tabelle 14.1: Operatoren

```
int anzahl = 0;

boolean linksFrei()       // Zeile 3
{
  linksUm();
  anzahl = anzahl + 1;    // Zeile 6
  return vornFrei();
}

void main()
{
  if (linksFrei())        // Zeile 12
  {
    vor();
  }
  linksFrei();            // Zeile 16
  anzahl * anzahl + 1;    // Zeile 17; Fehler
}
```

In Zeile 12 wird die boolesche Funktion linksFrei (Funktion mit einem Seiteneffekt!) wie gewohnt aufgerufen. Zeile 16 enthält eine Ausdrucksanweisung. Der Ausdruck, der in diesem Fall aus dem Funktionsaufruf besteht, wird ausgewertet, der berechnete Wert (hier die Abfrage, ob das Feld vor dem Hamster frei ist) aber nicht weiter genutzt. Auch Zeile 6 enthält eine Ausdrucksanweisung. Hier wird der Ausdruck anzahl = anzahl + 1 durch die Nachstellung eines Semikolons zu einer Zuweisung gemacht. In Zeile 17 tritt eine weitere Ausdrucksanweisung auf, die jedoch eine Fehlermeldung des Compilers produziert, da ein arithmetischer Ausdruck nicht zu einer Ausdrucksanweisung umgeformt werden darf.

In Abbildung 14.9 wird die Syntax der Ausdrucksanweisung definiert. In der Abbildung wird auch das Syntaxdiagramm „Anweisung" aus Abbildung 13.3 erweitert bzw. korrigiert.

14.7.3 Zuweisung

Mittels der Zuweisung kann der Wert einer Variablen verändert werden. Eine Zuweisung setzt sich dabei syntaktisch zusammen durch den Namen einer Variablen auf der linken und einem Ausdruck auf der rechten Seite des Zuweisungsoperators „=". Dabei ist auf Typkonformität zu achten; je nach Typ der Variablen (boolean oder int) muß es sich bei dem Ausdruck um einen booleschen oder einen arithmetischen Ausdruck handeln.

Wird während der Programmausführung eine Zuweisung ausgeführt, dann wird aufgrund der Rechtsassoziativität des Zuweisungsoperators zunächst der Ausdruck auf der rechten Seite ausgewertet. Anschließend wird der berechnete Wert in der Variablen abgespeichert.

Bisher haben wir eine Zuweisung immer als Anweisung betrachtet (siehe Abbildung 13.3 und 14.2). Tatsächlich ist jedoch eine Zuweisung ein Ausdruck (*Zuweisungsausdruck*) mit einem nachgestellten Semikolon, der den Wert liefert, der der Variablen zugewiesen wird (siehe auch Abbildung 14.7).

Nach den Ausführungen in Abschnitt 14.7.2 können auch Ausdrücke als Anweisungen fungieren (Ausdrucksanweisungen). Wir haben die Zuweisung also bisher in Form einer speziellen Ausdrucksanweisung mit nachgestelltem Semikolon benutzt. Aus diesem Grund kann die Zuweisung im Syntaxdiagramm „Anweisung" wieder gestrichen werden, was in Abbildung 14.9 passiert ist.

Das folgende Beispiel demonstriert den Einsatz von Zuweisungen in Form von Ausdrücken:

```
void main()
{
  int i1, i2, i3;
  // ...
  i1 = i2 = i3 = 5;                          // Zeile 5
  // ...
  int anzahl = 5;
  // ...
  while ((anzahl = anzahl + 1) < 8)          // Zeile 9
  {
    vor();
  }
  if ((anzahl = anzahl + 1) == (anzahl = anzahl - 1)) // Zeile 13
  {
    linksUm();
  }
}
```

In Zeile 5 wird die Rechtsassoziativität des Zuweisungsoperators genutzt. Zunächst wird der Variablen i3 der Wert 5 zugewiesen. Anschließend wird der neue Wert der Variablen als Ausdruckswert des Zuweisungsausdrucks weitergereicht, d.h. auch in der Variablen i2 wird der Wert 5 abgespeichert. Genau dasselbe wiederholt sich bzgl. der Variablen i1, so daß schließlich alle drei Variablen den Wert 5 enthalten.

In Zeile 9 wird die Schleifenbedingung durch einen Vergleichsausdruck gebildet, dessen erster Operand ein Zuweisungsausdruck ist. Hier wird der Wert der Variablen anzahl um eins erhöht und anschließend der neue Wert der Variablen mit dem Wert 8 verglichen.

Die Bedingung der if-Anweisung in Zeile 13 ist nicht erfüllt. Sie wird aus einem Vergleichsausdruck gebildet, dessen beide Operanden Zuweisungsausdrücke sind. Aufgrund der Linksassoziativität des Gleichheitsoperators wird zunächst der linke Operand ausgewertet. Hier wird der Wert der Variablen `anzahl` um eins erhöht, und der neue Wert 6 geht als Wert in den Vergleich ein. Anschließend wird der rechte Operand des Gleichheitsoperators berechnet. Er liefert den Wert 5, da der Wert der Variablen `anzahl` in diesem Zuweisungsausdruck wieder um eins erniedrigt wird. Nach der Auswertung der Schleifenbedingung enthält also die Variable `anzahl` immer noch (bzw. wieder) den Wert 5.

14.8 Beispielprogramme

In diesem Abschnitt werden einige Beispiele für Hamsterprogramme gegeben, die Ihnen den Einsatz von Variablen demonstrieren sollen. Schauen Sie sich die Beispiele genau an, und versuchen Sie, die Lösungen nachzuvollziehen.

14.8.1 Beispielprogramm 1

Nun sind wir endlich soweit, daß wir die Hamsteraufgabe aus Abschnitt 14.1 lösen können:

Aufgabe:
Der Hamster, der keine Körner im Maul hat (!), steht irgendwo im Territorium, soll bis zur nächsten Wand laufen, umkehren und schließlich an seinem Ausgangspunkt anhalten. Er darf unterwegs keine Körner fressen.

Lösungsidee:
Der Hamster läuft bis zur nächsten Mauer und merkt sich dabei in einer int-Variablen die zurückgelegten Schritte. Dies erreicht er dadurch, daß er anfangs die Variable mit dem Wert 0 initialisiert und dann bei jedem Schritt den Wert 1 hinzuaddiert. Ist er an der Mauer angekommen, dreht er sich um und läuft genau soviele Schritte zurück, wie ihm der Wert in der Variablen anzeigt. Dies erreicht er dadurch, daß er in einer Schleifenbedingung jeweils den Wert der Variablen mit 0 vergleicht und innerhalb der Schleife den Wert der Variablen um den Wert 1 verringert. Sobald der Wert der Variablen wieder 0 ist, ist der Hamster an seiner Ausgangsposition angelangt.

Lösung:

```
void main()
{
  int schritte = 0;  // zum Abspeichern der gelaufenen Schritte

  // laufe bis zur Wand
  while (vornFrei())
```

```
{
  vor();
  schritte = schritte + 1;  // die Schritte werden vermerkt
}

// kehre um
linksUm(); linksUm();

// laufe zurueck:
// die Schleife wird so oft durchlaufen wie der
// Hamster Schritte bis zur Wand benoetigt hat
while (schritte > 0)
{
  vor();
  schritte = schritte - 1;
}
}
```

14.8.2 Beispielprogramm 2

In diesem Beispiel wird das Beispielprogramm 3 aus Kapitel 11.6.3 leicht abgeändert.

Aufgabe:

Der Hamster befindet sich in einem einem geschlossenen, körnerlosen Raum unbekannter Größe. Rechts von ihm befindet sich eine Wand, und vor ihm das Feld ist frei (siehe Beispiel in Abbildung 14.10). Der Hamster soll solange an der Wand entlang laufen, bis er irgendwann wieder sein Ausgangsfeld erreicht. Er hat unter Umständen anfangs kein Korn in seinem Maul!

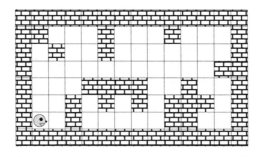

Abbildung 14.10: Typische Hamsterlandschaft zu Beispielprogramm 2

Lösungsidee:

Der Hamster merkt sich in einer globalen int-Variablen `richtung` die Richtung, in die er gerade läuft. Seine Richtung ändert sich immer dann, wenn er den Befehl `linksUm();` aufruft. Deshalb wird eine neue Prozedur `neuesLinksUm` definiert, in der neben der Ausführung des Befehls linksUm(); die Richtungsänderung in der Variablen richtung vermerkt wird.

Außerdem werden zwei globale int-Variablen eine_dimension und andere_dimension definiert. Die eine der beiden Variablen repräsentiert dabei eine horizontale Bewegung des Hamsters, die andere eine vertikale Bewegung.[1] Es wird eine Prozedur neuesVor definiert und im Hauptprogramm benutzt, in der neben dem Aufruf des vor();-Befehls die Bewegungen des Hamsters nachvollzogen werden, und zwar dadurch, daß die Werte der beiden Variablen entsprechend der aktuellen Richtung des Hamsters geändert werden.

Durch eine Überprüfung der Werte der beiden Variablen eine_dimension und andere_dimension kann der Hamster ermitteln, ob er seine Ausgangsposition wieder erreicht hat; das ist nämlich genau dann der Fall, wenn beide Variablen wieder ihre Initialwerte (hier 0) enthalten. Für diese Überprüfung wird eine boolesche Funktion ausgangspunktErreicht definiert.

Lösung:

```
int richtung = 0;
        // repraesentiert eine der vier moeglichen
        // Richtungen durch die Werte 0, 1, 2 oder 3
int eine_dimension = 0;
        // repraesentiert die Position des Hamsters
        // in einer Richtung (horizontal / vertikal)
int andere_dimension = 0;
        // repraesentiert die Position des Hamsters
        // in der anderen Richtung

void main()
{
  neuesVor();
  while (!ausgangspunktErreicht())
  {
    while (vornFrei() && !rechtsFrei() &&
        !ausgangspunktErreicht()
        )
    {
      neuesVor();
    }
    if (!ausgangspunktErreicht())
    {
```

---

[1]Welche der beiden Variablen welche Bewegung repräsentiert, ist abhängig davon, in welche Richtung der Hamster anfangs schaut.

```
    if (rechtsFrei())
    {
      neuesRechtsUm();
      neuesVor();
    }
    else // vorne und rechts stehen Mauern
    {
      neuesLinksUm();
    }
  }
 }
}


boolean ausgangspunktErreicht()
{
  // der Ausgangspunkt ist erreicht, wenn beide
  // Richtungsvariablen wieder ihren Initialwert
  //enthalten
  return (andere_dimension == 0) && (eine_dimension == 0);
}


void neuesLinksUm()
{
  linksUm();
  richtung = (richtung + 1) % 4;
  // einmal  linksUm: richtung == 1
  // zweimal linksUm: richtung == 2
  // dreimal linksUm: richtung == 3
  // viermal linksUm: richtung == 0
}


void neuesVor()
{
  vor();
  if (richtung == 0)
  {
    eine_dimension = eine_dimension + 1;
  }
  else if (richtung == 1)
  {
    andere_dimension = andere_dimension + 1;
  }
  else if (richtung == 2)
```

```
    {
        eine_dimension = eine_dimension - 1;
    }
    else // (richtung == 3)
    {
        andere_dimension = andere_dimension - 1;
    }
}

void rechtsUm()
{
    linksUm();
    linksUm();
    linksUm();
}

void neuesRechtsUm()
{
    neuesLinksUm();
    neuesLinksUm();
    neuesLinksUm();
}

boolean rechtsFrei()
{
    rechtsUm();
    boolean frei = vornFrei();
    linksUm();
    return frei;
}
```

14.8.3 Beispielprogramm 3

Aufgabe:
Der Hamster befindet sich in einem geschlossenen, rechteckigen Territorium unbekannter Größe. Im Innern des Territoriums befinden sich keine weiteren Mauern. Auf irgendeinem Feld des Territoriums liegt ein Korn. Der Hamster befindet sich anfangs in der linken unteren Ecke mit Blickrichtung Ost (siehe Beispiele in Abbildung 14.11 (links)). Der Hamster bekommt die Aufgabe, das Korn zu finden und zu fressen.

Lösungsidee:
Die unten angegebene Lösung der Hamsteraufgabe basiert auf der Idee, daß der Hamster das Territorium in zyklischen Kreisen abgrast. Irgendwann stößt er dann zwangsläufig auf das Korn und frißt es.

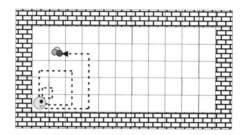

Abbildung 14.11: Typische Hamsterlandschaft zu Beispielprogramm 3

Lösung:

```
int radius = 1;  // speichert die Groesse des aktuellen Radius

void main()
{
  while (!kornDa())
  {
    testeEinenKreis();
    radius = radius + 1;  // nach jeder Runde wird der
                          // Radius ein Feld groesser
  }
  nimm();
}

void testeEinenKreis()
{
  int richtungen = 0;
  while (!kornDa() && (richtungen < 4)) // ein Kreis besteht
                                        // aus vier Richtungen
  {
    testeEineRichtung();
    richtungen = richtungen + 1;
  }
}

void testeEineRichtung()
{
  int schritte = 0;
  while (!kornDa() && (schritte < radius) && vornFrei())
  {
    vor();
```

```
    schritte = schritte + 1;
}
    // die Ueberpruefung einer Richtung besteht aus der
    // Ueberpruefung von so vielen Feldern wie der Radius
    // des Kreises aktuell gross ist; die zusaetzliche
    // Konjunktion mit vornFrei() ist notwendig, wenn das
    // Feld nicht quadratisch ist
    if (!kornDa())
    {
        linksUm();
    }
}
```

Erläuterungen:
Die Variable `radius` enthält den Wert für die Radiusgröße des aktuell in Bearbeitung befindlichen Kreises. Die Variable `radius` wird global definiert, weil sowohl im Hauptprogramm als auch in der Prozedur `testeEineRichtung` darauf zugegriffen werden muß.

Die Abarbeitung eines Kreises besteht aus der Abarbeitung von vier Richtungen. Um die Anzahl bereits erledigter Richtungen nachzuhalten, wird eine Variable `richtungen` definiert, mit 0 initialisiert und nach der Bearbeitung einer Richtung um den Wert 1 erhöht. Hier genügt eine lokale Variable, da nur innerhalb der Prozedur `testeEinenKreis` auf sie zugegriffen wird.

Um sich die Anzahl an bereits ausgeführten Schritten zu merken, wird – ebenfalls lokal – in der Prozedur `testeEineRichtung` eine Variable `schritte` definiert. Ihr Wert wird in der Schleifenbedingung mit dem aktuellen Wert der globalen Variablen `radius` verglichen, der die aktuelle Radiusgröße angibt.

14.9 Übungsaufgaben

Nun sind wieder Sie gefordert; denn in diesem Abschnitt werden Ihnen einige Hamsteraufgaben gestellt, die sie selbständig zu lösen haben. Denken Sie sich darüber hinaus selbst weitere Hamsteraufgaben aus, und versuchen Sie, diese zu lösen. Viel Spaß!

14.9.1 Aufgabe 1

Die Aufgabe in Beispielprogramm 1 aus Abschnitt 14.8.1 lautete: Der Hamster, der keine Körner im Maul hat, steht irgendwo im Territorium, soll bis zur nächsten Wand laufen, umkehren und schließlich an seinem Ausgangspunkt anhalten. Er darf unterwegs keine Körner fressen.

Ändern Sie das Lösungsprogramm derart ab, daß der Hamster nur die Hälfte des Weges zurückläuft.

14.9.2   Aufgabe 2

Erweitern Sie die Lösung von Beispielprogramm 2 aus Abschnitt 14.8.2 derart, daß
der Hamster, sobald er seinen Ausgangspunkt wieder erreicht hat, umkehrt und
dieselbe Strecke nochmal in umgekehrter Richtung absolviert. Außerdem soll die
Nebenbedingung „Rechts von ihm befindet sich eine Wand, und vor ihm das Feld ist
frei" nicht mehr gültig sein, d.h. der Hamster kann anfangs irgendwo und irgendwie
an einer Wand stehen.

14.9.3   Aufgabe 3

Erweitern Sie die Lösung von Beispielprogramm 3 aus Abschnitt 14.8.3 derart, daß
der Hamster, sobald er das Korn gefunden hat, auf dem schnellsten Weg (d.h. mit
möglichst wenigen vor();-Befehlen) in seine Ausgangsecke wieder zurückkehrt.

14.9.4   Aufgabe 4

Der Hamster hat die Fibonacci-Zahlenreihe entdeckt. Diese Zahlenreihe sieht so aus,
daß sie mit zwei „1"en beginnt. Die weiteren Zahlen der Reihe lassen sich berechnen
durch die Summe ihrer beiden Vorgänger. Die Reihe hat also folgende Gestalt: 1 1
2 3 5 8 13 21 34 55 89 144 233 . . ..

Die Aufgabe des Hamster besteht nun darin, solange er noch Körner im Maul hat
bis zur nächsten Wand zu laufen und auf dem Weg zur Wand mit Hilfe der Körner in
seinem Maul die Fibonacci-Zahlenreihe zu bilden, d.h. er soll auf dem Feld, auf dem
er anfangs steht, ein Korn ablegen. Auf dem Feld vor ihm soll er ebenfalls ein Korn
ablegen, auf dem nächsten Feld dann zwei Körner, auf dem übernächsten Feld drei
Körner, dann fünf, dann acht, usw. Anfangs liegen auf keinem Feld im Territorium
Körner.

14.9.5   Aufgabe 5

Der Hamster steht mit Blickrichtung West in einem beliebig gestalteten körnerlosen
Territorium. Er hat eine ihm unbekannte Anzahl an Körnern im Maul. Er soll die
Anzahl an Körnern in seinem Maul ermitteln und dann folgendes tun: Auf dem Feld
vor ihm soll er soviele Körner ablegen, wie die letzte Ziffer der Zahl angibt; auf dem
Feld davor soll er soviele Körner ablegen, wie die vorletzte Ziffer der Zahl angibt,
usw. Dies soll er tun, bis die Zahl „abgearbeitet" ist oder bis er auf eine Wand trifft.

Beispiel: Der Hamster habe 2049 Körner im Maul. Dann muß er auf dem Feld vor
sich 9 Körner ablegen, auf dem Feld davor 4 Körner, auf dem Feld davor kein Korn
und auf dem Feld davor 2 Körner.

14.9.6   Aufgabe 6

Der Hamster steht – wie in den Landschaften in Abbildung 14.12 ersichtlich – vor einem Gebirge mit unregelmäßigen Bergen unbekannter Höhe. Der Hamster bekommt die Aufgabe, das Gebirge mit möglichst wenigen Schritten (vor-Befehlen) zu übersteigen. Sobald er das Gebirge überstiegen hat, d.h. sobald er auf eine Ebene gelangt, die dieselbe Höhe aufweist wie die Ausgangsposition des Hamsters, soll er stehenbleiben. Der Hamster hat keine Körner im Maul und im Territorium befinden sich auch keine Körner.

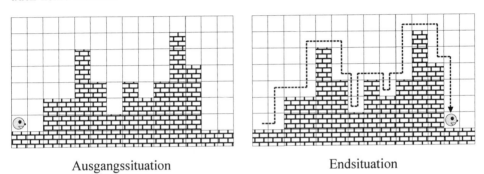

Ausgangssituation   Endsituation

Abbildung 14.12: Typische Hamsterlandschaft zu Aufgabe 6

14.9.7   Aufgabe 7

Der Hamster habe initial eine bestimmte Anzahl an Körnern im Maul. Er steht irgendwo mit Blickrichtung Ost in einem Kornfeld ohne Körner und Mauern. Seine Aufgabe besteht darin, die Körner als Dualzahl kodiert im Kornfeld abzulegen und dahinter stehenzubleiben. Eine „1" wird dabei durch eine Kachel mit einem Korn und eine „0" durch eine Kachel ohne Korn repräsentiert.

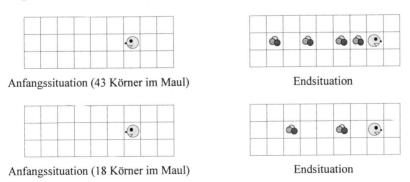

Anfangssituation (43 Körner im Maul)   Endsituation

Anfangssituation (18 Körner im Maul)   Endsituation

Abbildung 14.13: Typische Hamsterlandschaften zu Aufgabe 7

Die Skizze in Abbildung 14.13 oben rechts zeigt das Kornfeld nach dem Lösen der
Aufgabe, wenn der Hamster anfangs 43 Körner im Maul gehabt hat (die Repräsentation der Dezimalzahl „43" im Dualsystem ist „101011"). Unten in Abbildung 14.13
ist der Fall angedeutet, daß der Hamster anfangs 18 Körner im Maul hat. Erläuterungen zu Dualzahlen finden Sie in Kapitel 4.4.2.

14.9.8   Aufgabe 8

Der Hamster steht – wie in Abbildung 14.14 beispielhaft skizziert – mit Blickrichtung
West in einem Kornfeld. Vor ihm befindet sich eine Reihe Kacheln mit entweder keinem oder genau einem Korn. Die Körnerreihe repräsentiert eine Dualzahl. Die Aufgabe des Hamsters besteht darin, bis zur nächsten Wand zu laufen und die Dualzahl
zu dekodieren, d.h. er soll die Dualzahl in eine Dezimalzahl umrechnen. Anschließend soll der Hamster sich so oft links umdrehen, wie der Wert dieser berechneten
Dezimalzahl beträgt.

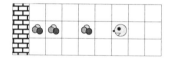 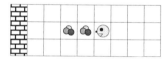

Abbildung 14.14: Typische Hamsterlandschaften zu Aufgabe 8

Im in Abbildung 14.14 links skizzierten Fall müßte der Hamster sich am Ende genau
sechsundzwanzigmal („11010") links umdrehen, im rechts skizzierten Fall dreimal
(„11"). Erläuterungen zu Dualzahlen finden Sie in Kapitel 4.4.2.

14.9.9   Aufgabe 9

Der Haster steht irgendwo in einem rechteckigen Körnerfeld innerhalb seines Territoriums (siehe Abbildung 14.15).

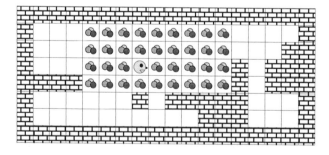

Abbildung 14.15: Typische Hamsterlandschaft zu Aufgabe 9

Er hat eine beliebige Anzahl Körner in seinem Maul. Er soll dafür sorgen, daß
auf allen Kacheln des Körnerfeldes eine durch 3 teilbare Anzahl an Körnern liegt.

Dabei soll er folgendermaßen vorgehen: Wenn er eine Kachel mit einer nicht durch 3 teilbaren Anzahl an Körnern entdeckt und er noch mindestens zwei Körner im Maul hat, soll er zwei Körner ablegen. Andernfalls soll er so viele Körner aufnehmen, daß anschließend die Körneranzahl der Kachel durch 3 teilbar ist. So wenige Kacheln wie möglich sollen letztendlich keine Körner mehr enthalten.

14.9.10 Aufgabe 10

Der Hamster steht irgendwo mit einer beliebigen Blickrichtung in einem beliebig gestalteten von Mauern umgebenen körnerlosen Territorium (siehe Abbildung 14.16). Er soll auf jeder freien und für ihn erreichbaren Kachel ein Korn ablegen. Dabei ist sichergestellt, daß der Hamster zur Erledigung der Aufgabe auf jeden Fall genügend viele Körner im Maul hat.

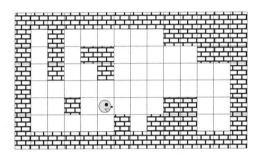

Abbildung 14.16: Typische Hamsterlandschaft zu Aufgabe 10

Kapitel 15

Prozeduren und Funktionen

Prozeduren und boolesche Funktionen haben wir bereits in Kapitel 8 bzw. Kapitel 11 kennengelernt. Wir werden sie in diesem Kapitel verallgemeinern. Eine wesentliche Rolle werden dabei Datentypen spielen, die in Kapitel 13 eingeführt und in Kapitel 14 verallgemeinert worden sind.

Vielleicht ahnen Sie es schon; nach diesem Kapitel werden Sie nicht mehr auf die Definition boolescher Funktionen eingeschränkt sein. Vielmehr werden Sie auch bspw. int-Funktionen definieren können, die Werte vom Typ int berechnen und nach außen liefern.

In Abschnitt 1 dieses Kapitels wird zunächst als Äquivalent zur booleschen return-Anweisung in booleschen Funktionen die int-return-Anweisung für int-Funktionen eingeführt. Die Definition von int-Funktionen sowie der Aufruf von int-Funktionen wird danach in den Abschnitten 2 und 3 beschrieben. Anschließend wird in Abschnitt 4 das Funktionskonzept der Hamstersprache verallgemeinert. In Abschnitt 5 folgen einige Beispielprogramme, an denen die Definition und die Verwendung von Funktionen demonstriert wird. Abschnitt 6 enthält ein paar Übungsaufgaben, an denen Sie den Umgang mit Funktionen einüben können.

15.1 int-return-Anweisung

Int-return-Anweisungen werden in int-Funktionen zum Liefern eines Wertes vom Typ int eingesetzt.

15.1.1 Syntax

Die Syntax der int-return-Anweisung wird in Abbildung 15.1 dargestellt: Dem Schlüsselwort return folgt ein arithmetischer Ausdruck und ein abschließendes Semikolon. Die int-return-Anweisung ist eine Anweisung, die ausschließlich im Funktionsrumpf von int-Funktionen (siehe Abschnitt 15.2) verwendet werden darf. Das Syntaxdiagramm „Anweisung" aus Abbildung 14.9 wird in Abbildung 15.1 erweitert.

15.1.2 Semantik

Die Ausführung einer int-return-Anweisung während der Ausführung einer int-Funktion führt zur unmittelbaren Beendigung der Funktionsabarbeitung. Dabei wird der Wert des arithmetischen Ausdrucks als Funktionswert zurückgegeben.

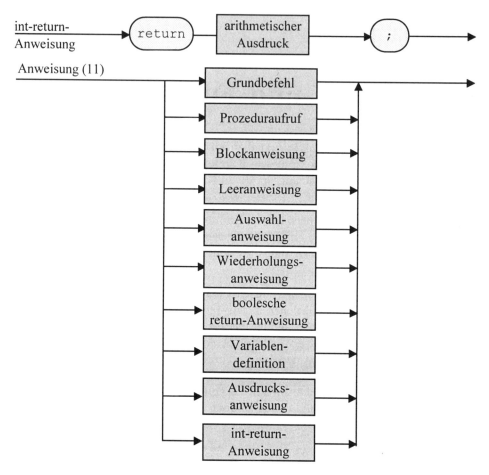

Abbildung 15.1: Syntaxdiagramm: int-return-Anweisung

15.1.3   Beispiele

Folgende int-return-Anweisungen sind syntaktisch korrekt:

```
return -4;
return 3 * (4-5);
int i = 4711;
return i * (i + 1);
```

15.2   Definition von int-Funktionen

Die Definition von int-Funktionen ist syntaktisch gesehen quasi identisch zu der
Definition boolescher Funktionen in Abbildung 11.2 in Kapitel 11.3. Sie müssen nur

das Schlüsselwort `boolean` durch das Schlüsselwort `int` ersetzen. Die genaue Syntax der Definition von int-Funktionen ist in Abbildung 15.2 skizziert.

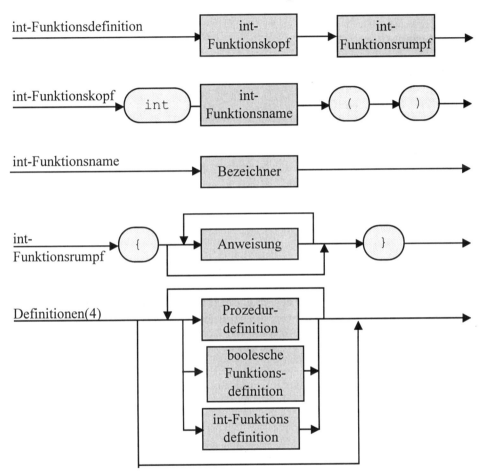

Abbildung 15.2: Syntaxdiagramm: Definition von int-Funktionen

Bei der Definition von int-Funktionen gilt entsprechend der Definition boolescher Funktionen folgende Zusatzbedingung: In jedem möglichen Weg durch die Funktion bei ihrer Ausführung muß eine int-return-Anweisung auftreten. Der Wert, den der arithmetische Ausdruck einer int-return-Anweisung liefert, ist der Funktionswert der int-Funktion, d.h. int-Funktionen liefern Werte vom Typ `int` als Funktionswert.

int-Funktionen können überall dort in einem Hamsterprogramm definiert werden, wo auch boolesche Funktionen und Prozeduren definiert werden können. In Abbildung 15.2 wird daher das Syntaxdiagramm „Definitionen" aus Abbildung 13.1 erweitert.

Im folgenden Beispiel wird eine int-Funktion mit dem Namen `anzahlKoernerImMaul` definiert. Die Funktion ermittelt die Anzahl an Körnern, die der Hamster aktuell im Maul hat, und liefert den Wert zurück.

```
int anzahlKoernerImMaul()
{
  int anzahl = 0;
  // Koerner ablegen
  while (!maulLeer())
  {
    gib();
    anzahl = anzahl + 1;
  }
  // Koerner wieder aufnehmen, um Seiteneffekt zu vermeiden
  int i = anzahl;
  while (i > 0)
  {
    nimm();
    i = i - 1;
  }
  return anzahl;  // liefere die ermittelte Anzahl an Koernern,
                  // die der Hamster im Maul hat
}
```

In einem weiteren Beispiel läßt eine int-Funktion den Hamster bis zur nächsten Wand laufen und liefert als Funktionswert die Anzahl an zurückgelegten Schritten.

```
int bisZurMauer()
{
  int anzahl = 0;
  while (vornFrei())
  {
    vor();
    anzahl = anzahl + 1;
  }
  // Achtung: Seiteneffekt; der Hamster steht u.U. auf einem
  // anderen Feld als vor Aufruf der Funktion

  return anzahl;
    // liefere die Anzahl an zurueckgelegten Schritten
}
```

15.3   Aufruf von int-Funktionen

Der Aufruf von int-Funktionen entspricht einem speziellen arithmetischen Ausdruck.
int-Funktionen dürfen also überall dort im Hamsterprogramm aufgerufen, wo arithmetische Ausdrücke stehen dürfen. Der Aufruf einer int-Funktion erfolgt wie der
Aufruf einer booleschen Funktion syntaktisch durch die Angabe des Funktionsnamens gefolgt von einem runden Klammernpaar. Als Wert des arithmetischen Ausdrucks wird in diesem Fall der Funktionswert genommen, den die Funktion berechnet
hat. Abbildung 15.3 definiert die genaue Syntax des Aufrufs von int-Funktionen und
erweitert das Syntaxdiagramm „arithmetischer Ausdruck" aus Abbildung 14.3.

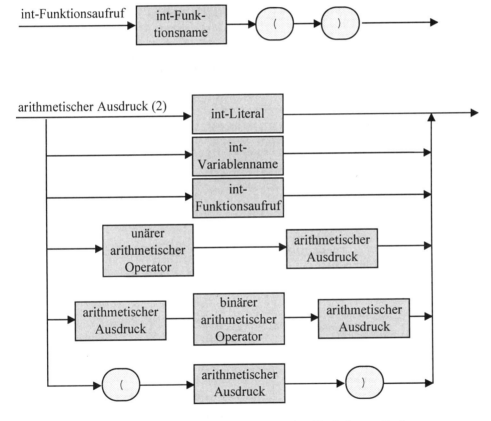

Abbildung 15.3: Syntaxdiagramm: int-Funktionsaufruf

Betrachten Sie zur Demonstration des Aufrufs von int-Funktionen folgendes Beispiel:

```
int anzahlKoernerImMaul()
{
  int anzahl = 0;
```

```
  // Koerner ablegen
  while (!maulLeer())
  {
    gib();
    anzahl = anzahl + 1;
  }
  // Koerner wieder aufnehmen, um Seiteneffekte zu vermeiden
  int i = anzahl;
  while (i > 0)
  {
    nimm();
    i = i - 1;
  }
  return anzahl;  // liefere die ermittelte Anzahl an Koernern,
                  // die der Hamster im Maul hat
}

int schritteBisZurMauer()
{
  int anzahl = 0;
  while (vornFrei())
  {
    vor();
    anzahl = anzahl + 1;
  }
  // und wieder zurueck, um Seiteneffekte zu vermeiden
  linksUm(); linksUm();
  int i = anzahl;
  while (i > 0)
  {
    vor();
    i = i - 1;
  }
  linksUm(); linksUm();
  return anzahl;
    // liefere die Anzahl an zurueckgelegten Schritten
}

void main()
{
  if (schritteBisZurMauer() >= anzahlKoernerImMaul())
  {
    while (!maulLeer())
```

```
    {
        vor();
        gib();
    }
  }
}
```

Im Bedingungsteil der if-Anweisung in der main-Prozedur werden die beiden definierten int-Funktionen `schritteBisZurMauer` und `anzahlKoernerImMaul` aufgerufen. Wegen dieser Überprüfung ist der `vor();`-Befehl innerhalb der while-Schleife auf jeden Fall „sicher", da die Anzahl an möglichen Schritten bis zur nächsten Mauer auf keinen Fall kleiner ist als die Anzahl an Körnern, die der Hamster im Maul trägt.

15.4   Verallgemeinerung des Funktionskonzeptes

Genauso wie wir in Kapitel 14.7 das Variablenkonzept verallgemeinert haben, wollen wir nun das Funktionskonzept verallgemeinern. Neben den Datentypen `boolean` und `int` gibt es in Java und in anderen Programmiersprachen weitere Datentypen, auf deren Einführung an dieser Stelle zunächst verzichtet wird, für die das Funktionskonzept aber entsprechend gilt.

Prozeduren werden ab jetzt ebenfalls zu den Funktionen gezählt. Sie liefern keinen Wert, was durch das Schlüsselwort `void` bei ihrer Definition ausgedrückt wird.

Die verallgemeinerte Syntax für das Funktionskonzept ist in den Abbildungen 15.4, 15.5 und 15.6 dargestellt und wird in den folgenden Unterabschnitten erläutert.

15.4.1   return-Anweisung

Abbildung 15.4 stellt zunächst eine verallgemeinerte Form der return-Anweisung dar. Dem Schlüsselwort `return` kann – muß aber nicht – ein beliebiger Ausdruck folgen. Dabei gilt für die Nutzung von return-Anweisungen folgende Einschränkung:

- return-Anweisungen mit einem booleschen Ausdruck dürfen nur in booleschen Funktionen benutzt werden,

- return-Anweisungen mit einem arithmetischen Ausdruck dürfen nur in int-Funktionen eingesetzt werden, und

- return-Anweisungen ohne Ausdruck sind Anweisungen, deren Aufruf nur innerhalb von Prozeduren erlaubt ist.

Die return-Anweisung ist eine spezielle Anweisung. Aus diesem Grund wird in Abbildung 15.4 das Syntaxdiagramm „Anweisung" aus Abbildung 15.1 erweitert bzw. korrigiert.

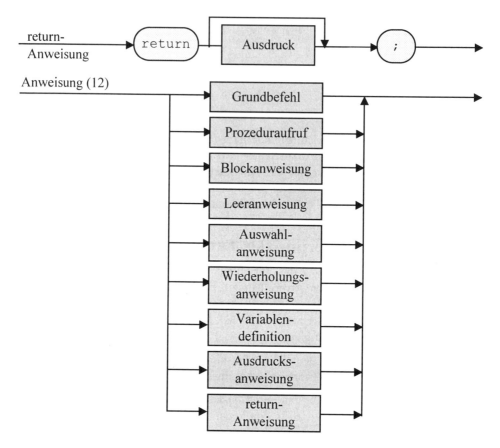

Abbildung 15.4: Syntaxdiagramm: return-Anweisung

15.4.2 Funktionsdefinition

Die Syntax der verallgemeinerten Funktionsdefinition wird in Abbildung 15.5 dargestellt. Anhand des angegebenen Typs (bisher void, boolean oder int) wird der sogenannte *Funktionstyp* festgelegt. Dabei gelten folgende zusätzliche Bedingungen:

- Ist der Typ der Funktion void, d.h. handelt es sich bei der Funktion um eine Prozedur, so dürfen im Funktionsrumpf nur return-Anweisungen ohne Ausdruck auftreten.

- Ist der Typ der Funktion ungleich void, so müssen alle return-Anweisungen, die im Funktionsrumpf vorkommen, Werte liefern, die mit dem Funktionstyp konform sind (boolescher Ausdruck und Typ boolean, arithmetischer Ausdruck und Typ int).

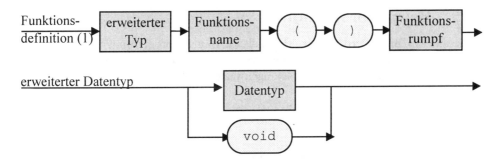

Abbildung 15.5: Syntaxdiagramm: Funktionsdefinition

- In jedem möglichen Weg durch eine Funktion mit einem Funktionstyp ungleich void muß eine funktionstyp-konforme return-Anweisung auftreten.

Wird bei der Funktionsabarbeitung eine return-Anweisung ausgeführt, dann wird der Funktionsrumpf unmittelbar verlassen und gegebenenfalls als Funktionswert der Wert geliefert, den die Berechnung des Ausdrucks der return-Anweisung ergibt.

Der Gültigkeitsbereich von Funktionen erstreckt sich über ein gesamtes Programm. Insbesondere dürfen Funktionen auch schon vor ihrer Definition aufgerufen werden. Es ist auch erlaubt, innerhalb eines Funktionsrumpfes die Funktion selbst wiederum aufzurufen. Dieses Konzept nennt man *Rekursion*; ihm ist wegen seiner besonderen Bedeutung ein eigenes Kapitel gewidmet (siehe Kapitel 17).

Die Namen von Funktionen in einem Programm müssen unterschiedlich sein[1]. Es dürfen jedoch in ein und demselben Gültigkeitsbereich gleichnamige Funktionen und Variablen definiert werden.

15.4.3 Funktionsaufruf

Abbildung 15.6 skizziert die Syntax eines (verallgemeinerten) Funktionsaufrufs. Funktionsaufrufe sind dabei spezielle Ausdrücke (siehe auch Abbildung 14.7).

Funktionsaufruf (1)
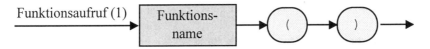

Abbildung 15.6: Syntaxdiagramm: Funktionsaufruf

Dabei gilt die Einschränkung: Funktionsaufrufe dürfen nur bei der Bildung funktionstyp-konformer Ausdrücke (boolescher Ausdruck und Typ boolean, arithmetischer Ausdruck und Typ int) eingesetzt werden. Eine Prozedur darf ausschließlich in Form einer Ausdrucksanweisung (siehe Kapitel 14.7.2) benutzt werden.

---

[1]Diese Einschränkung wird in Kapitel 16.3 ein wenig aufgeweicht

15.5 Beispielprogramme

In diesem Abschnitt werden einige Beispiele für Hamsterprogramme gegeben, die Ihnen den Einsatz von Funktionen demonstrieren sollen. Schauen Sie sich die Beispiele genau an, und versuchen Sie, die Lösungen nachzuvollziehen.

15.5.1 Beispielprogramm 1

Aufgabe:
Der Hamster steht direkt vor einem regelmäßigen Berg unbekannter Höhe (siehe auch Abbildung 15.7). Er selbst hat keine Körner im Maul. Auf der Kachel, auf der er steht, liegt jedoch einen bestimmte Anzahl an Körnern. Ansonsten liegen keine Körner im Feld. Der Hamster soll den Berg erklimmen und dabei solange möglich auf jeder Stufe ein Korn ablegen. Er soll dabei jedoch keinen unnötigen Ballast mitschleppen.

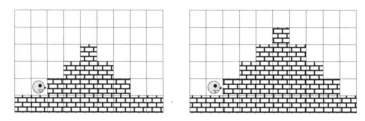

Abbildung 15.7: Typische Hamsterlandschaften zu Beispielprogramm 1

Lösungsidee: Der Hamster ermittelt zunächst die Höhe des Berges und kehrt an seine Ausgangsposition zurück. Anschließend nimmt er – falls möglich – die benötigte Anzahl an Körnern auf und marschiert erneut los.

Lösung:

```
void main()
{
  int stufen_anzahl = zaehleStufen();

  // nimm genuegend Koerner ins Maul
  while ((stufen_anzahl > 0) && kornDa())
  {
    nimm();
    stufen_anzahl = stufen_anzahl - 1;
  }

  erklimmeBerg();
}
```

```
// ermittle die Hoehe des Berges (ohne Seiteneffekte)
int zaehleStufen()
{
  // erklimme die einzelnen Stufen und vermerke die Anzahl
  int anzahl = 0;
  while (!gipfelErreicht())
  {
    erklimmeStufe();
    anzahl = anzahl + 1;
  }
  // zur Vermeidung von Seiteneffekten gehts nun wieder hinunter
  kehrt();
  int schritte = anzahl;
  while (schritte > 0)
  {
    klettereStufeHinunter();
    schritte = schritte - 1;
  }
  kehrt();
  return anzahl;
}

boolean gipfelErreicht()
{
  return vornFrei();
}

void erklimmeStufe()
{
  linksUm(); vor(); rechtsUm(); vor();
}

void klettereStufeHinunter()
{
  vor(); linksUm(); vor(); rechtsUm();
}

void erklimmeBerg()
{
  while (!gipfelErreicht())
  {
    erklimmeStufe();
```

```
      if (!maulLeer()) gib();
   }
}

void rechtsUm() { kehrt(); linksUm(); }

void kehrt() { linksUm(); linksUm(); }
```

15.5.2 Beispielprogramm 2

Aufgabe:

Der Hamster steht in einem durch Mauern abgeschlossenen Raum unbekannter Größe (siehe Abbildung 15.8). Solange auf einem seiner vier Nachbarfelder (links, rechts, oberhalb, unterhalb) noch Körner liegen, soll er folgendes tun: Er soll das Nachbarfeld ermitteln, auf dem die meisten Körner liegen, sich dorthin bewegen und die Körner fressen.

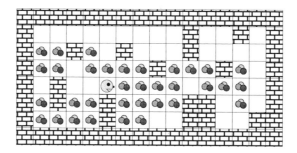

Abbildung 15.8: Typische Hamsterlandschaft zu Beispielprogramm 2

Lösung:

```
void main()
{
  do {
    // ermittle Richtung, in die der Hamster sich wenden muss
    int richtung = ermittleDrehungen();
    if (richtung == -1) return;
      // -1: auf keinem der Nachbarfelder
      // existiert ein Korn -> Aufgabe geloest

    // drehe dich entsprechend oft
    while (richtung > 0)
    {
      linksUm();
```

```
        richtung = richtung - 1;
    }

    vor();
    while (kornDa()) nimm();
  } while (true);
    // Endlosschleife wird durch obiges return vermieden
}


// ermittelt die Richtung, in die der Hamster sich drehen muss;
// liefert die Anzahl an Linksdrehungen, die der Hamster
// durchfuehren muss, um in die korrekte Richtung zu blicken;
// Korrekt ist die Richtung mit der benachbarten Kachel mit
// den meisten Koernern (ohne Seiteneffekte);
// liefert -1 falls kein Nachbarfeld mehr Koerner enthaelt
int ermittleDrehungen()
{
  int drehungen = 0;
  int koerner_anzahl = koernerAnzahlVorn();
  int schleifenzaehler = 1;
  while (schleifenzaehler <= 3)
  {
    linksUm();
    int neue_koerner_anzahl = koernerAnzahlVorn();
    if (neue_koerner_anzahl > koerner_anzahl)
    {
      drehungen = schleifenzaehler;
      koerner_anzahl = neue_koerner_anzahl;
    }
    schleifenzaehler = schleifenzaehler + 1;
  }
  // zur Vermeidung von Seiteneffekten
  linksUm();
  if (koerner_anzahl == 0)
    return -1; // keine Koerner mehr auf Nachbarfeldern
  return drehungen;
}


// liefert die Anzahl Koerner auf der Kachel vor dem Hamster
// (ohne Seiteneffekte)
int koernerAnzahlVorn()
{
  if (!vornFrei()) return 0;
```

```
    vor();
    int anzahl = koernerAnzahl();
    // zur Vermeidung von Seiteneffekten
    kehrt(); vor(); kehrt();
    return anzahl;
}


// liefert die Anzahl Koerner auf einer Kachel
// (ohne Seiteneffekte)
int koernerAnzahl()
{
  int anzahl = 0;
  while (kornDa())
  {
    nimm();
    anzahl = anzahl + 1;
  }
  // zur Vermeidung von Seiteneffekten
  int schritte = anzahl;
  while (schritte > 0)
  {
    gib();
    schritte = schritte - 1;
  }
  return anzahl;
}


void kehrt()
{
  linksUm(); linksUm();
}
```

15.5.3   Beispielprogramm 3

Aufgabe:

Der Hamster steht irgendwo in einem durch Mauern abgeschlossenenen ansonsten aber mauerlosen rechteckigen Raum unbekannter Größe. Er hat eine bestimmte Anzahl an Körnern im Maul. Im Feld selbst liegen keine Körner. Der Hamster soll zunächst die Größe des Raumes ermitteln. Anschließend soll er, falls er genügend Körner im Maul hat, auf den Randkacheln des Raumes jeweils ein Korn ablegen. Abbildung 15.9 zeigt im oberen linken Teil eine mögliche „normale" Ausgangssituation und im oberen rechten Teil die entsprechende Lösung, falls der Hamster anfangs genügend Körner im Maul hatte. Im unteren Teil wird ein Grenzfall skizziert, in dem es lediglich eine einzelne freie Reihe im Territorium gibt.

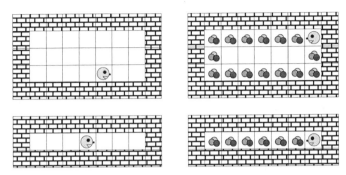

Abbildung 15.9: Typische Hamsterlandschaft zu Beispielprogramm 3

Lösung:

```
void main()
{
  begibDichInEineEcke();

  // Bestimmung von Breite und Laenge des Feldes
  int breite = bestimmeLaenge();
  linksUm();
  int hoehe = bestimmeLaenge();
  rechtsUm();

  // Berechnung des Umfangs des Feldes
  int umfang;
  if (breite == 1)
    umfang = hoehe;
  else if (hoehe == 1)
    umfang = breite;
  else
    umfang = 2*breite + 2*(hoehe-2);

  // Aktion
  if (bestimmeKoernerImMaul() >= umfang)
  {
    legeKoernerAmRandAb();
  }
}

// begib dich in eine Ecke des Raumes
```

```
void begibDichInEineEcke()
{
  // zum naechsten Rand
  while (vornFrei()) vor();
  linksUm();
  // in die naechste Ecke
  while (vornFrei()) vor();
  linksUm();
}


// bestimmt die Anzahl an freien Feldern vor dem Hamster
// (ohne Seiteneffekte)
int bestimmeLaenge()
{
  int laenge = 1;
  while (vornFrei())
  {
    vor();
    laenge = laenge + 1;
  }
  // und zurueck (zur Vermeidung von Seiteneffekten)
  int zurueck = laenge;
  kehrt();
  while (zurueck > 1)
  {
    vor();
    zurueck = zurueck - 1;
  }
  kehrt();
  return laenge;
}


// bestimmt die Anzahl an Koernern, die der Hamster im Maul hat
// (ohne Seiteneffekte)
int bestimmeKoernerImMaul()
{
  int anzahl = 0;
  while (!maulLeer())
  {
    gib();
    anzahl = anzahl + 1;
  }
  // zur Vermeidung von Seiteneffekten:
```

```
//   Koerner wieder aufsammeln
int koerner = anzahl;
while (koerner > 0)
{
  nimm();
  koerner = koerner - 1;
}
return anzahl;
}

// lege an allen Randkacheln des Raumes (es existieren
// maximal 4 Waende) je ein Korn ab
void legeKoernerAmRandAb()
{
  int richtungen = 0;
  while (richtungen < 4) {
    while (vornFrei())
    {
      vor();
      if (!kornDa()) gib();
    }
    linksUm();
    richtungen = richtungen + 1;
  }
}

void rechtsUm() { linksUm(); kehrt(); }

void kehrt() { linksUm(); linksUm(); }
```

15.6 Übungsaufgaben

Nun sind wieder Sie gefordert; denn in diesem Abschnitt werden Ihnen einige Hamsteraufgaben gestellt, die sie selbständig zu lösen haben. Denken Sie sich darüber hinaus selbst weitere Hamsteraufgaben aus, und versuchen Sie, diese zu lösen. Viel Spaß!

15.6.1 Aufgabe 1

Die Aufgabenstellung von Beispielprogramm 1 aus Abschnitt 15.5.1 wird in dieser Aufgabe derart verändert, daß der Berg nicht unbedingt regelmäßig sein muß, sondern auch unregelmäßig sein kann, wie in Abbildung 15.10 skizziert ist.

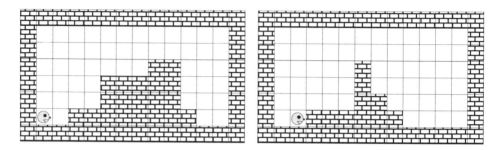

Abbildung 15.10: Typische Hamsterlandschaften zu Aufgabe 1

15.6.2   Aufgabe 2

Lösen Sie Beispielprogramm 2 aus Abschnitt 15.5.2 derart, daß der Hamster nicht nur die vier Nachbarfelder links, rechts, oberhalb und unterhalb kontrollieren soll, sondern auch die vier Nachbarfelder in den Diagonalen. Das heißt, die genaue Aufgabebestellung lautet: Der Hamster steht in einem durch Mauern abgeschlossenen Raum unbekannter Größe (siehe Abbildung 15.11). Solange auf einem seiner acht Nachbarfelder noch Körner liegen, soll er folgendes tun: Er soll das Nachbarfeld ermitteln, auf dem die meisten Körner liegen, sich dorthin bewegen und die Körner fressen.

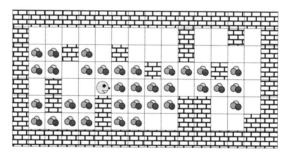

Abbildung 15.11: Typische Hamsterlandschaft zu Aufgabe 2

15.6.3   Aufgabe 3

Ändern Sie die Lösung von Beispielprogramm 3 aus Abschnitt 15.5.3 derart ab, daß der Hamster nicht nur auf den Randkacheln des Raumes jeweils ein Korn ablegen soll, sondern auf allen Kacheln im Raum, aber auch in diesem Fall nur, falls er genügend Körner im Maul hat.

15.6.4   Aufgabe 4

Der Hamster befindet sich mit Blickrichtung Ost in der linken unteren Ecke eines durch Mauern abgeschlossenen ansonsten aber mauerlosen rechteckigen Raum unbekannter Größe. Auf den Kacheln des Territoriums befinden sich jeweils maximal neun Körner. Die Anzahl der Körner auf einer Kachel repräsentiert also eine dezimale Ziffer (0, 1, ..., 9), und eine horizontale Reihe repräsentiert eine Dezimalzahl. Die Kacheln der untersten Reihe des Territoriums sind frei. Der Hamster bekommt die Aufgabe, die Dezimalzahlen zu addieren und das Ergebnis – durch Kornhaufen kodiert – in der untersten Reihe abzulegen. Abbildung 15.12 skizziert beispielhaft eine mögliche Ausgangssituation (links) und die Lösung (rechts).

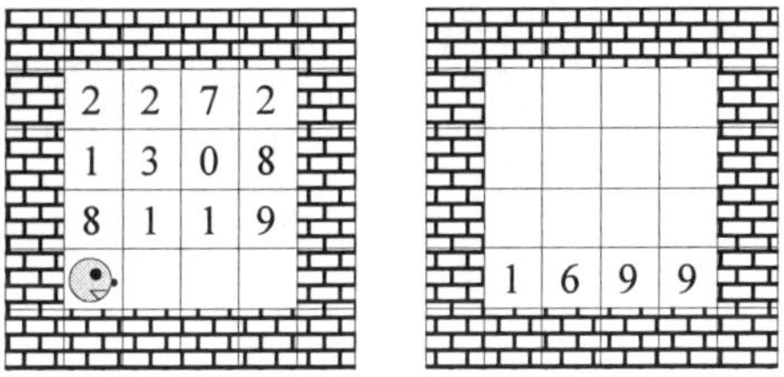

Abbildung 15.12: Addition von Dezimalzahlen

15.6.5 Aufgabe 5

Der Hamster befindet sich in einem rechteckigen durch Mauern abgeschlossenen ansonsten aber mauerlosen Teilgebiet des Territoriums. Dieses Teilgebiet – seine Wohnung – hat genau einen Eingang. Der Hamster kommt gerade vom Einkauf nach Hause und stellt mit Entsetzen fest, daß sein Einkaufsbeutel ein Loch hat. Ein Blick durch die Tür zeigt in Form einer durchgehenden Körnerspur (keine Verzweigungen, einreihig) den verlorenen Proviant. Der Hamster begibt sich also daran, die Körner wieder einzusammeln und in seiner Wohnung abzulegen. Allerdings muß er dabei eine Einschränkung berücksichtigen: Er kann zu jedem Zeitpunkt maximal ein Korn im Maul aufbewahren. Außerdem soll er die Körner in seiner Wohnung regelmäßig verteilen, d.h. der Unterschied zwischen der Anzahl an Körnern pro Kachel in der Wohnung des Hamsters darf am Ende jeweils nur ein Korn betragen. Abbildung 15.13 enthält beispielhaft eine mögliche Ausgangssituation.

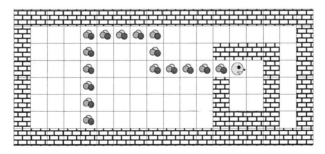

Abbildung 15.13: Typische Ausgangssituation in Aufgabe 5

Kapitel 16

Funktionsparameter

In diesem Kapitel wird das Konzept der sogenannten *Parameter* eingeführt, durch das das Konzept der Prozeduren und Funktionen wesentlich mehr Flexibilität erhält. Das Parameterkonzept wird in Abschnitt 1 dieses Kapitels zunächst motiviert. Anschließend wird in Abschnitt 2 erläutert, welchen Einfluß der Einsatz von Parametern auf die Definition und den Aufruf von Funktionen hat. Die Verwendung von Parametern ermöglicht die gleichnamige Benennung mehrerer Funktionen. Auf dieses Konzept des Überladens von Funktionen wird in Abschnitt 3 eingegangen. In Abschnitt 4 folgen einige Beispielprogramme, an denen der Einsatz von Parametern demonstriert wird. Abschnitt 5 enthält ein paar Übungsaufgaben, an denen Sie den Umgang mit Parametern selbständig einüben können.

16.1 Motivation

Sie haben bspw. in den Übungsaufgaben schon sehr häufig die beiden Prozeduren kehrt und rechtsUm definiert. Viel eleganter wäre es doch, eine Prozedur drehDich zu definieren, der beim Aufruf mitgeteilt wird, um wieviel Grad sich der Hamster drehen soll. Wird ihr der Wert 90 mitgeteilt, dreht sich der Hamster einmal linksum, wird ihr der Wert 180 mitgeteilt, dreht sich der Hamster zweimal linksum (was einem kehrt entspricht), und wird ihr der Wert 270 mitgeteilt, dreht sich der Hamster dreimal linksum, führt also ein rechtsUm aus. Oder allgemein ausgedrückt: Wird der Prozedur drehDich ein positiver int-Wert n mitgeteilt, dreht sich der Hamster $n/90$ mal linksum. Diesen Wert n, der der Prozedur bei ihrem Aufruf mitgeteilt – man sagt auch *übergeben* – wird, nennt man einen *aktuellen Parameter*.

Ein weiteres Beispiel, das den Einsatz von Parametern motivieren soll, ist folgendes: Bisher war es Ihnen möglich, eine Prozedur vierVor zu definieren, durch deren Aufruf der Hamster – falls möglich – vier Felder nach vorne laufen konnte:

```
void vierVor()
{
  int schritte = 0;
  while ((schritte < 4) && vornFrei())
  {
    vor();
    schritte = schritte + 1;
  }
}
```

In einer anderen Situation sollte der Hamster nun aber nicht vier sondern fünf, sechs
oder sieben Felder nach vorne hüpfen. Sie mußten also entsprechende Prozeduren
definieren:

```
void fuenfVor()
{
  int schritte = 0;
  while ((schritte < 5) && vornFrei())
  {
    vor();
    schritte = schritte + 1;
  }
}

void sechsVor()
{
  int schritte = 0;
  while ((schritte < 6) && vornFrei())
  {
    vor();
    schritte = schritte + 1;
  }
}

void siebenVor()
{
  int schritte = 0;
  while ((schritte < 7) && vornFrei())
  {
    vor();
    schritte = schritte + 1;
  }
}
```

Wenn Sie sich die Prozeduren genauer anschauen, werden Sie feststellen, daß sie sich
jeweils nur an einer einzigen Stelle unterscheiden; lediglich der rechte Operand des
Vergleichsausdrucks in der Schleifenbedingung ist von Prozedur zu Prozedur ver-
schieden. Der Wert dieses Operanden entspricht dabei genau der maximalen Anzahl
an Schritten, die der Hamster ausführen soll.

Um sich u.a. viel Schreibaufwand zu sparen, wäre es doch viel eleganter, eine Prozedur nVor zu definieren, bei derem Aufruf der Hamster n Felder nach vorne laufen
wird, wobei n ein positiver int-Wert ist, der der Prozedur zur Laufzeit übergeben
wird:

```
void nVor()
{
  "erwarte einen int-Wert n"
  int schritte = 0;
  while ((schritte < n) && vornFrei())
  {
    vor();
    schritte = schritte + 1;
  }
}

void main()
{
  nVor(); "und teile der Prozedur fuer n den Wert 5 mit"
  nVor(); "und teile der Prozedur fuer n den Wert 6 mit"
  nVor(); "und teile der Prozedur fuer n den Wert 23 mit"
}
```

Eine derartige Flexibilität bei der Definition und dem Aufruf von Prozeduren und Funktionen bringt das Parameterkonzept mit sich.

16.2 Funktionen mit Parametern

Parameter sind lokale Variablen von Funktionen, die dadurch initialisiert werden, daß der Funktion bei ihrem Aufruf ein entsprechender Initialisierungswert für die Variable übergeben wird.

Durch die Einführung von Parametern wird es notwendig, sowohl die Syntax der Funktionsdefinition als auch die Syntax des Funktionsaufrufs zu erweitern.

16.2.1 Syntax

Abbildung 16.1 stellt die Syntax des um das Parameterkonzept erweiterten Funktionskonzepts dar. Dazu werden das Syntaxdiagramm „Funktionsdefinition" aus Abbildung 15.5 sowie das Syntaxdigramm „Funktionsaufruf" aus Abbildung 15.6 angepaßt.

Bei der Funktionsdefinition wird zwischen die beiden runden Klammern im Funktionskopf eine sogenannte *formale Parameterliste* eingeschoben. Die Parameterliste besteht aus keiner, einer oder mehreren durch Kommata getrennten Parameterdeklarationen. Eine Parameterdeklaration hat dabei eine ähnliche Gestalt wie die Variablendefinition aus Abbildung 14.6. Was fehlt, ist ein expliziter Initialisierungsausdruck. In der Tat handelt es sich bei einem Parameter auch um eine ganz normale Variable. Sie ist lokal bzgl. des Funktionsrumpfes. Ihr können im Funktionsrumpf

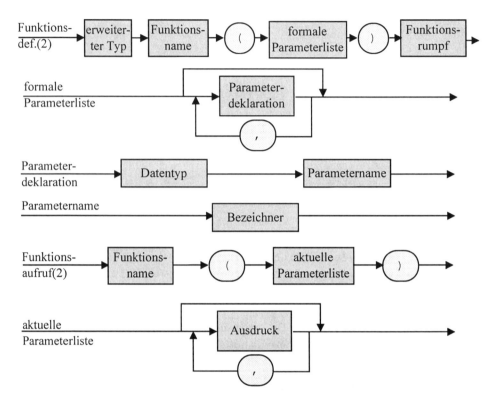

Abbildung 16.1: Syntaxdiagramm: Parameter

ihrem Typ entsprechend Werte zugewiesen werden, und sie kann bei der Bildung
von typkonformen Ausdrücken innerhalb des Funktionsrumpfes eingesetzt werden.
Man nennt die Parameter innerhalb der Funktionsdefinition auch *formale Parameter*
oder *Parametervariablen.*

Der Funktionsaufruf wird durch die Angabe einer *aktuellen Parameterliste* zwischen
den runden Klammern erweitert. Die durch Kommata getrennten Elemente dieser
Liste werden als *aktuelle Parameter* bezeichnet. Hierbei handelt es sich um Ausdrücke.

Bzgl. der Definition von Funktionen mit (formalen) Parametern und dem Aufruf
von Funktionen mit (aktuellen) Parametern sind folgende zusätzliche Bedingungen
zu beachten:

- Die Anzahl der aktuellen Parameter beim Aufruf einer Funktion muß gleich
  der Anzahl der formalen Parameter der Funktionsdefinition sein.

- Für alle Parameter in der angegebenen Reihenfolge muß gelten: Der Typ eines
  aktuellen Parameters muß konform sein zum Typ des entsprechenden formalen

Parameters (boolesche Ausdrücke sind konform zum Typ `boolean`, arithmetische Ausdrücke sind konform zum Typ `int`).

16.2.2 Semantik

Wird eine Funktion mit Parametern aufgerufen, so passiert folgendes: Die aktuellen Parameter – hierbei handelt es sich ja um Ausdrücke – werden berechnet, und zwar immer von links nach rechts, falls es sich um mehr als einen Parameter handelt. Für jeden formalen Parameter der formalen Parameterliste wird im Funktionsrumpf eine lokale Variable angelegt. Diese Variablen werden anschließend – bei Beachtung der Reihenfolge innerhalb der Parameterlisten – mit dem Wert des entsprechenden aktuellen Parameters initialisiert. Man spricht in diesem Zusammenhang auch von *Parameterübergabe*: der Wert eines aktuellen Parameters wird beim Aufruf einer Funktion einem formalen Parameter der Funktion als Initialisierungswert übergeben.

16.2.3 Beispiele

Es folgen ein paar Beispiele, die den Einsatz von Parametern demonstrieren sollen.

16.2.3.1 Prozedur `drehDich`

Zunächst soll das erste Beispiel aus Abschnitt 16.1 durch Verwendung des Parameterkonzeptes realisiert werden: Der Hamster soll sich „grad"-mal drehen, wobei „grad" ein Parameter ist.

```
void drehDich(int grad)
{
  int anzahl_drehungen = grad / 90;
  while (anzahl_drehungen > 0)
  {
    linksUm();
    anzahl_drehungen = anzahl_drehungen - 1;
  }
}

void main()
{
  int links  = 90;
  int kehrt = 180;
  drehDich(links);
  drehDich(rechts);
  drehDich(links + kehrt);
}
```

In dem Beispiel besitzt die Prozedur drehDich einen formalen Parameter mit dem Namen grad und dem Typ int. Dieser Parameter – genauer der Wert dieses Parameters – wird innerhalb der Prozedur genutzt, um die Anzahl an Drehungen zu berechnen, die der Hamster durchführen soll. Der (initiale) Wert des Parameters wird nun jedoch nicht bereits bei der Definition der Prozedur festgelegt, vielmehr wird er der Prozedur jedesmal bei ihrem Aufruf übergeben.

Innerhalb der main-Prozedur befinden sich drei Aufrufe der Prozedur drehDich. Beim ersten Aufruf wird der Prozedur als aktueller Parameter der Wert des Ausdrucks links übergeben, wobei links eine Variable vom Typ int ist. Alle Nebenbedingungen des Prozeduraufrufs (Anzahl formaler Parameter gleich Anzahl aktueller Parameter und die Typkonformität der einzelnen Parameter) sind erfüllt. Die Variable links enthält zum Zeitpunkt des Prozeduraufrufs den Wert 90. Folglich wird der Prozedur als aktueller Parameter der Wert 90 übergeben, d.h. bei diesem Prozeduraufruf wird die Parametervariable grad mit dem Wert 90 initialisiert. Der Initialisierungsausdruck für die lokale Variable anzahl_drehungen ergibt also den Wert 1 (90 / 90), der Hamster dreht sich genau einmal nach links.

Beim zweiten Aufruf der Prozedur drehDich innerhalb der main-Prozedur wird als aktueller Parameter der Wert der Variablen kehrt übergeben. Dieser beträgt zum Zeitpunkt des Prozeduraufrufs 180. In diesem Fall wird also die Parametervariable grad der Prozedur drehDich mit dem Wert 180 initialisiert, so daß die Berechnung des Initialisierungsausdrucks der lokalen Variablen anzahl_drehungen den Wert 2 (180/90) ergibt.

Beim dritten Aufruf der Prozedur drehDich wird der aktuelle Parameter durch den Ausdruck links + rechts berechnet; dieser liefert zu diesem Zeitpunkt den Wert 270 (90 + 180). Folglich wird die Parametervariable grad der Prozedur mit dem Wert 270 initialisiert, was wiederum zur Folge hat, daß die lokale Variable anzahl_drehungen mit dem Wert 3 (270/90) initialisiert wird.

16.2.3.2 Prozedur felderVor

Die Implementierung des zweiten Beispiels aus Abschnitt 16.1 (der Hamster soll „anzahl" Schritte nach vorne laufen, wobei „anzahl" ein Parameter ist) hat folgende Gestalt:

```
void felderVor(int anzahl)
{
  while ((anzahl > 0) && vornFrei())
  {
    vor();
    anzahl = anzahl - 1;
  }
}
```

```
void main()
{
  felderVor(1); linksUm();

  felderVor(3 * -5); linksUm();

  int n = 7; felderVor(n); linksUm();

  int anzahl = 4; felderVor(anzahl); linksUm();
}
```

Wir definieren also eine Funktion namens `felderVor` mit einem formalen Parameter vom Typ `int` und dem Namen `anzahl`. Diesen formalen Parameter benutzen wir in der Funktion genauso wie eine normale Variable. In der Bedingung der while-Schleife wird der Parameter bspw. zur Bildung eines Vergleichsausdruckes eingesetzt. Im Schleifenrumpf wird ihm ein neu berechneter Wert zugewiesen.

Was in der Funktionsdefinition fehlt, ist lediglich eine Initialisierung der Variablen `anzahl` mit einem Wert, die jedoch dringend notwendig ist, um die Funktion sinnvoll ausführen zu können. Diese Initialisierung erfolgt beim Funktionsaufruf. In der ersten Zeile des Rumpfes der main-Prozedur wird die Funktion mit dem Wert 1 als aktuellem Parameter aufgerufen, der durch das int-Literal „1" geliefert wird. Dementsprechend wird – bevor die Anweisungen des Funktionsrumpfes ausgeführt werden – der formale Parameter `anzahl` mit dem Wert 1 initialisiert.

Das zweite Mal wird die Funktion `felderVor` mit dem Wert -15 als erstem und einzigen aktuellen Parameter aufgerufen, der durch den arithmetischen Ausdruck 3 * -5 berechnet wird. Dieses Mal wird der formale Parameter `anzahl` der Funktion also mit dem Wert -15 initialisiert, bevor die Anweisungen des Funktionsrumpfes ausgeführt werden.

Beim dritten Funktionsaufruf wird der aktuelle Wert der Variablen `n` (der beträgt zur Zeit des Funktionsaufrufes 7, bedingt durch die vorangehende Zuweisung) als aktueller Parameter genutzt, d.h. der formale Parameter `anzahl` wird mit dem aktuellen Wert 7 der Variablen `n` initialisiert. Von besonderer Bedeutung ist in diesem Zusammenhang die Tatsache, daß es sich bei der Variablen `n` und der Parametervariablen `anzahl` um zwei verschiedene Variablen handelt, für die beide eigener Speicherplatz reserviert ist. Die Manipulation der Variablen `anzahl` innerhalb des Funktionsrumpfes hat keinen Einfluß auf die Variable `n`. Als Parameter werden in der Hamstersprache (und in Java) lediglich Werte übergeben, keine Variablen selbst. Man nennt diesen Parameterübergabemechanismus deshalb auch *call-by-value-Parameterübergabe*. In anderen Programmiersprachen gibt es andere Formen der Parameterübergabe. Beim *call-by-reference* werden bspw. Speicheradressen von Variablen übergeben, so daß der Wert einer als aktueller Parameter übergebenen Variablen innerhalb des

Funktionsrumpfes verändert werden kann. Das ist in der Hamstersprache (und in Java) nicht möglich, hier existiert ausschließlich die call-by-value-Parameterübergabe, weshalb die weiteren Mechanismen an dieser Stelle auch nicht weiter vertieft werden sollen.

Im obigen Beispiel wird die Funktion felderVor in der main-Prozedur auch noch ein viertes Mal aufgerufen. Lassen Sie sich nicht dadurch verwirren, daß hier der aktuelle und der formale Parameter dieselben Namen haben. Es existieren zwei verschiedene Variablen, allerdings mit demselben Namen. Eine ist lokal zur Prozedur main, die andere lokal zur Funktion felderVor. Übergeben wird nur der aktuelle Wert der zu main lokalen Variablen anzahl (hier 4), mit der die zu felderVor lokale Variable anzahl initialisiert wird. Insbesondere hat die Manipulation der Variablen anzahl im Schleifenrumpf innerhalb der Funktion felderVor keinen Einfluß auf die lokale Variable anzahl der main-Prozedur, d.h. nach Verlassen der Prozedur felderVor speichert die Variable anzahl der main-Prozedur immer noch den Wert 4.

16.2.3.3   Weitere Beispiele

Das folgende Beispiel enthält syntaktische Fehler:

```
// drehe dich linksum, falls der Wert true uebergeben wird,
// ansonsten drehe dich rechtsum
void drehen(boolean richtung}
{
  if (richtung) { linksUm(); }
  else { linksUm(); linksUm(); linksUm(); }
}


// falls als erster Wert false uebergeben wird, laufe falls
// moeglich "anzahl" Felder nach hinten, ansonsten laufe
// falls moeglich "anzahl" Felder nach vorne;
// liefere die Anzahl an tatsaechlich gelaufenen Feldern
// als Funktionswert
int felderVor(boolean richtung, int anzahl)
{
  int schritte = 0;
  if (!richtung) { linksUm(); linksUm(); }
  while ((anzahl > 0) && vornFrei())
  {
    vor();
    anzahl = anzahl - 1;
    schritte = schritte + 1;
  }
  if (!richtung) { linksUm(); linksUm(); }
```

```
    return schritte;
}

void main()
{
    drehen(true, false);        // Zeile 3; Fehler
    drehen(8);                  // Zeile 4; Fehler
    if (felderVor(8, true) < 8) // Zeile 5; Fehler
    {
        linksUm();
    }
}
```

In Zeile 3 der main-Prozedur wird die Funktion **drehen** mit zwei aktuellen Parametern aufgerufen, obwohl die Funktion nur einen einzelnen formalen Parameter besitzt. Zeile 4 der main-Prozedur enthält ein weiteres Beispiel für einen fehlerhaften Aufruf der Funktion **drehen**, da der Typ des aktuellen Parameters (arithmetischer Ausdruck) nicht konform ist zum Typ des formalen Parameters (Typ **boolean**). Auch der Funktionsaufruf der Funktion **felderVor** in Zeile 5 der main-Prozedur produziert eine Fehlermeldung des Compilers, da der erste aktuelle Parameter vom Typ **int** und der zweite aktuelle Parameter vom Typ **boolean** sind, der erste formale Parameter der Funktion jedoch vom Typ **boolean** und der zweite formale Parameter vom Typ **int** sind.

16.2.4 Anmerkungen

Es folgen einige Anmerkungen zur Definition und Verwendung von Funktionen mit Parametern.

16.2.4.1 Funktionsaufrufe als aktuelle Parameter

Aktuelle Parameter sind Ausdrücke, die vor dem Aufruf einer Funktion berechnet werden. Auch Funktionen selbst liefern im allgemeinen Werte, d.h. ihr Aufruf stellt also einen speziellen Ausdruck dar. Aus diesem Grund können auch Funktionsaufrufe in der aktuellen Parameterliste auftreten, wie das folgende korrekte Beispiel illustriert:

```
// liefere als Funktionswert die Summe der Ganzen Zahlen
// von 1 bis n
int summe(int n)
{
    int ergebnis = 0;
    int zaehler = 1;
```

```
  while (zaehler <= n)
  {
    ergebnis = ergebnis + zaehler;
    zaehler = zaehler + 1;
  }
  return ergebnis;
}


// liefere als Funktionswert das Produkt der Ganzen Zahlen
// von 1 bis n;
// man nennt diese Funktion auch die Fakultaet von n
int fakultaet(int n)
{
  int ergebnis = 1;
  int zaehler = 2;
  while (zaehler <= n)
  {
    ergebnis = ergebnis * zaehler;
    zaehler = zaehler + 1;
  }
  return ergebnis;
}


// laufe falls moeglich "anzahl" Felder nach vorne
void felderVor(int anzahl)
{
  while ((anzahl > 0) && vornFrei())
  {
    vor();
    anzahl = anzahl - 1;
  }
}


// Hauptprogramm
void main()
{
  int n = 4;
  felderVor(summe(3));                            // Zeile 4
  felderVor(fakultaet(n) - summe(n-1));           // Zeile 5
  felderVor(summe(fakultaet(fakultaet(3))));      // Zeile 6
}
```

In Zeile 4 der main-Prozedur wird die Prozedur `felderVor` mit einem aktuellen Parameterwert aufgerufen, der zuvor durch den Aufruf der Funktion `summe` mit dem aktuellen Parameterwert 3 berechnet wird. Bevor die Prozedur `felderVor` ausgeführt werden kann, muß zunächst einmal der Ausdruck `summe(3)` berechnet werden; dieser liefert durch Ausführung der Funktion `summe` den Wert 6. Der Wert 6 wird dann als aktueller Parameter der Prozedur `felderVor` übergeben.

In Zeile 5 der main-Prozedur findet sich ein weiterer Aufruf der Prozedur `felderVor`. Der Ausdruck zur Berechnung des aktuellen Parameters ist hier ein wenig komplexer. Zunächst werden die Funktion `fakultaet` mit dem Wert 4 (aktueller Wert der Variablen n) und anschließend die Funktion `summe` mit dem Wert 3 (Ergebnis der Berechnung des Ausdrucks $n - 1$) ausgeführt. Die Funktion `fakultaet` liefert den Wert 24, die Funktion `summe` den Wert 6. Die Differenz dieser beiden Werte ergibt den Wert 18. Dieser Wert wird als Parameter der Prozedur `felderVor` übergeben, so daß der Hamster hier im Maximalfall 18 Schritte nach vorne laufen wird.

Noch komplexer erscheint der Aufruf der Prozedur `felderVor` in Zeile 6 der main-Prozedur. Bevor die Prozedur mit einem definierten Wert aufgerufen werden kann, muß dieser Wert zunächst berechnet werden. Dazu ist ein Aufruf der Funktion `summe` erforderlich. Aber auch hier ist die Berechnung des aktuellen Parameters nicht einfach, es muß die Funktion `fakultaet` aufgerufen werden. Deren aktueller Parameter ergibt sich auch wieder durch die Berechnung eines Funktionswert, nämlich durch den Aufruf der Funktion `fakultaet` mit dem Wert 3. Die Reihenfolge der Auswertung sieht also folgendermaßen aus: Zunächst wird die Funktion `fakultaet` mit dem aktuellen Parameterwert 3 aufgerufen. Die Funktion liefert den Wert 6 zurück. Mit diesem Wert wird die Funktion `fakultaet` ein weiteres Mal aufgerufen; sie liefert dieses Mal den Wert 720. Dieser Wert wird der Prozedur `summe` übergeben. Sie liefert den Wert 519120. Schließlich wird also die Prozedur `felderVor` mit dem Wert 519120 aufgerufen.

16.2.4.2 Auswertungsreihenfolge der aktuellen Parameterliste

Besitzt eine Funktion mehrere Parameter, so werden bei ihrem Aufruf die Ausdrücke in der aktuellen Parameterliste immer von links nach rechts ausgewertet. Das folgende Beispiel demonstriert diesen Sachverhalt:

```
int summe(int p1, int p2, int p3)
{
   return p1 + p2 + p3;
}

void main()
{
   int n = 3;
```

```
int s = summe(n, n = n + 1, n);   // Zeile 4
while ((s > 0) && kornDa())
{
  nimm();
  s = s - 1;
}
}
```

In Zeile 4 der main-Prozedur wird die Funktion **summe** aufgerufen, die die Summe ihrer drei Parameter als Funktionswert liefert. Die aktuelle Parameterliste beim Funktionsaufruf besteht aus den drei Ausdrücken n, $n = n + 1$ und n in dieser Reihenfolge. Da die Auswertung der Parameterausdrücke von links nach rechts erfolgt, wird zuerst der linke Ausdruck n berechnet. Dieser liefert den Wert 3, da in der Anweisung zuvor die Variable n mit dem Wert 3 initialisiert worden ist. Als nächstes wird der Ausdruck $n = n + 1$ berechnet. Dieser weist zunächst der Variablen n den Wert 4 $(3 + 1)$ zu und liefert dann diesen Wert 4, nämlich den aktuellen Wert der Variablen n. Als dritter Ausdruck wird zum Schluß der rechte Ausdruck n berechnet, der nun aber nicht mehr den Wert 3 liefert, wie der erste Ausdruck n, sondern dern Wert 4, da zwischenzeitlich ja bei der Auswertung des zweiten Parameters der Variablenwert verändert wurde. Insgesamt wird die Funktion **summe** also mit den drei Werten 3, 4 und 4 in dieser Reihenfolge aufgerufen.

16.3 Überladen von Funktionen

In diesem Abschnitt wird der Aspekt der Eindeutigkeit von Funktionsnamen ein wenig aufgeweicht. Wir hatten ja in Kapitel 8.2 bzw. 15.4 gelernt, daß in einem Programm nicht zwei gleichnamige Funktionen definiert werden dürfen. Ab nun gilt: In einem Programm dürfen zwei oder mehrere Funktionen denselben Namen besitzen, falls sich ihre formalen Parameterlisten durch die Anzahl an Parametern oder die Typen der Parameter unterscheiden. Man nennt dieses Prinzip auch *Überladen* von Funktionen. Die tatsächlich aufgerufene Funktion wird dann beim Funktionsaufruf anhand der Anzahl bzw. Typen der aktuellen Parameterliste bestimmt.

In folgendem Beispiel sind insgesamt fünf Funktionen mit demselben Namen **summe** definiert:

```
int summe(int op1)                        // Zeile 1
{
  return op1 + op1;
}


int summe(int op1, int op2)               // Zeile 6
{
```

```
      return op1 + op2;
  }

  int summe(int op1, boolean minus)        // Zeile 11
  {
    if (minus) return -op1;
    else return op1;
  }

  int summe(boolean doppelt, int op1)      // Zeile 17
  {
    if (doppelt) return 2*op1;
    else return op1;
  }

  int summe()                              // Zeile 23
  {
    return 0;
  }

  void main()
  {
    int erg;
    erg = summe(2);              // Aufruf von summe in Zeile 1
    erg = summe(3, erg);         // Aufruf von summe in Zeile 6
    erg = summe(-2, true);       // Aufruf von summe in Zeile 11
    erg = summe(!vornFrei(), 5); // Aufruf von summe in Zeile 17
    erg = summe();               // Aufruf von summe in Zeile 23
  }
```

Folgendes Programm ist syntaktisch nicht korrekt:

```
  int laufe(int anzahl)
  {
    int schritte = 0;
    while (vornFrei() && (anzahl > 0))
    {
      vor();
      anzahl = anzahl - 1;
      schritte = schritte + 1;
    }
    return schritte;
  }
```

```
boolean laufe(int anzahl)
{
  linksUm(); linksUm();
  while (vornFrei() && (anzahl > 0))
  {
    vor();
    anzahl = anzahl - 1;
  }
  linksUm(); linksUm();
  return (anzahl <= 0);
}

void main()
{
  int ergebnis1    = laufe(2);
  boolean ergebnis2 = laufe(3);
  laufe(4);                        // Zeile 5
}
```

In diesem Beispiel unterscheiden sich zwar die Typen der beiden Funktionen `laufe`, nicht aber ihre Parameterlisten. Letzteres ist jedoch unbedingt erforderlich. Einen Grund hierfür sehen Sie in Zeile 5 der main-Prozedur. Hier wird die Funktion `laufe` in Form einer Ausdrucksanweisung aufgerufen. Der Compiler kann hier nicht entscheiden, welche der beiden `laufe`-Funktionen denn nun tatsächlich ausgeführt werden soll.

Im Grunde genommen handelt es sich bei den vier Grundbefehlen des Hamsters `vor`, `linksUm`, `gib` und `nimm` auch um durch die Hamstersprache selbst vordefinierte Prozeduren und bei den Testbefehlen `vornFrei`, `kornDa` und `maulLeer` um vordefinierte boolesche Funktionen. Auch diese Prozeduren bzw. Funktionen wie auch die main-Prozedur dürfen überladen werden:

```
void main()  // Hauptprogramm
{
  main(vornFrei());  // Aufruf der ueberladenen main-Prozedur
}

void vor(int anzahl)  // Ueberladen des Grundbefehls vor
{
  while ((anzahl > 0) && vornFrei())
  {
    vor();    // Aufruf des Grundbefehls vor
```

```
      anzahl = anzahl - 1;
   }
}

void main(boolean frei)   // Ueberladene main-Prozedur
{
   if (!frei) linksUm();
   vor();        // Aufruf des Grundbefehls vor
   linksUm();
   vor(5);       // Aufruf des ueberladenen Grundbefehls vor
}
```

16.4   Beispielprogramme

In diesem Abschnitt werden einige Beispiele für Hamsterprogramme gegeben, die Ihnen den Einsatz von Parametern demonstrieren sollen. Schauen Sie sich die Beispiele genau an, und versuchen Sie, die Lösungen nachzuvollziehen.

16.4.1   Beispielprogramm 1

Aufgabe:
Der Hamster hat eine „verschlüsselte" Schatzkarte gefunden. Der „Schatz" besteht aus einem ganz besonders leckerem Korn. Nach intensivem Überlegen hat der Hamster den Verschlüsselungsalgorithmus entdeckt. Nun will er sich auf die Schatzsuche begeben.

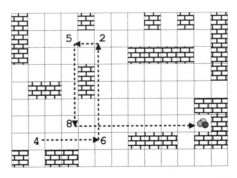

Abbildung 16.2: Beispiel für eine „Schatzsuche"

Der Lösungsalgorithmus sieht folgendermaßen aus: Die Anzahl an Körnern auf einer Kachel teilt dem Hamster mit, wieviele Kacheln er in welche Richtung (aus der Sicht des Hamsters!) laufen muß. Ist die Anzahl durch die Zahl 4 teilbar, dann muß der Hamster die der Körneranzahl entsprechende Anzahl an Feldern nach Osten laufen. Dort trifft er erneut auf einen Kornhaufen, der ihm den weiteren Weg andeutet.

Ist die Zahl nicht durch 4, wohl aber durch 3 teilbar, dann ist die einzuschlagende Richtung Norden. Bei einer weder durch 4 noch durch 3 aber durch 2 teilbaren Zahl, muß sich der Hamster nach Westen durchschlagen. Ansonsten ist die Zielrichtung Süden. Der Hamster erkennt den Schatz daran, daß ein gefundener Kornhaufen aus nur einem einzigen Korn besteht.

Anfangs steht der Hamster mit Blickrichtung Ost im Kornfeld. Außerdem ist sichergestellt, daß der Weg von einem Kornhaufen zum nächsten nicht durch Mauern versperrt ist und daß die Schatzkarte auf jeden Fall korrekt ist. Abbildung 16.2 skizziert eine „Schatzsuche" des Hamsters.

Lösung:

```
void main()
{
  int blickrichtung = 0;
    // speichert die aktuelle Blickrichtung des Hamsters:
    // 0 = Ost , 1 = Nord , 2 = West , 3 = Sued
  int anzahl = anzahlKoerner();
  while (anzahl != 1)
  {
    if (anzahl % 4 == 0) // durch 4 teilbar
    {
      // nach Osten (0) ausrichten
      ausrichten(blickrichtung, 0);
      blickrichtung = 0;
    }
    else if (anzahl % 3 == 0) // durch 3 teilbar
    {
      // nach Norden (1) ausrichten
      ausrichten(blickrichtung, 1);
      blickrichtung = 1;
    }
    else if (anzahl % 2 == 0) // durch 2 teilbar
    {
      // nach Westen (2) ausrichten
      ausrichten(blickrichtung, 2);
      blickrichtung = 2;
    }
    else
    {
      // nach Sueden (3) ausrichten
      ausrichten(blickrichtung, 3);
      blickrichtung = 3;
```

```
    }
    // entsprechende Anzahl an Feldern vorruecken und auf dem
    // neuen Feld die Koerneranzahl ermitteln
    vor(anzahl);
    anzahl = anzahlKoerner();
  }
  // Hurra! Der Schatz ist gefunden!
  nimm();
}


// liefert die Anzahl an Koernern auf einem Feld
// (ohne Seiteneffekte)
int anzahlKoerner()
{
  int anzahl = 0;
  while (kornDa())
  {
    nimm();
    anzahl = anzahl + 1;
  }
  int speicher = anzahl;
  // zur Vermeidung von Seiteneffekten!
  while (speicher > 0)
  {
    gib();
    speicher = speicher - 1;
  }
  return anzahl;
}


// "anzahl"-Felder vorruecken
void vor(int anzahl)
{
  while (anzahl > 0)
  {
    vor();
    anzahl = anzahl - 1;
  }
}


// in neue Blickrichtung ausrichten; Kodierung der Blickrichtung:
//   0 = Ost , 1 = Nord , 2 = West , 3 = Sued
// liefert neue Blickrichtung
```

```
void ausrichten (int aktuelle_blickrichtung,
                 int neue_blickrichtung)
{
  if (aktuelle_blickrichtung == 0)
    if (neue_blickrichtung == 0)
      linksUm(0);
    else if (neue_blickrichtung == 1)
      linksUm(1);
    else if (neue_blickrichtung == 2)
      linksUm(2);
    else //if (neue_blickrichtung == 3)
      linksUm(3);
  else if (aktuelle_blickrichtung == 1)
    if (neue_blickrichtung == 0)
      linksUm(3);
    else if (neue_blickrichtung == 1)
      linksUm(0);
    else if (neue_blickrichtung == 2)
      linksUm(1);
    else //if (neue_blickrichtung == 3)
      linksUm(2);
  else if (aktuelle_blickrichtung == 2)
    if (neue_blickrichtung == 0)
      linksUm(2);
    else if (neue_blickrichtung == 1)
      linksUm(3);
    else if (neue_blickrichtung == 2)
      linksUm(0);
    else //if (neue_blickrichtung == 3)
      linksUm(1);
  else //if (aktuelle_blickrichtung == 3)
    if (neue_blickrichtung == 0)
      linksUm(1);
    else if (neue_blickrichtung == 1)
      linksUm(2);
    else if (neue_blickrichtung == 2)
      linksUm(3);
    else //if (neue_blickrichtung == 3)
      linksUm(0);
}


// dreht sich so oft nach links wie der Parameterwert anzeigt
void linksUm(int anzahl_drehungen)
```

```
{
  while (anzahl_drehungen > 0)
  {
    linksUm();
    anzahl_drehungen = anzahl_drehungen - 1;
  }
}
```

16.4.2 Beispielprogramm 2

Mit Hilfe von Parametern können wir Beispielprogramm 3 aus Kapitel 14.8.3 lösen, ohne globale Variablen benutzen zu müssen.

Aufgabe:
Der Hamster befindet sich in einem geschlossenen, rechteckigen Territorium unbekannter Größe. Im Innern des Territoriums befinden sich keine weiteren Mauern. Auf irgendeinem Feld des Territoriums liegt ein Korn. Der Hamster befindet sich anfangs in der linken unteren Ecke mit Blickrichtung Ost (siehe Beispiele in Abbildung 14.10 (links)). Der Hamster bekommt die Aufgabe, das Korn zu finden und zu fressen.

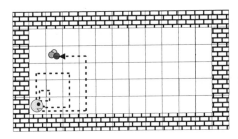

Abbildung 16.3: Typische Hamsterlandschaften zu Beispielprogramm 2

Die angegebene Lösung der Hamsteraufgabe basiert auf der Idee, daß der Hamster das Territorium in zyklischen Kreisen abgrast. Irgendwann stößt er dann zwangsläufig auf das Korn und frißt es.

Lösung:

```
void main()
{
  int radius = 1;        // lokale Variable; speichert
                         // die Groesse des aktuellen Radius
  while (!kornDa())
  {
    testeEinenKreis(radius);
      // radius wird als Parameter uebergeben
```

```
        radius = radius + 1;
            // nach jeder Runde wird der Radius ein Feld groesser
        }
        nimm();
}


void testeEinenKreis(int radius)
{
    int richtungen = 0;
    while (!kornDa() && (richtungen < 4)) // ein Kreis besteht aus
                                          // vier Richtungen
    {
        testeEineRichtung(radius);
        richtungen = richtungen + 1;
    }
}


void testeEineRichtung(int radius)
{
    int schritte = 0;
    while (!kornDa() && (schritte < radius) && vornFrei())
    {
        vor();
        schritte = schritte + 1;
    }
    // die Ueberpruefung einer Richtung besteht aus der
    // Ueberpruefung von so vielen Feldern wie der Radius
    // des Kreises aktuell betraegt
    if (!kornDa())
    {
        linksUm();
    }
}
```

16.4.3   Beispielprogramm 3

Aufgabe:

Im Hamster-Territorium befindet sich ein mit Körnern gefülltes rechteckiges Teilgebiet. Der Hamster steht irgendwo in diesem Körnerfeld. Er soll das Körnerfeld abgrasen. Abbildung 16.4 skizziert eine typische Hamsterlandschaft.

Lösungsidee: Das Problem wird im nachfolgenden Programm folgendermaßen gelöst: Zunächst bestimmt der Hamster die Größe des Kornfeldes und merkt sich die

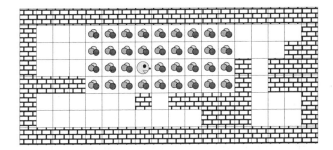

Abbildung 16.4: Typische Hamsterlandschaft zu Beispielprogramm 3

Ausmaße. Anschließend grast er die einzelnen Körnerreihen ab, wobei er die ermittelten Werte benutzt.

Lösung:

```
void main()
{
  int breite = bestimmeBreite();
  linksUm();
  int hoehe = bestimmeHoehe();
  kehrt();
  graseFeldAb(breite, hoehe);
}

// ermittelt die Breite des Feldes;
// Seiteneffekt: der Hamster steht anschliessend am Rand
//              des Kornfeldes
int bestimmeBreite()
{
  int breite = 1;
  // zunaechst in die eine Richtung
  while (vornFrei() && vornKorn())
  {
    vor(); breite = breite + 1;
  }
  kehrt();
  int zurueck = breite;
  while (zurueck > 1)
  {
    vor(); zurueck = zurueck - 1;
  }
  // dann in die andere Richtung
```

```
  while (vornFrei() && vornKorn())
  {
    vor(); breite = breite + 1;
  }
  return breite;
}


// ermittelt die Hoehe des Feldes;
// Seiteneffekt: der Hamster steht anschliessend in
//               einer Ecke des Kornfeldes
int bestimmeHoehe()
{
  return bestimmeBreite();
}


// grast das Kornfeld mit der uebergebenen Groesse ab
void graseFeldAb(int breite, int hoehe)
{
  while (breite > 0)
  {
    graseReiheAbUndZurueck(hoehe);
    breite = breite - 1;
    if (breite > 0)
    {
      rechtsUm(); vor(); rechtsUm();
    }
  }
}


void graseReiheAbUndZurueck(int schritte)
{
  int zurueck = schritte;
  // hin (mit Aufsammeln) ...
  sammle();
  while (schritte > 1)
  {
    vor(); sammle();
    schritte = schritte - 1;
  }
  // ... und zurueck
  kehrt();
  while (zurueck > 1)
  {
```

```
      vor(); zurueck = zurueck - 1;
   }
}


// sammle alle Koerner auf einer Kachel auf
void sammle() { while (kornDa()) nimm(); }


// ueberprueft, ob die Kachel vor dem Hamster ein Korn enthaelt
// (ohne Seiteneffekte)
boolean vornKorn()
{
   if (!vornFrei()) return false;
   vor();
   boolean da = kornDa();
   kehrt(); vor(); kehrt();
   return da;
}


void rechtsUm() { kehrt(); linksUm(); }


void kehrt() { linksUm(); linksUm(); }
```

16.5 Übungsaufgaben

Nun sind wieder Sie gefordert; denn in diesem Abschnitt werden Ihnen einige Hamsteraufgaben gestellt, die sie selbständig zu lösen haben. Vermeiden Sie zur Lösung der Aufgaben möglichst die Benutzung globaler Variablen. Greifen Sie stattdessen auf Parameter zurück, um die Funktionen mit benötigten Werten zu versorgen, und nutzen Sie Funktionsrückgabewerte, um Werte, die eine Funktion berechnet hat, wieder nach außen zu liefern.

Denken Sie sich darüber hinaus selbst weitere Hamsteraufgaben aus, und versuchen Sie, diese zu lösen. Viel Spaß!

16.5.1 Aufgabe 1

Gegenüber Beispielprogramm 1 aus Abschnitt 16.4.1 soll der Verschlüsselungsalgorithmus in dieser Aufgabe folgendermaßen abgeändert werden: Ist die Anzahl durch die Zahl 4 teilbar, dann muß der Hamster die der Körneranzahl entsprechende Anzahl an Feldern nach Norden laufen. Ist die Zahl nicht durch 4, wohl aber durch 3 teilbar, dann ist die einzuschlagende Richtung Osten. Bei einer weder durch 4 noch durch 3 aber durch 2 teilbaren Zahl, muß sich der Hamster nach Süden durchschlagen. Ansonsten ist die Zielrichtung Westen.

16.5.2 Aufgabe 2

Implementieren Sie für den Hamster eine Funktion void graseAb(int radius),
die folgendes tun soll: Der Hamster soll im Umkreis von radius-Feldern alle Körner
einsammeln. Implementieren Sie die Funktion zunächst unter der Voraussetzung,
daß sichergestellt ist, daß sich in dem angegebenen Umkreis keine Mauer befindet.
Schauen Sie sich dazu die Lösung von Beispielprogramm 2 aus Abschnitt 16.4.2 an.
Verallgemeinern Sie dann die Funktion für beliebige Territorien.

16.5.3 Aufgabe 3

Nutzen Sie die in Aufgabe 2 (siehe Abschnitt 16.5.2) entwickelte Funktion für die
Implementierung eines alternativen Lösungsprogramms zu Beispielprogramm 3 aus
Abschnitt 16.4.3.

16.5.4 Aufgabe 4

Entwickeln Sie ein alternatives Lösungsprogramm zu der Hamsteraufgabe des Beispielprogramms 2 aus Abschnitt 14.8.2, in dem keine globalen Variablen verwendet
werden. Die Aufgabe lautete: Der Hamster befindet sich in einem einem geschlossenen, körnerlosen Raum unbekannter Größe. Rechts von ihm befindet sich eine Wand,
und vor ihm das Feld ist frei (siehe Beispiel in Abbildung 16.5). Der Hamster soll
solange an der Wand entlang laufen, bis er irgendwann wieder sein Ausgangsfeld
erreicht. Er hat unter Umständen anfangs kein Korn in seinem Maul!

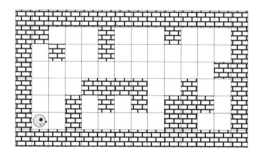

Abbildung 16.5: Typische Hamsterlandschaft zu Aufgabe 4

16.5.5 Aufgabe 5

Der Hamster steht irgendwo in einem durch Mauern abgeschlossenen quadratischen
Raum unbekannter Größe ohne innere Mauern und ohne Körner auf den Kacheln.
Die Wände sind eine ungerade Zahl von Kachel lang. Er hat eine beliebige Anzahl
von Körnern im Maul. Seine Aufgabe besteht darin, zentriert im Raum eine rau-
tenförmige Fläche mit seinen Körnern auszulegen. Die Größe der Fläche ist dabei
durch die Größe des Raums bzw. durch die Menge an Körnern, die der Hamster bei

sich trägt, limitiert. Siehe auch Abbildung 16.6, in der zwei typische Endsituationen skizziert werden. Im linken Teil der Abbildung hatte der Hamster anfangs 15 Körner im Maul, er braucht davon 13 für die Zeichnung der Raute. Im rechten Teil der Abbildung besaß er 100 Körner, wovon er ebenfalls 13 verbraucht hat, um seine Aufgabe zu erledigen.

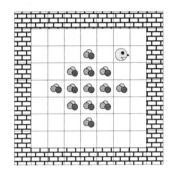 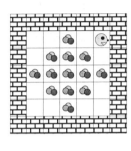

Abbildung 16.6: Typische Endsituationen in Aufgabe 5

16.5.6   Aufgabe 6

Der Hamster steht in der rechten unteren Ecke (Blickrichtung Nord) eines durch Mauern abgeschlossenen ansonsten aber mauerlosen rechteckigen Raumes unbekannter Größe. In der untersten Reihe des Territoriums liegen keine Körner, wohl aber in den oberen Reihen. Hier kodieren die einzelnen Reihen jeweils eine Dualzahl (kein Korn da = 0; Korn da = 1). Der Hamster bekommt die Aufgabe, die Dualzahlen zu addieren und das Ergebnis – ebenfalls binär kodiert – in der unteren Reihe abzulegen. Im linken Teil von Abbildung 16.7 sehen Sie ein Beispiel für ein mögliches Ausgangsterritorium; der rechte Teil der Abbildung skizziert das gelöste Problem. Hinweise zum Dualsystem und zur Addition von Dualzahlen finden Sie in Kapitel 4.4.2.

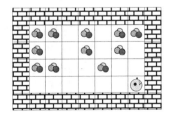 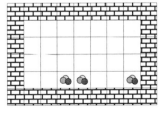

Abbildung 16.7: Addition von Dualzahlen

16.5.7   Aufgabe 7

Der Hamster steht in der linken unteren Ecke (Blickrichtung Ost) eines durch Mauern abgeschlossenen ansonsten aber mauerlosen rechteckigen Raumes unbekannter Größe. Im Territorium befinden sich wie in Abbildung 16.8 (links) skizziert vertikale Reihen mit einem oder mehreren Körnern. Die erste leere Reihe markiert das Ende der Körnerreihen. Der Hamster bekommt die Aufgabe, die Körnerreihen so zu sortieren, daß die Körnerreihen zum Schluß in aufsteigender Größe im Territorium angeordnet sind (siehe Abbildung 16.8 (rechts)).

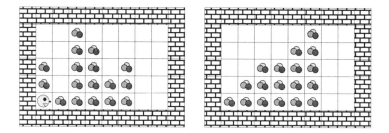

Abbildung 16.8: Sortieren von Körnerreihen

16.5.8   Aufgabe 8

Der Hamster befindet sich mit Blickrichtung Ost in der linken unteren Ecke eines rechteckigen körnerlosen mit Mauern begrenzten ansonsten aber mauerlosen Territoriums mit mindestens 4x4 freien Kacheln. Er hat mehr als 9 Körner im Maul. Er soll die Anzahl an Körnern im Maul bestimmen, die Größe des Territoriums ermitteln und dann ein nach dem Schema in Abbildung Abbildung 16.9 skizziertes „Körnerhaus" zeichnen, das eine maximale Größe aufweist, die durch die Körneranzahl im Maul oder die Größe des Feldes begrenzt ist.

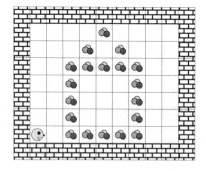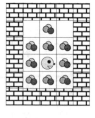

Abbildung 16.9: Typische Endsituationen in Aufgabe 8

16.5.9   Aufgabe 9

Der Hamster steht in der Mitte eines rautenförmigen Territoriums wie in Abbildung 16.10 skizziert. Er soll auf allen freien Kacheln ein Korn ablegen. Er hat dazu genügend Körner im Maul.

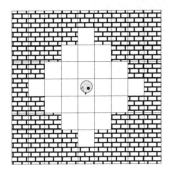

Abbildung 16.10: Typische Hamsterlandschaft zu Aufgabe 9

Kapitel:

Kapitel 17

Rekursion

In diesem Kapitel werden wir kein neues Sprachkonstrukt kennenlernen. Vielmehr wird mit dem Prinzip der Rekursion eine Alternative zu den Wiederholungsanweisungen aus Kapitel 10 eingeführt, mit dem sich bestimmte Probleme wesentlich einfacher, verständlicher, intuitiver und kompakter lösen lassen. Programme bzw. Funktionen, die Wiederholungsanweisungen einsetzen, werden auch *iterative Programme* bzw. *iterative Funktionen* genannt. Programme bzw. Funktionen, die vom Rekursionprinzip Gebrauch machen, werden dementsprechend als *rekursive Programme* bzw. *rekursive Funktionen* bezeichnet. Sie kommen im allgemeinen ohne Wiederholungsanweisungen und mit weniger Variablen aus als äquivalente iterative Programme.

Prinzipiell ist das Prinzip der Rekursion entbehrlich. Man kann nämlich beweisen, daß zu jedem rekursiven Programm ein äquivalentes iteratives Programm existiert. Nichtsdestotrotz werden Ihnen einige Beispiele in diesem Kapitel die Vorteile rekursiver Programme illustrieren.

Allerdings sei an dieser Stelle auch angemerkt, daß gerade Programmieranfänger häufig Probleme haben, das Rekursionsprinzip zu verstehen und gezielt einzusetzen. Schauen Sie sich deshalb ganz genau die Beispiele in diesem Kapitel an, und versuchen Sie, alle Übungsaufgaben zu bearbeiten. Das Hamster-Modell wird Sie insbesondere durch sein visuelles Feedback beim Ausführen von Hamsterprogrammen beim Erlernen der Rekursion unterstützen.

Dieses Kapitel ist so aufgebaut, daß nach einer einleitenden Motivation des Rekursionsprinzips in Abschnitt 1 in Abschnitt 2 zunächst ein paar Begriffe definiert werden. In Abschnitt 3 wird das Rekursionsprinzip danach anhand einiger Beispiele und Anmerkungen veranschaulicht. In Abschnitt 4 werden rekursive Funktionen eingeführt, nachdem in den Abschnitten 1 bis 3 lediglich rekursive Prozeduren behandelt worden sind. Die Abschnitte 5 und 6 erläutern die Auswirkungen der Definition von lokalen Variablen bzw. Parametern in rekursiven Funktionen. Abschnitt 7 stellt das Backtracking-Verfahren vor, ein Lösungsverfahren für eine bestimmte Klasse von Problemen, das auf dem Rekursionsprinzip aufbaut. Anhand einiger Beispielprogramme wird in Abschnitt 8 das Rekursionsprinzip demonstriert. Abschnitt 9 enthält ein paar Übungsaufgaben, an denen Sie die Entwicklung rekursiver Programme selbständig einüben können.

17.1   Motivation

Schauen Sie sich folgende Hamsteraufgabe an: Der Hamster soll bis zur nächsten
Wand laufen, kehrt machen und zum Ausgangspunkt zurücklaufen. Wir haben die-
se Aufgabe bereits in Kapitel 14.8.1 durch den Einsatz einer Variablen und einer
Wiederholungsanweisung gelöst:

```
void hinUndZurueck()
{
  int schritte = 0;
  // laufe zur Wand
  while (vornFrei())
  {
    vor();
    schritte = schritte + 1;
  }
  linksUm(); linksUm();  // kehrt
  // laufe zurueck
  while (schritte > 0)
  {
    vor();
    schritte = schritte - 1;
  }
}

void main()
{
  hinUndZurueck();
}
```

Die Prozedur hinUndZurueck realisiert also eine iterative Lösung des gegebenen Problems. Eine äquivalente rekursive Lösung bietet die im folgenden definierte rekursive
Prozedur hinUndZurueckR:

```
void hinUndZurueckR()
{
  if (vornFrei())
  {
    vor();
    hinUndZurueckR();
    vor();
  }
  else
```

```
    {
        linksUm(); linksUm();
    }
}

void main()
{
    hinUndZurueckR();
}
```

Was unterscheidet die beiden Prozeduren `hinUndZurueck` und `hinUndZurueckR`? Zunächst einmal fällt auf, daß in der Prozedur `hinUndZurueckR` weder eine while-Schleife noch eine Variable eingesetzt wird. Das wesentliche ist jedoch, daß in der Prozedur `hinUndZurueckR` eine Prozedur aufgerufen wird, nämlich `hinUndZurueckR` selbst. Genau dieses Phänomen, daß während der Ausführung einer Funktion dieselbe Funktion ein weiteres Mal aufgerufen wird, wird als *Rekursion* bezeichnet.

17.2 Definitionen

Bevor wir den Begriff der „Rekursion" exakt definieren können, muß zuvor ein weiterer Begriff eingeführt werden, nämlich der Begriff der „Inkarnation".

17.2.1 Inkarnation

Wird während der Ausführung eines Programmes eine Funktion aufgerufen, dann spricht man auch davon, daß eine *Inkarnation* dieser Funktion erzeugt wird. Die Inkarnation wird wieder zerstört, wenn die Funktion vollständig abgearbeitet worden ist. Schauen Sie sich dazu folgendes Programm an:

```
void main()
{
    sammle();
    laufeUndSammle();
}

void laufeUndSammle()
{
    while (vornFrei())
    {
        vor();
        sammle();
    }
}
```

```
void sammle()
{
  while (kornDa())
  {
    nimm();
  }
}
```

Beim Aufruf dieses Programms wird zunächst einmal eine Inkarnation der main-Prozedur erzeugt. In der main-Prozedur führt der Aufruf der Prozedur `sammle` zur Erzeugung einer Inkarnation dieser Prozedur. Nach der Abarbeitung der sammle-Prozedur wird diese Inkarnation wieder zerstört. Anschließend wird durch den Aufruf der Prozedur `laufeUndSammle` eine Inkarnation dieser Prozedur erzeugt. Während der Abarbeitung der while-Schleife innerhalb der Prozedur wird jedesmal erneut eine Inkarnation der sammle-Prozedur erzeugt und zerstört. Hat der Hamster eine Wand erreicht, endet die `laufeUndSammle`-Prozedur, d.h. die Inkarnation dieser Prozedur wird zerstört. Damit ist aber das gesamte Programm beendet, so daß auch die Inkarnation der main-Prozedur zerstört werden kann.

17.2.2 Rekursion

Nun kann der Begriff der *rekursiven Funktion* exakt definiert werden. Eine Funktion ist *rekursiv* definiert, wenn zu einem Zeitpunkt während der Programmausführung zwei oder mehrere Inkarnationen dieser Funktion existieren (können).

Schauen wir uns einmal die Prozedur `hinUndZurueckR` an:

```
void hinUndZurueckR()
{
  if (vornFrei())
  {
    vor();
    hinUndZurueckR();   // Zeile 6; rekursiver Aufruf
    vor();
  }
  else
  {
    linksUm(); linksUm();
  }
}

void main()
```

```
{
    hinUndZurueckR();
}
```

Tatsächlich kann während der Ausführung der Prozedur `hinUndZurueckR` die Prozedur in Zeile 6 ein weiteres Mal aufgerufen werden, was dazu führt, daß mehrere Inkarnationen dieser Prozedur gleichzeitig existieren, d.h. die Prozedur `hinUndZurueckR` ist rekursiv.

Die Prozedur `hinUndZurueckR` ist ein Beispiel für eine *direkte Rekursion*. Man spricht von direkter Rekursion, wenn sich eine Funktion selbst erneut aufruft. Dementsprechend bezeichnet man als *indirekte Rekursion* das Phänomen, daß von einer Funktion mehrere Inkarnationen existieren, obwohl sich diese nicht selber aufruft. Das folgende Programm gibt ein Beispiel für indirekte Rekursion.

```
void hinUndZurueckIR()
{
    if (vornFrei())
    {
        laufe();
    }
    else
    {
        linksUm(); linksUm();
    }
}

void laufe()
    vor();
    hinUndZurueckIR();   // Zeile 6; indirekter rekursiver Aufruf
    vor();
}

void main()
{
    hinUndZurueckIR();
}
```

Während der Ausführung der Prozedur `hinUndZurueckIR`, d.h. während der Existenz einer Inkarnation von der Prozedur, kann die Prozedur `laufe` aufgerufen werden, die einen erneuten Aufruf der Prozedur `hinUndZurueckIR`, also die Erzeugung einer weiteren Inkarnation der Prozedur, bewirkt.

Übrigens ist das Prinzip der Rekursion nicht auf Funktionen beschränkt. In der Informatik und der Mathematik wird es auch an vielen anderen Stellen eingesetzt. Wir haben es sogar schon einige Male kennengelernt. Schauen Sie sich bspw. einmal die Abbildung 9.3 an. Diese enthält ein Syntaxdiagramm, das boolesche Ausdrücke rekursiv definiert: Innerhalb des Syntaxdiagramms „boolescher Ausdruck" tritt nämlich der „boolesche Ausdruck" selbst wieder als Nicht-Terminal-Symbol auf.

17.2.3 Rekursionstiefe

Die *Rekursionstiefe* einer Funktion ist definiert als die Anzahl der gleichzeitig existierenden Inkarnationen einer Funktion minus 1.

Rekursionstiefe 0 bedeutet somit, daß der aktuelle Aufruf einer Funktion nicht während der Ausführung eines Aufrufs der gleichen Funktion erfolgt ist. Dies ist bei der Ausführung der obigen Prozedur hinUndZurueckR der Fall, wenn sich der Hamster beim Start des Programms direkt vor einer Mauer befindet. Befindet sich der Hamster beim Aufruf des Programms jedoch bspw. drei Felder vor einer Mauer, so erreicht die Prozedur hinUndZurueckR eine Rekursionstiefe von 2.

17.3   Veranschaulichung des Rekursionsprinzips

In diesem Abschnitt wird das Rekursionsprinzip zunächst anhand zweier Beispiele veranschaulicht. Außerdem wird eine Korrelation zwischen einem bestimmten Typ von iterativen Prozeduren und rekursiven Prozeduren herausgearbeitet. Schließlich wird noch das Problem der Endlosrekursion diskutiert.

17.3.1   Prozedur hinUndZurueckR

Schauen wir uns nun einmal genauer an, was passiert, wenn die Prozedur hinUndZurueckR aufgerufen wird. Abbildung 17.1 enthält mehrere mögliche Ausgangssituationen.

```
void hinUndZurueckR()
{
  if (vornFrei())
  {
    vor();
    hinUndZurueckR();  // Zeile 6; rekursiver Aufruf
    vor();
  }
  else
  {
    linksUm(); linksUm();
```

```
    }
  }

  void main()
  {
    hinUndZurueckR();
  }
```

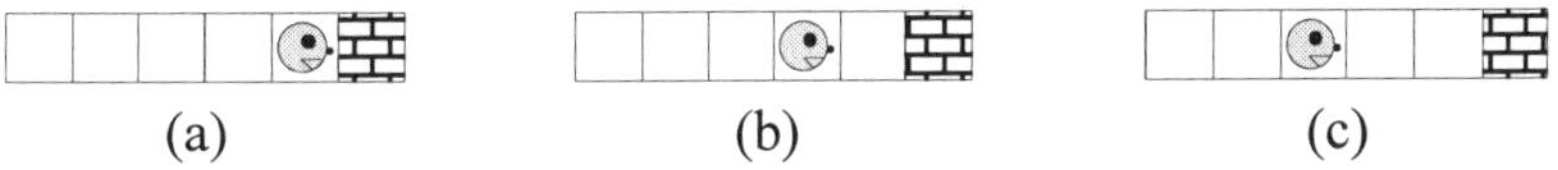

(a)   (b)   (c)

Abbildung 17.1: Rekursionsbeispiel

Zunächst betrachten wird den Fall, daß der Hamster anfangs bereits vor einer Mauer steht (Abbildung 17.1 (a)). In diesem Fall wird direkt der else-Teil der Funktion aufgerufen, der Hamster dreht sich also um, und das Programm ist korrekt beendet.

Im zweiten Fall (Abbildung 17.1 (b)) steht der Hamster zwei Felder vor einer Mauer. Durch die main-Prozedur wird die Prozedur `hinUndZurueckR` ein erstes Mal aufgerufen; der Testbefehl `vornFrei()` liefert den Wert `true`, also hüpft der Hamster zunächst ein Feld nach vorne. Anschließend wird eine zweite Inkarnation der Prozedur `hinUndZurueckR` erzeugt. Bei Ausführung dieser zweiten Inkarnation liefert der Testbefehl `vornFrei()` nun den Wert `false`, d.h. der Hamster dreht sich um. Danach wird die zweite Inkarnation der Prozedur zerstört, und es wird zur ersten Inkarnation, d.h. hinter den Aufruf der hinUndZurueckR-Prozedur zurückgesprungen. Hier wird nun noch der verbleibende `vor();`-Befehl aufgerufen, womit auch die erste Inkarnation der Prozedur sowie die main-Prozedur beendet sind. Und in der Tat wurde das Problem auch in diesem Fall korrekt gelöst: Der Hamster steht wieder an seinem Ausgangspunkt. Der Programmablauf läßt sich folgendermaßen skizzieren:

```
    main                hinUndZurueckR (1.)    hinUndZurueckR (2.)

hinUndZurueckR  --> vornFrei -> true
                    vor
                    hinUndZurueckR          --> vornFrei -> false
                                                linksUm
                                                linksUm
                                            <--
                    vor
                <--
    <--
```

Man sieht: Der Hamster führt insgesamt die Befehlsfolge `vor();` `linksUm();` `linksUm();` `vor();` aus.

Schauen wir uns nun den dritten Fall an (Abbildung 17.1 (c)). Hier werden insgesamt drei Inkarnationen der Prozedur `hinUndZurueck` erzeugt:

```
main              hinUndZurueckR (1.)    hinUndZurueckR (2.)    hinUndZurueckR (3.)

hinUndZurueckR  --> vornFrei -> true
                    vor
                    hinUndZurueckR      --> vornFrei -> true
                                            vor
                                            hinUndZurueckR      --> vornFrei -> false
                                                                    linksUm
                                                                    linksUm
                                                                <--
                                            vor
                                        <--
                    vor
                <--
            <--
```

Die vom Hamster ausgeführte Befehlsfolge `vor()`; `vor()`; `linksUm()`; `linksUm()`; `vor()`; `vor()`; löst das Problem in der Tat auf korrekte Art und Weise.

Das der Prozedur `hinUndZurueckR` zugrundeliegende Prinzip läßt sich also folgendermaßen zusammenfassen:

Der einfachste Fall ist der, daß der Hamster unmittelbar vor einer Mauer steht. Eigentlich müßte der Hamster in dieser Situation gar nichts tun. Er dreht sich aber um, damit der Algorithmus auch in komplexeren Situationen funktioniert, dann muß der Hamster nämlich zurücklaufen.

Etwas komplexer ist die Situation, wenn der Hamster zwei Felder vor einer Mauer steht. In diesem Fall hüpft der Hamster zunächst ein Feld nach vorne und befindet sich damit in der oben bereits gelösten einfachsten Situation. Der Aufruf des Algorithmus für diese Situation führt – wie wir gerade gesehen haben – dazu, daß sich der Hamster umdreht. Anschließend muß er nur noch ein Feld nach vorne laufen, und das Problem ist korrekt gelöst.

Noch ein wenig komplexer wird die Situation, wenn der Hamster drei Felder vor einer Mauer steht. Er läuft ein Felder nach vorne und befindet sich wieder in einer Situation, die der Algorithmus – wie eben gezeigt – korrekt löst. Also startet er den Algorithmus und braucht nach dessen Beendigung nur noch ein Feld nach vorne zu laufen, um auch in diesem Fall korrekt zu arbeiten.

Man kann sogar mathematisch beweisen, daß die Prozedur `hinUndZurueckR` für alle Fälle korrekt arbeitet. Hierzu bedienen wir uns des Beweisverfahrens der *Vollständigen Induktion*. Dieses Beweisverfahren funktioniert folgendermaßen: Sei n eine Natürliche Zahl. Man muß zunächst zeigen, daß ein Algorithmus für den Fall n=0 korrekt ist. Anschließend muß man zeigen, daß der Algorithmus – unter der Voraussetzung, daß er für den Fall n-1 korrekt ist – auch für den Fall n korrekt ist. Dann gilt: Der Algorithmus ist für alle Natürlichen Zahlen korrekt.

n ist in unserem Beispiel der Abstand des Hamsters von einer Mauer. Der Fall n=0 bedeutet also, daß der Hamster direkt vor der Mauer steht. Wir haben oben gesehen, daß der Hamster in diesem Fall das obige Problem korrekt löst, der Hamster dreht sich lediglich um. Nehmen wir nun an, daß die Prozedur für den Fall n-1 korrekt ist, d.h. steht der Hamster anfangs n-1 Felder vor einer Mauer, dann steht er nach Beendigung der Prozedur wieder auf seinem Ausgangsfeld, allerdings in umgekehrter Blickrichtung. Damit ist auf sehr einfache Art und Weise zu zeigen, daß die Prozedur auch für den Fall korrekt ist, daß der Hamster n Felder vor einer Mauer steht. In diesem Fall springt er ja zunächst ein Feld nach vorne und befindet sich damit in der Situation n-1, in der die Prozedur wie vorausgesetzt korrekt arbeitet. Also ruft er sie auf und muß anschließend nur noch ein Feld nach vorne springen, um auch den Fall n korrekt zu lösen. Damit gilt: Die Prozedur ist für alle möglichen Situationen korrekt.

17.3.2 Prozedur sammleR

Bisher haben wir die Prozedur sammle immer iterativ implementiert:

```
void sammle()
{
  while (kornDa())
  {
    nimm();
  }
}
```

Eine äquivalente Lösung stellt die rekursive Prozedur sammleR dar:

```
void sammleR()
{
  if (kornDa())
  {
    nimm();
    sammleR();
  }
}
```

Durch das Beweisverfahren der Vollständigen Induktion können wir auch hier wieder beweisen, daß die Prozedur korrekt arbeitet. Der Fall n=0 ist der, daß kein Korn auf dem Feld liegt, auf dem sich der Hamster beim Aufruf der Prozedur befindet. In diesem Fall liefert der boolesche Ausdruck der if-Bedingung den Wert false, und die Prozedur ist mit dem korrekten Ergebnis beendet.

Nehmen wir nun an, die Prozedur ist korrekt für den Fall n-1, d.h. daß auf dem aktuellen Feld n-1 Körner liegen, und betrachten wir den Fall, daß sich auf dem aktuellen Feld n Körner befinden. Wird die Prozedur in dieser Situation aufgerufen, dann frißt der Hamster zunächst ein Korn. D.h. aber, daß sich nun nur noch n-1 Körner auf dem aktuellen Feld befinden. Wie vorausgesetzt, arbeitet die Prozedur aber in diesem Fall korrekt, so daß der anschließende Aufruf der Funktion dafür sorgt, daß die Prozedur auch für den Fall n korrekt funktioniert. Also ist – laut Vollständiger Induktion – die Prozedur für alle möglichen Fälle korrekt.

17.3.3   Korrelation zwischen iterativen und rekursiven Prozeduren

Schauen Sie sich die folgende Abstrahierung einer iterativen Prozedur an:

```
void p()
{
  while ( <Bedingung> )
    <Anweisung>
}
```

Hierbei sei Bedingung eine beliebige Bedingung und Anweisung eine beliebige Anweisung. Dann ist leicht zu erkennen das die Prozedur p äquivalent ist zu folgender Prozedur p2:

```
void p2()
{
  if ( <Bedingung> )
  {
    <Anweisung>
    while ( <Bedingung> )
      <Anweisung>
  }
}
```

Prozedur p2 ist aber wiederum äquivalent zu Prozedur p3:

```
void p3()
{
  if ( <Bedingung> )
  {
    <Anweisung>
    if ( <Bedingung> )
    {
```

```
        <Anweisung>
        while ( <Bedingung> )
            <Anweisung>
        }
    }
}
```

Das kann man prinzipiell endlos so weiter treiben. Wenn man sich die Prozeduren genauer anschaut, erkennt man leicht das Prinzip, das dem Verfahren zugrunde liegt: Ab der zweiten if-Anweisung entspricht die if-Anweisung eigentlich immer einem erneuten Aufruf der Prozedur, so daß man die Prozedur rekursiv folgendermaßen definieren kann:

```
void pR()
{
    if ( <Bedingung> )
    {
        <Anweisung>
        pR();
    }
}
```

Dabei gilt: Die rekursive Prozedur pR ist semantisch äquivalent zur iterativen Prozedur p.

17.3.4   Endlosrekursion

In Kapitel 10.2.5.3 haben wir kennengelernt, was sogenannte Endlosschleifen sind, nämlich Wiederholungsanweisungen, die nie beendet werden. Ein ähnliches Phänomen kann auch in rekursiven Prozeduren auftreten. Man bezeichnet es als *Endlosrekursion*. Schauen Sie sich dazu die folgende Prozedur sammleR2 an, bei der gegenüber der Prozedur sammleR zwei Anweisungen vertauscht werden:

```
void sammleR()
{
    if (kornDa())
    {
        nimm();
        sammleR();
    }
}
```

```
void sammleR2()
{
  if (kornDa())
  {
    sammleR();
    nimm();
  }
}
```

Ein Aufruf der Funktion sammleR2 in einer Situation, daß der Hamster auf einem
Feld mit Körnern steht, führt zu einer Endlosrekursion. Die Prozedur sammleR2 ruft
sich nämlich immer wieder selbst auf, ohne daß die Komplexität der Situation vorher
durch das Fressen eines Korns reduziert wird.

Programme mit Endlosrekursionen sind wie Programme mit Endlosschleifen im allgemeinen fehlerhaft. Es gibt jedoch einen Unterschied: Während Programme mit
Endlosschleifen niemals enden, werden Programme mit Endlosrekursion normalerweise irgendwann mit einem Laufzeitfehler abgebrochen. Der Grund hierfür liegt
darin, daß das Laufzeitsystem (Kapitel 3.2) im allgemeinen bei jeder Erzeugung
einer neuen Inkarnation einer Funktion Speicherplatz auf dem Stack (siehe Kapitel 4.4.3) anlegt. Irgendwann ist dann der Stack voll, d.h. kein Speicherplatz mehr
verfügbar, so daß das Laufzeitsystem das Programm mit einem Fehler beenden muß.

17.4 Rekursive Funktionen

Bisher haben wir in den Beispielen dieses Kapitels lediglich rekursive Prozeduren
kennengelernt. Aber natürlich können auch Funktionen rekursiv definiert werden.
Die folgende iterative Funktion läßt den Hamster bis zur nächsten Wand laufen und
liefert die Anzahl an benötigten Schritten:

```
int bisZurMauer()
{
  int schritte = 0;
  while (vornFrei())
  {
    vor();
    schritte = schritte + 1;
  }
  return schritte;
}
```

Eine äquivalente rekursive Funktion hat folgende Gestalt:

```
int bisZurMauerR()
{
  if (vornFrei())
  {
    vor();
    return (bisZurMauerR() + 1);
  }
  else
  {
    return 0;
  }
}
```

Auch in diesem Beispiel wird wieder vom Prinzip der Komplexitätsreduktion Gebrauch gemacht. Die einfachste Situation ist dadurch gekennzeichnet, daß der Hamster bereits vor einer Mauer steht; es wird der Wert 0 zurückgeliefert. In den anderen Fällen reduziert der Hamster die Komplexität der Situation zunächst durch Ausführung des vor();-Befehls um 1. Anschließend ruft er rekursiv die Funktion bisZurMauerR auf. Diese liefert (irgendwann) den Wert für die um den Wert 1 reduzierte Situation. Dieser Wert wird nun dementsprechend um den Wert 1 erhöht und als Funktionswert geliefert.

Die folgende Skizze verdeutlicht den Aufruf der Funktion bisZurMauerR in einer Situation, in der der Hamster 3 Felder vor einer Mauer steht, also 2 Schritte bis zur Mauer zu laufen hat:

```
main            bisZurMauerR (1.)     bisZurMauerR (2.)     bisZurMauerR (3.)

bisZurMauer --> vornFrei -> true
                vor
                bisZurMauerR      --> vornFrei -> true
                                      vor
                                      bisZurMauerR      --> vornFrei -> false
                                                            return 0
                                          0
                                          <--
                                      return 0 + 1
                    1
                    <--
                return 1 + 1
        2
        <--
```

In der Tat liefert die Funktion den korrekten Wert 2 für diese Situation zurück.

17.5 Rekursive Funktionen mit lokalen Variablen

Im folgenden Beispiel wird ein weiterer Aspekt rekursiver Funktionen erläutert. Was passiert eigentlich, wenn eine rekursive Funktion lokale Variablen besitzt? Die Funktion `anzahlKoernerR` liefert (ohne Seiteneffekte) die Anzahl an Körnern, die sich aktuell im Maul des Hamsters befinden.

```
int anzahlKoernerR()
{
  if (!maulLeer())
  {
    gib();
    int anzahl = anzahlKoernerR();
    nimm(); // zur Vermeidung von Seiteneffekten!
    return anzahl + 1;
  }
  else
  {
    return 0;
  }
}
```

Innerhalb der Funktion `anzahlKoernerR` wird eine lokale Variable `anzahl` definiert. Nun hatten wir ja in Kapitel 14.7.1 gelernt, daß die Lebensdauer einer lokalen Variablen bei ihrer Definition beginnt und endet, wenn der Block, in dem sie definiert wurde, verlassen wird. Im obigen Beispiel wird nun während der Lebensdauer der Variablen `anzahl` die Funktion `anzahlKoernerR` rekursiv aufgerufen. Falls der Hamster noch weitere Körner im Maul hat, wird im Programmablauf erneut die Stelle erreicht, an der die Variable `anzahl` definiert wird. An dieser Stelle wird nun nicht mit der alten Variablen `anzahl` „gearbeitet". Vielmehr wird eine weitere Inkarnation[1] der Variablen `anzahl` erzeugt und in dieser Funktionsinkarnation mit dieser neuen Variableninkarnation „gearbeitet" D.h. jede Funktionsinkarnation arbeitet mit einem eigenen Satz von lokalen Variablen. Insbesondere ist es einer Funktionsinkarnation nicht möglich, auf lokale Variablen anderer Funktionsinkarnationen zuzugreifen.

17.6   Rekursive Funktionen mit Parametern

Rekursive Funktionen besitzen häufig Parameter. Beim rekursiven Aufruf der Funktion wird dabei im allgemeinen der neuen Inkarnation ein veränderter Parameterwert übergeben. Außerdem wird der Parameterwert in der Abbruchbedingung der Rekursion verwendet.

Die im folgenden definierte Prozedur `vorR` mit dem formalen Parameter `anzahl` läßt den Hamster so viele Felder nach vorne laufen, wie ihr beim Aufruf als aktueller Parameterwert übergeben wird, maximal jedoch bis zur nächsten Mauer.

---

[1]Im Falle von Variablen spricht man auch von *Instanzen* anstelle von Inkarnationen.

```
void vorR(int anzahl)
{
  if ((anzahl > 0) && vornFrei())
    vor();
    vor(anzahl-1);
  }
}
```

Wird die Funktion bspw. mit dem aktuellen Parameterwert 2 aufgerufen und ist die nächste Mauer mindestens 3 Felder vom Hamster entfernt, dann erzeugt die erste Inkarnation der Prozedur eine zweite Inkarnation und übergibt dieser als aktuellen Parameter den Wert 1. Während der Abarbeitung der zweiten Inkarnation wird eine dritte Inkarnation der Funktion erzeugt; diesmal wird ihr der Wert 0 übergeben. In der dritten Inkarnation der Prozedur ist die Bedingung der if-Anweisung nicht mehr erfüllt, so daß es zu keiner weiteren Erzeugung einer Inkarnation kommt.

17.7 Backtracking

Unter *Backtracking* versteht man ein Lösungsverfahren, bei dem versucht wird, eine Gesamtlösung eines gegebenen Problems dadurch zu entwickeln, daß eine Teillösung systematisch zur Gesamtlösung ausgebaut wird. Falls in einem bestimmten Stadium ein weiterer Ausbau einer vorliegenden Teillösung nicht mehr möglich ist (man ist in eine „Sackgasse" gelaufen), werden einer oder auch mehrere der letzten Teilschritte rückgängig gemacht. Die dann reduzierte Teillösung versucht man anschließend auf einem anderen Weg wieder auszubauen. Dieses Zurücknehmen von Teilschritten und erneute Probieren anderer Teilschritte wird solange wiederholt, bis eine Lösung des gegebenen Problems gefunden ist oder bis erkannt wird, daß keine Lösung existiert.

Das Prinzip der Rekursion eignet sich hervorragend zum Lösen von Backtracking-Problemen. Die Teilschritte werden dazu in Form einer rekursiven Funktion formuliert.

Schauen Sie sich das folgende Problem an: Der Hamster steht wie in Abbildung 17.2 beispielhaft skizziert am Eingang eines zyklenfreien Labyrinths. Er soll das Labyrinth nach Körnern durchsuchen. Sobald er ein Korn findet, soll er dies aufnehmen und auf dem schnellsten Weg wieder zum Eingang zurückkehren.

Das folgende Hamsterprogramm bedient sich des Backtracking-Verfahrens, zur Lösung des Problems:

```
void main()
{
  sucheGangAb();
}
```

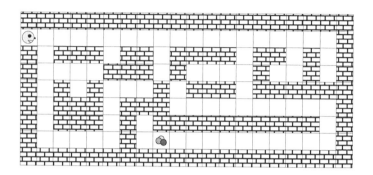

Abbildung 17.2: Labrinthdurchsuchung via Backtracking-Verfahren

```
boolean gefunden = false;

void sucheGangAb()
{
  if (kornDa()) // Problem geloest
  {
    nimm();
    gefunden = true;
  }

  // Suche nach Abzweigungen

  if (!gefunden && linksFrei())
  { // links vorhandenen Gang absuchen
    linksUm();
    vor();
    sucheGangAb();
    vor();
    linksUm();
  }

  if (!gefunden && rechtsFrei())
  { // rechts vorhandenen Gang absuchen
    rechtsUm();
    vor();
    sucheGangAb();
    vor();
    rechtsUm();
  }
```

```
if (!gefunden && vornFrei())
{ // restlichen Gang absuchen
  vor();
  sucheGangAb();
  vor(); // zuruecklaufen
}
else
{
  kehrt();
}
}

boolean linksFrei()
{
  linksUm();
  boolean frei = vornFrei();
  rechtsUm();
  return frei;
}

boolean rechtsFrei()
{
  rechtsUm();
  boolean frei = vornFrei();
  linksUm();
  return frei;
}

void rechtsUm() { linksUm(); kehrt(); }

void kehrt() { linksUm(); linksUm(); }
```

Das Programm arbeitet nach dem folgenden Prinzip: Der Hamster durchsucht den vor ihm liegenden Gang nach Körnern und kehrt zurück, falls er entweder ein Korn gefunden oder eine Wand erreicht hat. Falls er jedoch bei seinem Weg nach vorne an eine Abzweigung oder Kreuzung gerät, dreht er sich in die entsprechenden Richtungen um und versucht zunächst, in diesen Gängen das Korn zu finden.[2] Dabei kann er natürlich auf weitere Abzweigungen treffen und muß in diesen Fällen ebenfalls wieder die abzweigenden Gänge untersuchen. Sobald er ein Korn gefunden hat,

---

[2]Aus diesem Grund ist das Backtracking-Verfahren auch unter dem Namen *Try-And-Error-Verfahren* bekannt.

braucht er natürlich keine weiteren Gänge mehr durchsuchen und kehrt direkt zum Ausgangspunkt zurück.

17.8 Beispielprogramme

Wie Sie in den vorangegangenen Abschnitten gesehen haben, ist es im allgemeinen nicht besonders schwierig zu beweisen, daß eine rekursive Funktion korrekt ist. Für Programmieranfänger ist es meistens viel schwieriger, für ein gegebenes Problem eine korrekte rekursive Lösung zu finden. Leider gibt es kein allgemeingültiges Konstruktionsprinzip für rekursive Programme. Hierzu sind Intelligenz, Intuition und vor allem Erfahrung notwendig. Um diese Erfahrung zu sammeln, schauen Sie sich bitte die folgenden Beispielprogramme sorgfältig an, und bearbeiten Sie intensiv die Übungsaufgaben im nächsten Abschnitt.

17.8.1 Beispielprogramm 1

In diesem Beispielprogramm wird Aufgabe 2 aus Kapitel 12.8.2 mit Hilfe des Back-tracking-Verfahrens gelöst.

Aufgabe:
Der Hamster steht in einem durch Mauern abgeschlossenen Raum unbekannter Größe. Er hat eine Körnerspur entdeckt (nicht unbedingt den Anfang!), die sich durch sein Territorium zieht. Die Spur kann verzweigen. Es gibt allerdings keine „Rundwege". Außerdem kann vorausgesetzt werden, daß zwischen zwei Reihen der Körnerspur immer eine Reihe frei ist und daß sich außer den Körnern der Spur keine weiteren Körner im Territorium befinden. Der Hamster soll alle Körner fressen und zum Ausgangspunkt zurücklaufen. Abbildung 17.3 skizziert eine typische Ausgangssituation.

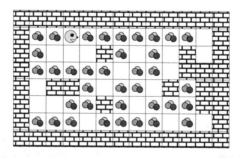

Abbildung 17.3: Typische Ausgangssituation zu Beispielprogramm 1

Lösungsidee: Der gewählte Algorithmus ist dem Algorithmus aus Abschnitt 17.7 sehr ähnlich. Die dortigen Labyrinthgänge werden hier durch eine Körnerspur ersetzt.

Lösung:

```
void main()
{
  // suche den vorderen Teil der Koernerspur ab
  sucheGeradeAb();
  // suche evtl. den hinteren Teil der Koernerspur ab
  if (vornKorn())
  {
    vor();
    sucheGeradeAb();
    vor();
  }
}

// Implementierung des Backtracking-Verfahrens
void sucheGeradeAb()
{

  // Abarbeiten von Abzweigungen links
  if (linksKorn())
  {
    linksUm();
    vor();
    sucheGeradeAb();
    vor();
    linksUm();
  }

  // Abarbeiten von Abzweigungen rechts
  if (rechtsKorn())
  {
    rechtsUm();
    vor();
    sucheGeradeAb();
    vor();
    rechtsUm();
  }

  // vorne Abarbeiten
  if (vornKorn())
  {
    vor();
```

```
      sucheGeradeAb();
      vor();
    }
    else
    {
      kehrt();
    }

    // auf dem Rueckweg sammelt der Hamster die Koerner ein
    while (kornDa())
    {
      nimm();
    }
}

// liefert true, wenn auf der Kachel vor dem Hamster ein Korn
// liegt (ohne Seiteneffekte)
boolean vornKorn()
{
  if (!vornFrei()) return false;
  vor();
  boolean korn_gefunden = kornDa();
  kehrt();
  vor();
  kehrt();
  return korn_gefunden;
}

// liefert true, wenn auf der Kachel links vom Hamster ein Korn
// liegt (ohne Seiteneffekte)
boolean linksKorn()
{
  linksUm();
  boolean korn_gefunden = vornKorn();
  rechtsUm();
  return korn_gefunden;
}

// liefert true, wenn auf der Kachel rechts vom Hamster ein Korn
// liegt (ohne Seiteneffekte)
boolean rechtsKorn()
{
  rechtsUm();
```

```
    boolean korn_gefunden = vornKorn();
    linksUm();
    return korn_gefunden;
  }


  void rechtsUm() { kehrt(); linksUm(); }


  void kehrt() { linksUm(); linksUm(); }
```

17.8.2 Beispielprogramm 2

Aufgabe:
Der Hamster steht – wie in den Landschaften in Abbildung 17.4 ersichtlich – direkt vor einem regelmäßigen Berg unbekannter Höhe. Der Hamster bekommt die Aufgabe, den Berg mit möglichst wenigen Schritten (vor-Befehlen) zu übersteigen. Der Hamster hat keine Körner im Maul und im Territorium befinden sich auch keine Körner.

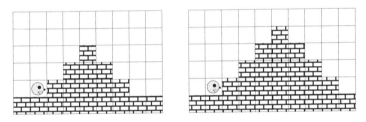

Abbildung 17.4: Typische Hamsterlandschaften zu Beispielprogramm 2

Lösungsidee: Falls der Hamster auf dem Gipfel steht, ist das Problem unmittelbar gelöst. Ansonsten erklimmt der Hamster eine Stufe, wodurch er die Komplexität der Situation verringert. Auf die komplexitätsreduzierte Situation wendet er rekursiv den Algorithmus an. Nach dessen Abarbeitung befindet er sich damit auf der entsprechenden Ebene auf der anderen Seite des Berges. Er muß also nur noch eine Stufe wieder hinuntergehen und hat damit das Problem gelöst.

Lösung:

```
  void main()
  {
    uebersteigeBerg();
  }


  void uebersteigeBerg()
  {
    if (!gipfelErreicht())
```

```
    {
      klettereStufeHoch();
      uebersteigeBerg();  // rekursiver Aufruf
      klettereStufeHinunter();
    }
  }


  boolean gipfelErreicht()
  {
    return vornFrei();
  }


  void klettereStufeHoch()
  {
    linksUm();
    vor();
    rechtsUm();
    vor();
  }


  void klettereStufeHinunter()
  {
    vor();
    rechtsUm();
    vor();
    linksUm();
  }


  void rechtsUm() { kehrt(); linksUm(); }

  void kehrt() { linksUm(); linksUm(); }
```

17.8.3   Beispielprogramm 3

Aufgabe:

Der Hamster soll das bekannte *Springerproblem* lösen: Der Hamster steht irgendwo
mit 25 Körnern im Maul auf einem Schachbrett-Feld mit fünf Zeilen und fünf Spalten
(ohne innere Mauern und ohne Körner auf den Kacheln). Er soll entsprechend der
Bewegungsmöglichkeiten eines Springers beim Schachspiel versuchen, nacheinander
alle Felder des Schachbretts mit genau einem Korn zu besetzen. Abbildungs 17.5
skizziert die möglichen Züge eines Springers beim Schachspiel.

Lösungsidee:

Der Hamster löst das Springerproblem mit Hilfe des Backtracking-Verfahrens. Dazu

Abbildung 17.5: Zugmöglichkeiten eines Springers

hüpft er von seinem Ausgangsfeld zu einem zulässigen Zielfeld. Von dort aus begibt er sich auf ein weiteres bislang noch unberührtes Feld usw. Im allgemeinen wird der Hamster nicht direkt eine Lösung des Problems finden, sondern irgendwann auf ein Feld geraten, von dem aus kein weiteres unberührtes Feld mehr angesprungen werden kann, d.h. er ist in eine Sackgasse geraten. In diesem Fall nimmt der Hamster so viele Züge zurück, bis er wieder einen anderen zulässigen Zug machen kann.

Lösung:

```
void main()
{
  loeseSpringerProblem();
}

int feld_anzahl = 25;
boolean geloest = false;

void loeseSpringerProblem()
{
  gib();
  feld_anzahl = feld_anzahl - 1;
  if (feld_anzahl == 0) // Problem geloest!
  {
    geloest = true;
    return;
  }

  // von einem Feld aus hat der Hamster maximal 8
  // Sprungmoeglichkeiten und zwar in jeder Blickrichtung 2;
  // wenn eine Sprungmoeglichkeit erreichbar ist und dort noch
  // kein Korn liegt, springt der Hamster dorthin und ruft
  // den Algorithmus rekursiv auf
  int richtungen = 0;
  while (!geloest && (richtungen < 4))
  {
```

```
    if (erstesSprungZielBelegbar())
    {
      geheZumErstenSprungZiel();
      loeseSpringerProblem();
      if (geloest) return;
      geheZurueckVomErstenSprungZiel();
    }
    if (zweitesSprungZielBelegbar())
    {
      geheZumZweitenSprungZiel();
      loeseSpringerProblem();
      if (geloest) return;
      geheZurueckVomZweitenSprungZiel();
    }
    linksUm();
    richtungen = richtungen + 1;
  }
  nimm();
  feld_anzahl = feld_anzahl + 1;
}


// ueberprueft, ob das erste Sprungziel in einer Sprungrichtung
// belegbar ist (erreichbar und kein Korn vorhanden)
// (ohne Seiteneffekte)
boolean erstesSprungZielBelegbar()
{
  if (!vornFrei()) return false;
  vor();
  linksUm();
  if (!vornFrei())
  {
    linksUm(); vor(); kehrt();
    return false;
  }
  vor();
  if (!vornFrei())
  {
    linksUm(); vor(); linksUm(); vor(); linksUm();
    return false;
  }
  vor();
  boolean belegt = kornDa();
  linksUm(); vor();
```

```
  linksUm(); vor(); vor();
  linksUm();
  return !belegt;
}


void geheZumErstenSprungZiel()
{
  vor(); linksUm(); vor(); vor();
}


void geheZurueckVomErstenSprungZiel()
{
  linksUm(); vor();
  linksUm(); vor(); vor();
  linksUm();
}


// ueberprueft, ob das zweite Sprungziel in einer Sprungrichtung
// belegbar ist (erreichbar und kein Korn vorhanden)
// (ohne Seiteneffekte)
boolean zweitesSprungZielBelegbar()
{
  if (!vornFrei()) return false;
  vor();
  if (!vornFrei())
  {
    kehrt(); vor(); kehrt();
    return false;
  }
  vor();
  linksUm();
  if (!vornFrei())
  {
    linksUm(); vor(); vor(); kehrt();
    return false;
  }
  vor();
  boolean belegt = kornDa();
  linksUm(); vor(); vor();
  linksUm(); vor(); linksUm();
  return !belegt;
}
```

```
void geheZumZweitenSprungZiel()
{
  vor(); vor(); linksUm(); vor();
}


void geheZurueckVomZweitenSprungZiel()
{
  linksUm(); vor(); vor();
  linksUm(); vor(); linksUm();
}


void kehrt() { linksUm(); linksUm(); }
```

17.9   Übungsaufgaben

Nun sind wieder Sie gefordert; denn in diesem Abschnitt werden Ihnen einige Hamsteraufgaben gestellt, die sie selbständig zu lösen haben. Denken Sie sich darüber
hinaus selbst weitere Hamsteraufgaben aus, und versuchen Sie, diese zu lösen. Viel
Spaß!

17.9.1   Aufgabe 1

Versuchen Sie, eine rekursive Lösung für die Aufgabe aus Beispielprogramm 1 (Abschnitt 17.8.1) für den Fall zu finden, daß es auch „Rundwege" (Zyklen) in der
Körnerspur geben kann.

17.9.2   Aufgabe 2

Lösen Sie die Aufgabe aus aus Beispielprogramm 2 (Abschnitt 17.8.2) rekursiv für
den Fall, daß der Berg auch unregelmäßig sein kann und der Hamster nicht unbedingt
direkt vor dem Berg stehen muß, wie in Abbildung 17.6 skizziert.

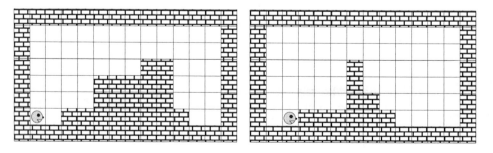

Abbildung 17.6: Typische Hamsterlandschaften zu Aufgabe 2

17.9.3   Aufgabe 3

Versuchen Sie, eine iterative Lösung für das Springerproblem (siehe Beispielprogramm 3 aus Abschnitt 17.8.3) zu entwickeln.

17.9.4   Aufgabe 4

Der Hamster befindet sich in einem prinzipiell beliebig großen Territorium ohne Mauern (siehe Abbildung 17.7). Irgendwo im Territorium liegt ein Korn. Der Hamster soll das Korn finden und an seiner Ausgangsposition wieder ablegen. Der Hamster darf zur Lösung des Problems keine Wiederholungsanweisungen verwenden.

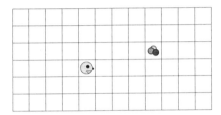

Abbildung 17.7: Typische Ausgangssituation in Aufgabe 4

17.9.5   Aufgabe 5

Der Hamster befindet sich in einem Labyrinth mit Gängen, die höchstens eine Kachel breit sind, aber durchaus Zyklen aufweisen können (siehe bspw. Abbildung 17.8). Der Hamster sitzt auf einer beliebigen Kachel im Labyrinth. Er hat mindestens so viele Körner im Maul wie es freie Kacheln im Labyrinth gibt. Auf genau einer Kachel im Labyrinth (die vom Hamster aus erreichbar ist!) liegt ein Haufen mit 2 Körnern, ansonsten liegen keine Körner im Labyrinth. Der Hamster soll die Körner suchen, sie fressen und zu seinem Ausgangsfeld zurückkehren. Alle Körner, die der Hamster unterwegs eventuell ablegt, soll er irgendwann auch wieder einsammeln.

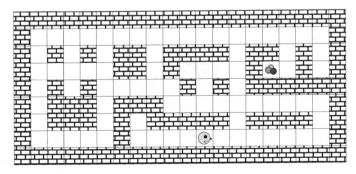

Abbildung 17.8: Typisches Labyrinth in Aufgabe 5

17.9.6 Aufgabe 6

Der Hamster soll das bekannte Damenproblem lösen: Er soll eine Stellung für acht Schach-Damen auf einem Schachbrett finden, so daß sich keine zwei Damen gegenseitig schlagen können. Die Damen sind also so zu plazieren, daß jede Zeile, jede Spalte und jede Diagonale des Schachbretts höchstens eine Dame enthält. Die Damen werden dabei jeweils durch ein Korn repräsentiert; der Hamster hat anfangs genau acht Körner im Maul. Insgesamt existieren 92 Lösungen für ein 8x8-Spielbrett, von denen Abbildung 17.9 eine mögliche skizziert.

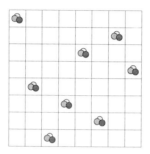

Abbildung 17.9: Eine Lösung des Damenproblems

17.9.7 Aufgabe 7

Spielen Sie mit dem Hamster das bekannte Solitärspiel. Beim Solitärspiel hat das Hamster-Territorium die in Abbildung 17.10 skizzierte Gestalt.

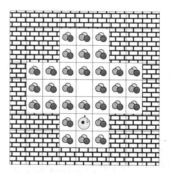

Abbildung 17.10: Solitärspiel

Auf jeder nicht durch eine Mauer blockierten Kachel liegt ein Korn – außer auf der mittleren. Der Hamster steht irgendwo im Territorrium. Ziel des Spiels ist es, den Hamster bis auf ein Korn alle Körner fressen zu lassen. Dabei gelten jedoch folgende Regeln: Der Hamster muß eine Kachel finden, auf der ein Korn liegt (Kachel 1). Die Kachel (Kachel 2) in Blickrichtung des Hamsters vor dieser Kachel muß ebenfalls noch ein Korn enthalten. Dahinter muß sich jedoch eine Körnerlose Kachel (Kachel 3) befinden. Existiert eine solche Konfiguration (im allgemeinen existieren mehrere Alternativen, von denen sich der Hamster eine aussuchen kann), dann muß der Hamster das Korn von Kachel 1 nach Kachel 3 transportieren und darf das Korn von Kachel 2 fressen. Gerät der Hamster irgendwann in eine Situation, in der sich noch mehr als ein Korn im Territorium befindet, in der er gemäß den vorgegebenen Regeln jedoch kein Korn mehr fressen kann, dann hat er sich irgendwann für die falsche Alternative entschieden.

Literaturverzeichnis

[AG96]   K. Arnold und J. Gosling. *Die Programmiersprache Java*. Addison-Wesley, 1996.

[BSRP97] J. Bergin, M. Stehlik, J. Roberts und R. Pattis. *Karel++: A Gentle Introduction to the Art of Object-Oriented Programming*. Wiley, 1997.

[GJS97]   J. Gosling, B. Joy und G. Steele. *Java - Die Sprachspezifikation*. Addison-Wesley, 1997.

[KL83]   L. Klingen und J. Liedtke. *Programmieren mit ELAN*. Teubner Verlag, 1983.

[KL85]   L. Klingen und J. Liedtke. *ELAN in 100 Beispielen*. Teubner Verlag, 1985.

[Men85]   K. Menzel. *LOGO in 100 Beispielen*. Teubner Verlag, 1985.

[Opp83]   L. Oppor. Das Hamster-Modell. Interner Bericht, GDM St. Augustin, 1983.

[PRS95]   R. Pattis, J. Robert und M. Stehlik. *Karel the Robot: A Gentle Introduction to the Art of Programming*. Wiley, 1995.

[Ros83]   P. Ross. *LOGO Programming*. Addison-Wesley, 1983.

Index

Addition, 240
Adresse, 44, 46
aktuelle Parameterliste, 288, 296
aktueller Parameter, 285, 288, 289
Algorithmenentwurf, 37, 179, 183
Algorithmus, 18, 20, 24, 25, 64, 66, 187, 320
Alternativanweisung, 120
Analysephase, 35, 180
Anfangsgröße, 182
Anweisung, 18, 46, 65, 76, 92, 113, 115, 116, 120, 132, 156, 209, 214, 217, 252, 265, 271
Anweisungssequenz, 76, 78, 88
Anwendungssoftware, 44
Äquivalenz, 322
Arbeitsanleitung, 18, 20, 23, 47
Arbeitsweise eines Computers, 47
arithmetischer Ausdruck, 235–238, 242, 249, 265, 267, 269, 271
arithmetischer Operator, 240, 244, 249
Assemblerprogramm, 63
Assemblersprache, 63
Assoziativgesetz, 56
Assoziativität, 112, 249
Aufruf, 25
Ausdruck, 245, 249, 252, 271, 273, 288, 289
Ausdrucksanweisung, 249, 251, 252, 273, 298
ausführbares Programm, 25, 38, 40, 63
Ausführbarkeit, 23
Ausgabegröße, 182
Ausgabewerk, 44, 45
Aussage, 53, 107
Auswahlanweisung, 120
Auswertungsreihenfolge, 113, 164, 240, 295

Backtracking, 327, 330, 334
Backus-Naur-Form, 29, 32

bedingte Anweisung, 18, 116, 117
Befehl, 46, 63, 73, 88, 91, 105, 155
Bereichskommentar, 79
Betriebssystem, 24, 38, 41, 44, 50, 51
Bezeichner, 30, 70, 88, 189, 211, 212
Binder, 41, 51
binär, 47
binärer Operator, 53
Bit, 44, 48, 234
Blickrichtung, 68
Blockanweisung, 113, 117, 133
BNF, 32
BNF-Regel, 32
boolean, 157, 209, 234, 241, 245, 249, 267, 271, 272
boolesche Funktion, 155, 157, 265, 266, 271
    Aufruf, 161
    Definition, 157
boolesche return-Anweisung, 156, 157
boolesche Variable, 209, 214, 233
boolesche Variablendefinition, 209
boolesche Zuweisung, 214
boolescher Ausdruck, 53, 54, 107, 108, 117, 120, 132, 142, 156, 161, 164, 207, 209, 212, 237, 242, 249, 271, 318
boolescher Operator, 53, 108, 249
boolesches Literal, 108
Buchstabe, 245
Byte, 48

C++, 28
call-by-reference-Parameterübergabe, 291
call-by-value-Parameterübergabe, 291
Compiler, 38, 40, 44, 51, 64, 65, 70, 92, 160, 208, 211, 241, 298
Compilieren, 38, 188
Computer, 43, 63, 188

Damenproblem, 340
Datei, 51

Datentyp, 208, 234, 245, 265, 271
Debugger, 40
Default-Wert, 211, 235, 245
Deklaration, 245
Determiniertheit, 23
Determinismus, 24
Dezimalsystem, 48
direkte Rekursion, 317
Disjunktion, 53, 54, 107
Distributivgesetz, 56
Division, 240, 241
do, 142
do-Anweisung, 142
do-Schleife, 142
Dokumentation, 39, 79, 191
Dokumentationshilfe, 40
Dualsystem, 48
Dualzahl, 49
dyadischer Operator, 53, 108

Editieren, 38
Editor, 40, 44, 51
Effizienz, 24
Eindeutigkeit, 23
Eingabegröße, 182
Eingabewerk, 44, 45
elementare Anweisung, 76
else, 120
Endgröße, 182
Endlosprogramm, 141
Endlosrekursion, 323
Endlosschleife, 141, 323
Entwurfsphase, 37
Erweiterbarkeit, 24

Fallunterscheidung, 120
false, 105, 107, 207, 209
false-Anweisung, 120
Fehler, 189, 218, 219, 222, 324
Fehlermeldung, 65, 92, 160, 242
Festplatte, 48
Finitheit, 23
Flußdiagramm, 21
formale Parameterliste, 287, 296

formaler Parameter, 288, 289
Funktion, 271, 287
    Gültigkeitsbereich, 273
funktionale Programmiersprache, 28
Funktionsaufruf, 161, 212, 249, 273, 287,
    293, 296, 315
Funktionsdefinition, 272, 287
Funktionskonzept, 97, 271
Funktionskopf, 157, 287
Funktionsname, 157, 269, 273, 296
Funktionsrumpf, 157, 161, 272, 287, 289
Funktionstyp, 272
Funktionstyp-Konformität, 272, 273
Funktionswert, 158, 161, 267, 269, 273

Ganze Zahl, 235, 237, 245
geschachtelte Schleife, 140
geschweifte Klammer, 88, 113
gib, 73
Gleichheitsoperator, 242
globale Variable, 220, 224, 248
Grammatik, 65
Grundbefehl, 73, 119
Größergleichoperator, 244
Größeroperator, 244
Gültigkeit, 212, 214
Gültigkeitsbereich, 217, 236, 248

Hamster, 68
Hamster-Modell, 63, 66, 67
Hamster-Territorium, 67
Hamsteraufgabe, 69
Hamsterbefehl, 68
Hamsterlandschaft, 67, 134
Hamsterprogramm, 69, 78, 93, 131, 134,
    267, 269
Hamsterprogrammierer, 69
Hamstersprache, 67, 69
Hardware, 43
Hauptspeicher, 44, 48, 207, 224
Heap, 50
Hintergrundspeicher, 45, 48
höhere Programmiersprache, 64

if, 117
if-Anweisung, 117
imperative Programmiersprache, 28
Implementierung, 37
Implementierungsphase, 37, 187
indirekte Rekursion, 317
Infix-Notation, 249
Initialisierungsausdruck, 220, 287
Initialisierungswert, 287, 289
Initialwert, 209, 235, 245
Inkarnation, 315, 316, 318, 324, 326
Instanz, 326
int, 234, 235, 237, 241, 245, 249, 265,
        267, 271, 272
int-Ausdruck, 237
int-Funktion, 266, 267, 271
        Aufruf, 269
        Definition, 266
int-Literal, 238
int-return-Anweisung, 265, 267
int-Variable, 235, 240
int-Zuweisung, 236
Internet, 67
Interpreter, 38, 40
Iterationsanweisung, 133, 142
iterative Funktion, 313
iteratives Programm, 313

Java, 22, 28, 65, 67, 91, 212, 245, 271,
        291, 292

Kachel, 67
Klammer, 88, 92, 106, 113, 240, 249,
        269
Kleinergleichoperator, 244
Kleineroperator, 242
Komma, 209, 287, 288
Kommentar, 79, 168, 189
Kommutativgesetz, 56, 113
Konjunktion, 53, 107
kontexfrei, 29
kontextsensitiv, 29
Konvention, 91, 158, 211, 235
Korn, 67

kornDa, 105
Korrektheit, 189

Labyrinth, 327
Lader, 41, 51
Landschaft, 131, 134
Laufzeit, 224
Laufzeitfehler, 39, 75, 105, 241, 324
Laufzeitspeicher, 50
Laufzeitsystem, 40, 93, 324
Lebensdauer, 224, 236, 249, 326
Leeranweisung, 115
Lexikalik, 28, 69
linksUm, 73
LISP, 28
Literal, 108, 249
logischer Fehler, 39
LOGO, 28
lokale Variable, 217, 220, 224, 248, 287,
        289, 325

main, 78, 93
main-Prozedur, 93
maschinennahe Programmiersprache, 27
Maschinenprogramm, 63
Maschinensprache, 27, 40, 63
Mauer, 68
Maul, 68
maulLeer, 105
MIRANDA, 28
MODULA-2, 28
Modulo, 240
monadischer Operator, 53, 108
MS-DOS, 51

Nassi-Shneiderman-Diagramm, 21
Natürliche Zahl, 320
Negation, 53, 107
Nicht-Terminal-Symbol, 318
Nicht-Terminalsymbol, 30
nimm, 73

objektorientierte Programmiersprache,
        28

Operator, 108, 244, 249
OPS5, 28
Ordner, 51

Parameter, 23, 97, 285, 287, 291, 326
    aktuell, 288
    formal, 288
Parameterdeklaration, 287
Parameterisierbarkeit, 23
Parameterkonzept, 287
Parameterliste, 287
Parametervariable, 288
Parameterübergabe, 289
Parameterübergabemechanismus, 291
PASCAL, 28
Portabilität, 24
Postfix-Notation, 249
Pragmatik, 28, 29
Priorität, 58, 112, 240, 244, 249
Problembeschreibung, 180
Problemlöseprozeß, 35, 66
problemorientierte Programmiersprache,
    27, 64
Produkt, 240
Produktion, 32
Programm, 17, 25, 63, 78, 93, 134, 187,
    273, 296, 315
Programmablaufplan, 21
Programmbibliothek, 41
Programmcode, 25, 50
Programmentwicklung, 180
Programmentwicklungsphasen, 35, 180
Programmentwicklungsprozeß, 35, 66
Programmentwicklungswerkzeug, 40
Programmentwurf, 96, 179, 183
Programmieren, 25
Programmieren im Kleinen, 17
Programmierer, 25, 64, 67, 179, 189
Programmierparadigma, 27
Programmiersprache, 25, 27, 65, 245
Programmierung, 17, 35
PROLOG, 28
Prozeß, 23

Prozedur, 50, 65, 88, 140, 157, 265,
    271–273
Prozeduraufruf, 91, 92, 211
Prozedurdefinition, 88, 183
Prozedurkonzept, 88
Prozedurkopf, 88
Prozedurname, 88, 220
Prozedurrumpf, 88, 92, 113, 116, 219
Prozessor, 23, 46, 48, 63, 68
prädikative Programmiersprache, 28
Puzzle, 179

Quellcode, 25, 70
Quellprogramm, 40

Rechengeschwindigkeit, 23
Rechenwerk, 44, 45
Rechner, 43
rechtsassoziativ, 215
reelle Zahl, 245
regelbasierte Programmiersprache, 28
Register, 45
Rekursion, 92, 273, 313, 327
Rekursionstiefe, 318
rekursiv, 316
rekursive Funktion, 313, 316
rekursive Prozedur, 92
rekursives Programm, 313
Restbildung, 240, 241
return, 156, 265
return-Anweisung, 271, 272
runde Klammer, 88, 92, 106, 109, 112,
    117, 132, 142, 161, 240, 269

Schleife, 18
Schleifenbedingung, 132, 142
Schlüsselwort, 30, 70, 78, 88
Schrittweise Verfeinerung, 180, 183, 187
Seiteneffekt, 167
Semantik, 28, 29, 74
Semikolon, 115, 142, 156, 249, 252, 265
SMALLTALK, 28
Software, 17, 43
Softwareengineering, 17, 35

Softwareentwicklung, 17
Solitär, 340
Source-Code, 25
Spaghetti-Code, 188
Speicher, 44, 63, 209, 234
Speicherbedarf, 24
Speicherelement, 48
Speicherfähigkeit, 23
Speicherwort, 48
Speicherzelle, 46, 48
Springerproblem, 334
Stack, 50, 324
Statische Daten, 50
Steuerwerk, 44, 45
Stochastik, 24
Struktogramm, 21
Subtraktion, 240
syntaktischer Fehler, 39
Syntax, 28, 29, 74
Syntaxdiagramm, 29
Systemsoftware, 44, 51

Tautologie, 58
Terminalsymbol, 30
Terminierung, 23
Test, 38
Testbefehl, 105, 106, 108, 155, 159, 161
Testfunktion, 155
Testmenge, 39, 189
Testphase, 38, 189
Token, 30, 70, 74
Top-Down-Programmentwurf, 180
Trail-And-Error-Verfahren, 329
Trennzeichen, 30, 70, 79, 89
true, 105, 107, 207, 209
true-Anweisung, 117, 120
Typ, 208, 209, 241, 288, 296
Typkonformität, 245, 251, 288

Überladen von Funktionen, 296
Übergeben, 285, 289
Ungleichheitsoperator, 242
Unicode, 69
UNIX, 51

Unterprogramme, 88
unärer Operator, 53

Variable, 48, 65, 207–209, 245, 287, 313
Variablendefinition, 209, 248, 287
Variablendeklaration, 209
Variableninkarnation, 326
Variablenname, 209, 212, 220, 242, 249
Verfahren, 180
Vergleichsausdruck, 242
Vergleichsoperator, 242, 249
Verzeichnis, 51
Verzweigung, 120
void, 78, 88, 157, 271, 272
Vollständige Induktion, 320, 321
Von-Neumann-Rechnerarchitektur, 44,
    46
vor, 73
vornFrei, 105

Wahrheitstafel, 54
Wert, 207
Wertebereich, 235, 241, 245
while, 132, 142
while-Anweisung, 132
while-Schleife, 132
Widerspruch, 58
Wiederholungsanweisung, 18, 131, 142,
    313, 323
Wiederverwendbarkeit, 24
Window, 51
Window-Manager, 51
Window-System, 51
Windows 95, 51
Windows NT, 51
Wort, 48

Zahl, 234
Zahlensystem, 48
Zeichenkette, 245
Zeilenkommentar, 79
Zentraleinheit, 44
Zielprogramm, 40
Zugriff, 45

zusammengesetzte Anweisung, 113, 117,
        132
Zuverlässigkeit, 23, 24
Zuweisung, 236, 245, 251
Zuweisungsanweisung, 236
Zuweisungsausdruck, 249, 252
Zuweisungsoperator, 215, 236, 244, 251

Appelrath/Boles/Claus/Wegener
Starthilfe
Informatik

Von Prof. Dr.
Hans-Jürgen Appelrath
Dipl.-Inform. **Dietrich Boles**
Universität Oldenburg
Prof. Dr. **Volker Claus**
Universität Stuttgart
und Prof. Dr. **Ingo Wegener**
Universität Dortmund

1998. 158 Seiten mit 34 Bildern.
16,2 x 22,9 cm.
Kart. DM 24,80
ÖS 181,– / SFr 22,–
ISBN 3-519-00241-8

Die Teubner-Starthilfen erleichtern den Übergang vom Abitur ins Studium. Für die Informatik stellt sich dabei die Frage: Wie hilft man beim Einstieg in dieses Fach, über das – etwa im Gegensatz zu Mathematik und Physik – vor allem bei Schülern und Schülerinnen oftmals falsche Vorstellungen herrschen? Die Autoren der »Starthilfe Informatik« wählen den Weg, dem Leser zunächst die zentralen Begriffe »Algorithmus« und »Datenstrukturen« bzgl. Darstellungsformen, Effizienz und Programmiermethodik näherzubringen. Eine Einführung in die objektorientierte Softwareentwicklung und ein Überblick über Kerngebiete der Praktischen Informatik runden den Band ab. Mit diesem Wissen sollte der inhaltliche Einstieg ins Informatikstudium problemlos gelingen.

Preisänderungen vorbehalten.

B.G. Teubner Stuttgart · Leipzig

Appelrath/Ludewig
Skriptum Informatik – eine konventionelle Einführung

Von Prof. Dr.
Hans-Jürgen Appelrath
Universität Oldenburg
und Prof. Dr. **Jochen Ludewig**
Universität Stuttgart

4. Auflage. 1999. 462 Seiten.
16,2 x 22,9 cm.
Kart. DM 52,–
ÖS 380,– / SFr 47,–
ISBN 3-519-32153-X

Drei Ziele haben Stoffauswahl und Darstellung dieses Buches geprägt:
- Studierende erlernen die Codierung von Algorithmen mit MODULA-2, also mit einer modernen imperativen Programmiersprache, die so einfach und sauber ist, daß die Grundbegriffe der Programmierung klar und systematisch eingeführt werden können, die sich aber andererseits auch in der Praxis bewährt hat. Wichtig ist auch die Möglichkeit, in MODULA-2 den Objektbegriff vorzubereiten.
- Theorethische Aspekte, z. B. Berechenbarkeit, Grammatiken, Semantik und Programmierverifikation, werden ganz überwiegend in Zusammenhang mit konkreten Problemen der Programmierung behandelt, so daß der praktische Nutzen jederzeit erkennbar bleibt. Für eine spätere gründliche Behandlung in einer Grundvorlesung Theoretische Informatik entstehen die Motivation und der begriffliche Rahmen.

- Wo immer die Gelegenheit besteht, werden die Methoden und Sprachkonzepte aus der Sicht des Software Engineering diskutiert, so daß die Codierung nicht als die Programmierung schlechthin erscheint, sondern
- ihrer tatsächlichen Rolle entsprechend – als eine von mehreren Aktivitäten, die dazu beiträgt, reale Probleme mit Hilfe von Rechnern zu lösen. »Konventionell« bedeutet hier also praxisnah, auf der Grundlage einer imperativen Sprache, nicht pragmatisch oder theoriefrei.

Das mit vielen vollständigen Programmbeispielen aufgelockerte Skript eignet sich daher für Studiengänge der Hauptfach-, Nebenfach- oder sogenannten Bindestrich-Informatik, in denen Konzepte und Praxis der Programmierung nicht separat, sondern gegenseitig stützend entwickelt werden sollen.

Ein inhaltlich und strukturell auf dieses Skriptum abgestimmter Übungsband von Spiegel/Ludewig/Appelrath enthält viele Aufgaben mit Tips und Lösungen, die die »Einführung in die Informatik« unterstützen und wesentlich erleichtern.

Preisänderungen vorbehalten.

B. G. Teubner Stuttgart · Leipzig